现代日语教学

思维创新与实践探索

张 锐 著

吉林人民出版社

图书在版编目（CIP）数据

现代日语教学思维创新与实践探索 / 张锐著. -- 长春 : 吉林人民出版社, 2021.5
ISBN 978-7-206-18083-5

Ⅰ. ①现… Ⅱ. ①张… Ⅲ. ①日语 - 教学研究 Ⅳ. ① H369.3

中国版本图书馆 CIP 数据核字 (2021) 第 078256 号

责任编辑：郭　威
装帧设计：飒　飒

现代日语教学思维创新与实践探索
XIANDAI RIYU JIAOXUE SIWEI CHUANGXIN YU SHIJIAN TANSUO

著　　者：	张　锐
出版发行：	吉林人民出版社（长春市人民大街7548号　邮政编码：130022）
咨询电话：	0431-85378007
印　　刷：	长春市昌信电脑图文制作有限公司
开　　本：	787mm × 1092 mm　　1/16
印　　张：	13.5　　　字　数：200千字
标准书号：	ISBN 978-7-206-18083-5
版　　次：	2022年2月第1版　　印　次：2022年2月第1次印刷
定　　价：	60.00元

如发现印装质量问题，影响阅读，请与出版社联系调换。

前言 / PREFACE

随着我国经济社会的不断发展，我国与世界各国的联系越来越紧密。高校日语教学应该如何在新的历史时期抓住发展机遇，以创新思维作为指导，培养具有国际视野、能够进行跨文化交流的复合型日语人才呢？改变传统的日语教学理念和教学方式是解决这一问题的关键。学习一个国家的语言的前提是学习一个国家的文化，只有充分掌握这个国家的文化，才能彻底学好这个国家的语言。因此，日语专业的学习亦是如此，首先必须让学生了解日本文化，结合文化教学进行语言教学，才能更好地提高学生的语言素质，增强学生语言运用的能力。

新时期，在日语教学过程中，日语教师要积极地培养学生的创新思维能力。实现这一目标，日语教师需要采取一定的教学策略。第一，着眼于学生的全面发展和语言综合运用能力，积极构建科学完善的评价体系。通过对听、说、读、写、译等五种语言技能及其综合运用能力的培养，促进学生日语创新思维能力的提高，包括注重对日本文化背景的了解、文化意识和情感态度的把控、教学与学习策略的使用等。日语教师还要运用多元化的教学评价体系，注重对学生学习过程的评价。第二，通过多种思维训练增强学生的创新思维能力。例如，通过自由对话、小剧表演、对话接龙、看图说话和创设质疑情境等方法，培养学生的想象力和创新思维能力。第三，鼓励学生勇于立异标新，通过横向、类比、逆向、联想等思维方式思考问题，培养他们的发散思维能力，增进学生创新思维的深度。第四，正确认识学生学习日语过程中存在的"错误"，鼓励和引导他们追求创新求异的精神，增强探索新事物的勇气。采用探究式、自主式等教学方式，提高学生的学习积极性和主动性。第五，创新日语教学新模式，比如翻转课堂、慕课等，激发学生对日语学习的兴趣和信心，从而促进他们创新思维能力的迸发。与此同时，日语教师必须更新自己的知识结构，提高自己的业务能力，向"双师型"教师转变。此外，高校要积极推进校企合作，以就业为导向不断改革课程设置和人才培养模式，培养具有国际视野的跨文化复合型人才。

本书在撰写的过程中，吸收了部分专家、学者的一些研究成果和著述内容，笔者在此表示衷心的感谢。由于笔者水平有限，书中难免会有缺点和错误，恳请广大读者批评指正。

张锐

2021 年 1 月

目 录

第一章 日语教学要素分析 1
第一节 日语学习者 1
第二节 日语教师 10
第三节 日语课堂 21

第二章 创新思维及其方法 28
第一节 创新思维相关论述 28
第二节 如何培养创新思维 33

第三章 思维创新在日语教学中的应用 37
第一节 思维创新教学的设计理念 37
第二节 学生创新思维能力的培养 39
第三节 日语创新教育的应用实践探索 42

第四章 直接法和翻译法在日语教学中的应用比较 48
第一节 日语教学中的直接法 48
第二节 日语教学中的翻译法 55
第三节 直接法和翻译法的区别 57

第五章 情境式教学在日语教学中的应用 59
第一节 情境式教学的相关论述 59
第二节 情境式教学在日语课堂上的具体实施 65
第三节 情境式教学的效果及教学反思 71

第六章 小组合作学习在日语教学中的应用 74
第一节 小组合作学习的相关论述 74
第二节 小组合作学习在日语课堂上的具体实施 84
第三节 小组合作学习的效果及教学反思 86

第七章 任务型教学在日语教学中的应用 88
第一节 任务型教学的相关论述 88
第二节 任务型教学在课堂教学上的具体实施 94
第三节 任务型教学效果及教学反思 96

第八章　翻转课堂在日语教学中的应用 …… 100
第一节　翻转课堂相关论述 …… 100
第二节　翻转课堂的实践教学 …… 110
第三节　翻转课堂的效果和优化路径 …… 113

第九章　多元化的日语教学评价体系 …… 119
第一节　形成性评价 …… 119
第二节　表现性教学评价 …… 123
第三节　混合式教学评价 …… 131
第四节　"OPI"评价体系 …… 134
第五节　"Can-do"评价体系的实践教学 …… 136

第十章　新时期日语人才的培养 …… 143
第一节　学生跨文化意识的培养 …… 143
第二节　学生思辨能力的培养 …… 151
第三节　高校日语专业人才培养模式 …… 154
第四节　校企合作人才培养模式 …… 163

第十一章　日语教学中思维创新的培养策略研究 …… 169
第一节　基础日语教学的现状研究与分析 …… 169
第二节　日语教学改革与创新思维方法探究 …… 174
第三节　日语教学创新性培养策略 …… 178

第十二章　高校日语教师素养提升研究 …… 182
第一节　新时期高校日语教师身份认同研究 …… 182
第二节　青年教师基于PAC对优秀日语教师专业素质的认知 …… 185
第三节　基于建构主义的高校日语教师素质研究 …… 191
第四节　"双师型"高校日语教师的培养 …… 195
第五节　高校日语教师继续教育的重要性和实施路径 …… 199

结束语 …… 203

参考文献 …… 205

第一章　日语教学要素分析

第一节　日语学习者

一、影响语言习得的个人因素

（一）学习观

早在几千年前，我们的老祖宗就对学习的观念与理念进行了阐述。在我国最早的教育学经典《礼记·学记》中，开宗明义强调"玉不琢，不成器，人不学，不知道"，学习就是为了知"道"，"道"即做人之道、谋生之道、成器之道。在古人看来，学习最根本的意义就在于两个字：做人。"做人"是与"生活"区别开来的。"生活"的意义就是人为了"生存"在这个世界上而设法来维持自己的生命。而"做人"，则是要求人有更好的"生活"，要达到这个目的，就得"读书明理"。因为通过学习开发"智慧""智识"，就增加了"谋生"的"技术"和各种有利"谋生"的"智识"；明白了"道"之后，就能更好地处理人与人之间的关系，成为学习的贤者、智者。今天，有的学者认为，学习观指的就是人们对学习的看法或观点，任何人都有自己的学习观，不过有的人比较自觉，有的人不那么自觉罢了。学习观制约着人的全部学习活动、学习目的和方向、学习过程和原则、学习方式方法以及学习效果，等等。学习观是时代的反映、教育的结果、学习实践的产物。不同的时代、不同的教育和个人学习实践的不同，就形成了不同的学习观。[1]

我国一些学者和研究者对学习观进行了深入的研究，并给出了各自的定义。毛晋平先生认为，学习观是人们对学习的看法，是关于学习的指导思想，它存在于每个人的头脑之中，影响着人们学习态度的树立、学习内容的选择、学习方法的改进等[2]。刘道玉先生认为，学习观是学习理论中的一个重要内容，是关于学生学习的指导思想，回答学生为什么学习、学习什么和如何学习等方面的问题。有什么样的学

---

[1] 朱本，汪幼芳.大学生的学习观和学习法[J].齐鲁学刊，1985(06)：108-114.
[2] 毛晋平.学习与建构：论大学生的学会学习[M].长沙：湖南教育出版社，2002：47.

习观，就会有什么样的学习方法和学习效果。①刘儒德先生认为，学习观指的是学生个体对知识、学习现象和经验所持有的直觉认识，是在日常学习活动、课堂教学以及社会文化环境中逐渐形成的。每个学生都有一套自己的学习观，并用这套观念指导自己的学习活动以及对教师教学的评价。学生的有些学习观是合理的，有些则是有待商榷的，这些在无形之中都会影响到学生的学习行为、策略和效果。②李壮先生认为，学习观是学习者在其学习活动中形成的关于学习目标、学习内容与方法的一套认知方面的信念系统，是关系到学习者的人生方向、学习活动质量与学习效果的问题。③西方学者则从教育学、心理学的角度出发，认为学习观指的是学生个体对学习现象和经验所持有的直觉认识。学习观作为一种元认知知识，是学生先前经验中重要的组成部分，是在学校学习和教学经验的基础上形成的，并且随着学校经历的丰富、变化而不断发展的。学习观对学生的学习动机、学习行为、学习策略以及学习成绩有着极大的影响。

（二）学习动机

1. 什么是学习动机

"动机"源于拉丁文"movere"，是心理学研究的一个古老论题，这一词的正式出现是在20世纪30年代。在早期的动机研究中，许多心理学家吸收了哲学家的思想，产生了两个最重要的动机概念——意志和本能。他们认为，心理由三个部分组成，即知（认知）、情（情绪）、意（动机）。它兴起于20世纪的行为主义，突出强调行为是对环境刺激的反应，因而有学者提出"驱力"概念来释义推动行为的内部状态。自20世纪六七十年代以来，人们对动机的研究逐渐从行为主义转向认知主义。近年来，众多的研究者将动机的概念引入教育领域，用学习动机来解释个体学习行为的发生与转变，并将学习动机视为与学习效率水平密不可分的心理现象和心理状态。由于它的多维性与复杂性，现代教育心理学赋予了学习动机更多的含义。国内外有关学习动机这个概念的定义可谓百花齐放。接下来，笔者就将其中有代表性的几个定义向大家介绍一下（见表1-1）。

---

① 刘道玉. 面向21世纪大学生的学习观[J]. 高等教育研究，1999(04)：6-13.
② 刘儒德. 大学生的学习观[J]. 高等教育研究，2002(04)：74-78.
③ 李壮. 关于大学生学习观的思考[J]. 琼州大学学报，2002(05)：40-41.

表1—1 国内外有代表性的学习动机概念

学习动机的两种理解：一是对学习动机的普遍理解，认为学习动机是激发并维持学习活动的基本动力，它强调的是动力的大小；二是从一个复杂的体系来理解学习动机，这个系统包含着一系列的子系统，如自我评价子系统、目标子系统、归因子系统、情感体验子系统，等等。学业自我概念、自我能力知觉、目标定向、归因、兴趣、考试焦虑等分别是隶属于这些子系统的变量。	汪玲、郭德俊
学习需要与学习期待两个基本成分构成学习动机，前者为学习动机结构中的主导成分，后者指向学习需要的满足；两者协同作用，使学习活动得以发动、维持和完成。	张景莹
学习动机指的是引起学生学习活动、维持学习活动，并指引学习活动趋向教师所设定的目标的心理倾向。	莫雷
学习动机是在自我调节的作用下，个体使自身的内在要求（如本能需要、驱力等）与学习行为的外在诱因（目标、奖励等）相协调，从而形成激发、维持学习行为的动力因素	刘明娟等
学习动机就是激发个体进行学习活动，维持已引起的学习活动，并导致行为朝向一定的学习目标的一种内在过程或内部心理状态。	李伯黍、燕国材
个体进行学习活动、维持已引起的学习活动，并致使个体的学习活动朝向一定的学习目标的一种内部启动机制。	冯忠良
学习动机定义为一个动态的过程，从刺激个体产生学习欲望、维持学习行为、达到预计目标或受到其他因素影响而导致学习欲望减弱、最终终止学习行为等一系列环节。	德尔涅伊（Dörnyei）
学习动机定义为：寻求学习活动的意义并努力从这些活动中获得益处的倾向。	A. B. 伍尔福克（A.B. Woolfolk）
学习动机是引起和维持个体的学习行为以满足学习需要的心理倾向。	斯科洛 G.（Schraw G.）、辛纳特拉 G. M.（Sinatra G. M.）

2. 日语专业学生学习动机分析

（1）方卡检验

笔者以2008年至2018年间日本国际交流基金会对我国高校日语专业学生学习动机展开的大规模调查的结果为基础数据，采用定量研究方法，对日语专业学生学习动机做出历时分析。从2004年到2018年，日本国际交流基金的调查问卷中关于日语学习目的的选项由15个增至17个，被调查者可以选择的选项也由原来的最多5项调整为任意选择。基于此，笔者选择了4个年份中的15个选项，将"其他"这一项去掉，最终确定本次历时分析的14个目的选项。14个目的选项分别为：

目的1. 获取和日本文化相关的知识和信息；

目的2. 获取和日本政治、经济、社会相关的知识和信息；

目的 3. 获取和日本科技相关的知识和信息；

目的 4. 对日语本身感兴趣；

目的 5. 为考试做准备；

目的 6. 留学日本；

目的 7. 工作上需要使用日语；

目的 8. 有助于将来的就业；

目的 9. 去日本观光旅行；

目的 10. 为短期中日互访交流活动做准备；

目的 11. 用日语交流；

目的 12. 国际理解和跨文化理解；

目的 13. 不忘却母语或继承语；

目的 14. 家人、亲属的建议。

笔者将日本国际交流基金会发布的报告书的调查年份（2004年、2010年、2015年、2018年）、上述14个日语学习目的选项、我国高校在4个调查年份的各个目的选项上的选择数输入SPSS19，基于这些数据进行卡方检验。从检验结果可以看出：2004年，超过期望计数的有目的1、3、5、7、8、10；2010年，超过期望计数的有目的1、5、8、11、12；2015年，超过期望计数的有目的2、4、6、9、11、12、14；2018年，超出期望计数的有目的2、4、6、7、9、13、14。笔者对数据进行了一下比较，2004年和2010年的情况比较接近，超过期望计数的目的一共有3个，分别为目的1、5、8；2015年和2018年的情况比较接近，超过期望计数的目的一共有5个，分别为目的2、4、6、9、14。2010年和2015年的结果也有相似之处，超过期望计数的目的一共有2个，分别为目的11、12。从中我们能够看出，这些来自不同年份的调查结果除了相互独立之外，它们之间也有一定的延续。根据目前掌握的数据，我们可以对未来的趋势做出推测。另外，这个案例的缺失值是0，p值是0，也就是说比标准值0.05要小，表明两个变量，即调查年份和目的选项，存在统计学意义上的显著相关性。

(2) 日语学习目的的分类及历时走向、今后趋势

笔者对上面提到的14个目的选项进行单个和整体分析，按照类别特点分成四类，即知识型、实利型、交流型、其他（见表1-2），对每个类别的历时走向做出分析，并且对它们的今后趋势做出预测（见表1-3）。

第一章　日语教学要素分析

表1—2　日语学习目的的分类

知识型	目的1. 对文化、历史、文学的关心
	目的2. 对政治、经济、社会的关心
	目的3. 对科学技术的关心
	目的4. 对日语本身的兴趣
实利型	目的5. 准备考试（大学等）
	目的6. 去日本留学
	目的7. 现在的工作需要
	目的8. 将来的就业
交流型	目的9. 去日本观光旅游
	目的10. 和日本亲善交流
	目的11. 用日语交流
	目的12. 国际理解、跨文化理解
其他	目的13. 母语或继承语
	目的14. 家人、亲属的建议

表1—3　各类日语学习目的在四次调查中所占的比例

年份\类型	知识型	实利型	交流型	其他
2004	41.6332%	39.7468%	18.4823%	0.1377%
2010	41.5923%	41.2945%	16.8261%	0.2871%
2015	40.3861%	34.6821%	20.1965%	4.7353%
2018	40.5823%	33.7231%	19.2017%	6.4929%

　　结合表1-2和表1-3我们能够看出，在知识型目的选项上，2015年和2018年的调查比例（40.3861%、40.5823%）比2004年和2010年的调查比例（41.6332%、41.5923%）出现了小幅的下降，总体上呈现出缓慢下降的趋势；在实利型目的选项上，2015年和2018年的调查比例（34.6821%、33.7231%）比2004年和2010年的调查比例（39.7468%、41.2945%）降低了很多，总体上呈现出比较明显的下降的趋势；在交流型目的选项上，2015年和2018年的调查比例（20.1965%、19.2017%）比2004年和2010年的调查比例（18.4823%、16.8261%）提高了一点，总体上呈现出小幅度上升的趋势。日本筑波大学著名学者金子元久教授认为，"学术动机""经济动机""开拓视野动机"是学生学习外语的三大动机。笔者对日语学习目的的分类与金

子元久教授的动机类别三分法是一一对应的。金子元久教授在他的研究中发现，经济发展阶段和外语学习需求这两者之间存在着三个规律：规律一，当本国的经济发展水平比外语目标国的经济发展水平大幅度落后时，"学术动机"会呈现出强劲的上升势头。当本国的经济发展水平和外语目标国的经济发展水平的差距缩小时，"学术动机"呈现出下降趋势；规律二，从发展规律来看，"经济动机"和"学术动机"有着相似性，但是与"学术动机"比起来，"经济动机"的变化幅度比较平缓；规律三，与"学术动机"和"经济动机"变化规律不同的是，"开拓视野动机"在低水平蛰伏相当长一段时间以后，随着经济的发展，它会呈现出越来越明显的上升趋势。当到达一定的程度以后，"开拓视野动机"会出现剧增的势头。我们从表1-3能够看出，随着我国经济的增长，知识型和实利型动机出现了下滑的趋势，而交流型动机则出现了上升的趋势。笔者认为，我国高校日语专业学生学习日语动机的变化情况与金子元久教授提出的这三个规律基本上是符合的。目前，我们需要把关注的重点放在交流型动机上。

目前，我国日语专业正面临重新制定和推行本科教学质量国家标准的机遇和挑战，同时我们看到教学目标和学生学习动机之间仍然存在着差距，需要广大的日语教师对这一课题展开进一步的研究。笔者对教育部在2001年颁布的《高等院校日语专业基础阶段教学大纲》的教学目标、2005年颁布的《大学日语第二外语课程教学要求》的教学目的、2008年颁布的《大学日语课程教学要求》的教学性质和教学目标进行了分析。2001年的《高等院校日语专业基础阶段教学大纲》中注重知识型目标，对交流型目标没有给予必要的重视。在2005年的《大学日语第二外语课程教学要求》中，"跨文化交际能力"的交流型目标被提了出来。而在2008年的《大学日语课程教学要求》中，不仅提出了"跨文化交际能力"目标，对学生"中日交流意识"进行培养的目标也被提了出来。由此可见，我国高校非专业日语教学大纲已经逐步重视交流型目标，而专业日语教学大纲的教学目标则亟须修订，以满足发展变化中的日语学习动机的需要。笔者认为，应当根据学习者的学习动机变化情况调整高校日语专业的教学目标。无论是在日语专业课程标准的制定上还是在具体的教学环节上，都要给予交流型动机更多的关注。

（三）学习策略

信息加工心理学创始人纽厄尔（Newell）、西蒙（Simon）、肖（Shaw）在1958年提出了人脑学习过程，它是利用符号的信息加工过程，这个过程就是"学习策略"。国内外的很多研究者在他们的基础上对学习策略做出了进一步的研究。杜菲（Duffy）认为，学习策略是内隐的学习规则系统。里格尼（Rigney）认为，学习策略指的是学生用于获取、保存与提取知识和作业的各种操作的程序。[①] 莫雷认为, 学习策略指的是在学习过程中, 学习者为达到有效学习的目的而采用的规则、方法、技巧及其调控方法的综合。[②] 陈琦、刘儒德认为, 学习策略指的是学习者为提高学习的效果和效率, 有目的、有意识地制订有关学习过程的复杂方案。[③] 由此可见, 人们在定义学习策略这个概念的时候, 已经从局限于认知活动本身发展到了对认知的认知和对认知的调控。自20世纪中期以来, 学习策略在概念、结构和模型、特点、发展过程、理论基础等方面的研究不断取得新进展。在学习策略分类方面, 基于认知氛围可以有效支持认知活动的假设, 丹瑟洛（Dansereau）等人提出了MURDER学习策略结构说, 即将学习策略分为基本策略和支持策略。[④] 威尔伯特·麦基奇（Wilbert Mackeachie）等人认为, 学习策略包括认知策略、元认知策略、资源管理策略。[⑤] 国内有研究者将学习策略分为四种, 即元认知策略、认知策略、动机策略、社会策略。[⑥] 在学习策略特点方面, 国内外的研究者取得了部分共识, 比如学习策略的发展呈现阶段性特点; 学习策略具有操作性和监控性、外显性和内隐性、主动性和迁移性; 学习策略具有主动性、有效性、过程性和程序性[⑦] 等。国内对学习策略的研究起步较晚, 受国外学习策略研究相关内容的影响, 我国研究者在学习策略的界定、结构、发展特点等领域中有大量的研究成果, 但研究对象多集中于中小学生, 而且关注具体学科的学习策略。随着学习策略研究的深化和我国高等教育实践的发展, 大学生学习策略问题日益引起人们关注。李红英等采用问卷调查方法, 对某高校761名大学生学习策略使用状况进行了分析。赵俊峰等通过问卷对某大学393份样本进行研究, 分析了大学生学习策略的发展特点。胡燕等使用温斯特（Wenstein）等人在1987年编制的学习技能量表, 对3所高校学生的学习策略进行研究, 认为大学生学习策略在性别、专业上有不同特点。从整体上讲, 我国大学生学习策略在研究数量和质量、研究方法和研究成果科学性方面有待进一步优化。基于麦基奇（Mackeachie）等人的学习策略理论, 笔者将学习策略分为三个部分, 即认知策略、元认知策略、资源管理策略。认知策略指的是信息加工的策略, 由复述策略、精细加工策略、组织策略组成; 元认知策略指的是对信息加工过程实施调控的策略, 元认知是个体关于自己学习或如何学习的知识, 是对认知的认知, 由计划策略、监控

---

① 史耀芳.20世纪国内外学习策略研究概述[J].心理科学,2001: 586-590.
② 莫雷.教育心理学[M].北京: 教育科学出版社,2007: 117.
③ 陈琦,刘儒德.当代教育心理学(修订版)[M].北京: 北京师范大学出版社,2007: 363.
④ 莫雷.教育心理学[M].北京: 教育科学出版社,2007: 117-118.
⑤ 莫雷.教育心理学[M].北京: 教育科学出版社,2007: 118.
⑥ 谷生华,辛涛,李荟.初中生学习归因、学习策略与学习成绩关系的研究[J].心理发展与教育,1998(02)21-25.
⑦ 莫雷.教育心理学[M].北京: 教育科学出版社,2007: 117-118.

策略、调节策略组成；资源管理策略是为学习者提供帮助的策略，促使各种环境和条件对学习者的学习起辅助性作用，由时间管理策略、学习环境管理策略、努力策略、寻求支持策略组成。

(四) 学习风格

20世纪50年代，美国学者泰伦（Thelen）第一次提出了"学习风格"这一概念。到目前为止，学习风格理论模式已经发展出了十多种。它们广泛地被应用在教学实践中。尽管对于学习风格的理解存在差异，但是研究者们普遍认为，无论是哪种学习风格模式，都可以分为三种类型，即以认知为中心的理论、以个性为中心的理论、以学习为中心的理论。其中，以学习为中心的理论主要关注个体差异对教学的影响。在有关学习风格的理论中，库伯（Kolb）的研究成果最受关注。库伯认为，学习是通过经验创建知识的过程；学习风格指的是个体偏好的感知与处理信息的方式，是学习周期循环的一个完整构成部分。学习周期由具体经验、反思观察、抽象概括、主动实验这四个相互联系的环节组成。具体经验阶段强调体验在学习中的作用，学习者开阔思路，适应变化，在"感受"中学习；反思观察阶段的特点是重视细心观察，多视角多维度看待问题和理解学习内容；抽象概括阶段则注重思考，客观逻辑地分析问题，学习者运用已有知识开动脑筋、思索探求；主动实验阶段强调在做中学，学习者勇于探索，并积极采取具体的方法解决实际学习问题。库伯的学习周期理论后来发展成了具体经验、反思观察、抽象概括、主动实验四种适应性学习模式。具体经验与抽象概括理论构成两个端点，用于表示个体偏好感知环境或者把握经验的学习方式；反思观察、主动实验则构成另两个端点，用于表示个体偏好信息加工或者转化的学习方式。这四个环节可分为知觉和加工两个维度，前者描述具体和抽象的思维，后者描述主动性和反思性信息活动。描述具体—抽象的感知方法和描述主动—反思的信息加工活动两个维度的组合构成了一个包含四种不同学习风格的模型（见图1-1）。

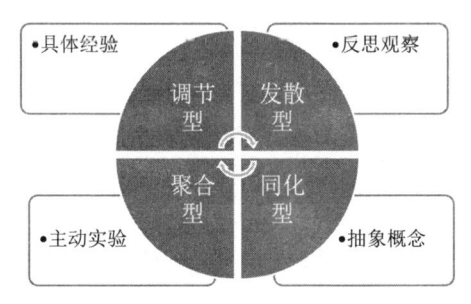

图1-1 学习周期与学习风格类型

每个学习者在感知和信息加工两个维度上分别处于某个特定位置，因此他们在图 1-1 中的二维平面上都有属于自己的一席之地，具有不同类型的风格。每个学习者因对某个维度的偏好程度不同而表现出独特的个人风格，这使得即便同种风格的学习者之间也可能存在较大差异。从图 1-1 可见，库伯把学习者的学习风格分为发散型、聚合型、同化型、调节型四种。发散型学习者通常用具体的思维方式感知信息，并对信息进行反思性加工，这类学习者需要独自从事学习活动；聚合型学习者通常用抽象的思维方式感知信息，并对信息做出反思性加工，他们需要采用细节性、顺序性的步骤进行思考；同化型学习者通常用抽象的思维方式感知信息，并对信息进行积极的加工，他们在学习活动中需要关注对实际问题的解决；调节型学习者通常用具体的思维方式感知信息，并对信息进行主动的加工，他们在学习中会冒险、变换实践方式，学习活动具有一定灵活性。这种对学习过程的分析有助于理解学习的实质，从而引导学习，掌握规律，学会如何"学习"。库伯还针对各种类型的学习风格及其特点提出了相应的改进措施，以使学习者扬长避短，提高学习效率。

从理论上讲，学习者个体风格是各种风格类型的混合体，但学习者有自己偏爱的学习方式，而且这种风格经历长期学习形成，具有相对稳定性，不易受学习任务和学习环境影响。1976 年，库伯（Kolb）研制出学习风格量表，并进行了三次修改和完善。学习风格量表引起了研究者极大的兴趣，并且影响了诸多学习风格量表的制订。在普通教育领域，研究者运用库伯的学习风格量表对学习者的学习风格进行研究。从研究的结果来看，文科学生偏爱调节型学习风格，而理科学生偏爱聚合型学习风格。在第二语言学习研究领域，库伯的学习风格模型并未引起足够重视，研究者更多运用其他不同的学习风格理论对学习者进行研究。从文化角度出发，梅尔顿（Melton）对中国学生偏爱的学习风格进行了分析。梅尔顿（Melton）指出，学习者学习风格深受母语文化影响。从教学风格出发，基于学习风格匹配，皮科克（Peacock）探讨了学习风格研究的重要性。安德烈乌（Andreou）等认为，学习风格训练对二语任务流利性具有重要影响。余心乐对我国英语本科学生学习风格的性别差异进行了研究。

二、日语学习者的特点

美国著名的语言教育家克拉申（Krashen）指出，理想的外语学习者指的是：
（1）学习者有强烈的学习动机；
（2）学习者充满信心；
（3）学习者没有过高或者过低的焦虑感；
（4）通过积极使用外语学习语言。也就是说，想要让学习者学好日语，就要为

他们提供心情舒畅、无焦虑感的学习环境，多进行语言交流习得外语，以减少学习的部分。

鲁宾（Rubin）进行了一系列有关"理想的日语学习者"的研究。鲁宾总结了7条理想的日语学习者的学习策略：

（1）积极使用推理、推论；

（2）心理上的抑制较少；

（3）对语言交流具有较高的积极性；

（4）注重语言形式；

（5）不讨厌语言练习；

（6）监控自己和他人所说的语言，从偏误中进行学习；

（7）注重语义的学习。

（1）中提及的依靠推理、推论指的是即使有稍微不明白的地方，也不会焦躁，会通过上下文理解语义。（2）中提及的抑制指的是心理上的阻碍，即自我防卫。（3）、（5）、（7）说的是为了能与他人建立起人际关系而积极地使用外语，或者在说话的时候注重传达的内容。尽管它们都与"习得"有关，但是我们也不能将"学习"的作用忽视了。这是因为学习者判断、监控所说的话是否符合语法规则与学习有着密切的相关，如（4）、（6）。由此看出，日语教师帮助学生开展这样的学习是其重要的责任。

第二节 日语教师

一、日语教师的基本能力

（一）日语教师的智力

1. 日语教师的观察能力

日语教师观察学生的能力主要表现在三个方面：迅速而准确，细致而深入，全面而客观。观察迅速是指日语教师能够迅速及时地捕捉学生瞬间的表情和行为细微变化，采取适宜的对应措施，适当调节教学内容，或稍做教学停顿，改变课堂教学气氛，及时吸引学生的注意，完成教学任务。观察准确是指日语教师要能透过现象看到事物的本质，了解学生的心理性格特点、思想、学习情况以及学生所处的学习环境等，在此基础上结合学生的细微表情、动作和语言的变化进行合理的分析、正确判断，才能做出恰当的处理。观察细致是观察学生语言、行为、衣着和态度的细微变化，从而准确地掌握学生的思想状况。日语教师应该善于发现每个学生的亮点，教师对学生的评价有时会影响学生的发展。观察深入是指日语教师要了解学生处于成长期，心理稳定性较弱，容易情绪波动，不能以一时一事的观察下结论。对学生的观察可以是课堂上，也可以是课下；可以是群体活动，也可以是个体活动。还要承认学生正处于成长发展阶段，需要对学生进行长时间的反复观察，才能做到深入观察。观察全面客观是指日语教师对学生的观察可以从不同角度进行：或智力水平，或身体素质，或性格气质，或家庭教养，或环境影响，等等。日语教师对学生的观察还要包括校内和校外，要了解他的同学、家长、其他任课教师，只有这样才有可能全面客观地认识学生。

2. 日语教师的思维能力

思维能力是指大脑对客观事物进行分析、综合、判断、推理和反映的能力。对日语教师思维能力的要求可概括为五性：思维的敏捷性、思维的广阔性、思维的深刻性、思维的条理性和思维的创造性。思维的敏捷性主要指日语教师从事智力活动的灵敏程度，它表现为日语教师对课堂或是其他教育活动中突然出现的情况要反应迅速，处理及时，能根据新情况迅速选择、确定自己的思维方向，从而使教育教学活动保持正常状态。思维的广阔性是指日语教师遇事要思路开阔，能从不同角度、不同方面、用不同方法及途径来思考和解决问题。思维的深刻性是指日语教师遇事能一眼看出问题的本质，不被表象迷惑。这一能力可以帮助日语教师将教材中抽象概括的规律性知识进行深度理解，深入浅出地传授给学生。思维的条理性是指日语教师讲述问题、处理事情时要思路清晰、有条不紊，连贯严密。这有助于日语教师在课堂教学、阅读提高等方面都能做到井然有序、事半功倍。思维的创造性是指日语教师传授知识、开启智慧，必须根据学生的实际对知识进行创造性地加工，加以提炼概括，使之成为学生容易接受的东西。日语教师授课能力的高低主要取决于其创造性思维水平的高低。

3. 日语教师的想象能力

日语教师在理解教材、教学设计、课堂教学都离不开想象力。想象力是人脑在感性形象基础上创造出新的形象的能力。日语教师的想象力一要丰富，二要合理，三要新颖。日语教师在解读日文诗歌、小说、散文时，利用想象和描绘，可以带领学生进入如诗如画的意境；在讲解日本历史、地理时可利用地图和形象化的暗示或描述，帮助学生在大脑中重现自然界的形象和历史上的生活情境。但是想象要合情合理、有根有据，不能脱离事实和学生实际。想象要新颖是指不仅依赖教科书中现成的资料，还可以利用互联网教学平台、漫画等学生喜闻乐见的素材，帮助他们理解枯燥抽象的知识，使他们的思维更加活跃。

4. 日语教师的记忆能力

记忆力是人脑储存、反映已有经验和知识信息的能力。具备良好的记忆力是教师职业的固有要求。日语教师的记忆力可以概括为准确、迅速、持久、系统、广阔。准确是记忆的前提。记忆一般有三个基本过程：识记、保存、回忆或再现。后两个过程都以第一个过程为基础，识记准确才能做到保存和回忆准确。首次识记的准确性对准确记忆意义重大。在信息化发展时代，新知识层出不穷，日语词汇、日本社会文化的发展，对日语教师的记忆量、记忆速度也提出了新要求。生理心理学告诉我们，人对事物的识记和保持都不是永恒、一成不变的，人在记忆过程中由于新旧知识的干扰以及自身记忆功能的变化，遗忘或暂时性遗忘是存在的。因此，教师要不断学习，温故知新，克服遗忘，对专业知识努力保持持久记忆。关于记忆的"刺激—反映"理论强调人在记忆过程中首次接受的知识对人脑刺激越强烈，记忆的痕迹越深刻。但是，人脑对刺激的接受不全是被动消极的，能够长时记忆下来的东西许多还是经过人脑思维对信息编码后，有序地储存在记忆中。了解人类的记忆特点，学习新知识时注意知识的系统性，做到系统记忆，对克服遗忘有重要作用。

（二）日语教师的审美能力

1. 感受美的能力

感受美的能力是指审美主体凭借自己的感觉器官，对审美对象进行感知、体验的能力。从审美角度而言，教材是审美客体，其中蕴含丰富的审美因素，日语教师只有具备感知美的能力，才能充分挖掘教材中美的内涵，从美学角度把课讲得更有深度，从而扩大学生的视野，使他们的求知欲更为强烈。

2. 鉴赏美的能力

鉴赏美就是审美，是指审美主体凭借自己的生活经验和艺术修养，对审美对象进行观赏、品味，并做出判断的能力。日语教师的审美判断力主要体现在对教材中美的形象、美的内涵做出准确的评价，帮助学生认识真善美，树立正确的审美观。

3. 表达美的能力

表达美的能力是指审美主体对于生活和艺术中领悟到的美进行再现、传达的能力。教师的职业特点决定了必须具备表达美、再现美和创造美的能力。日语教师表达美的方式多种多样，但必须结合课程特点和知识结构，将教材中的美的内涵生动形象地展示在学生面前，激发他们的学习兴趣。

（三）日语教师的表达能力

1. 日语教师的口语表达能力

日语教师的口语表达能力是指日语教师在教学活动中，运用口头语言讲解道理，连贯地、有条理地传达教材信息，启发学生积极思维的能力。日语教师的口语表达能力在日语课堂教学中起到引领示范作用，对于没有语言环境的日语语言教学来说，作用更是显著。随着现代化教学手段引入课堂教学，虽然在一定程度上能改变传统课堂教学中单向的师传生受的状况，但是现代化教学手段无论如何不能取代师生间面对面的交流。优秀的日语教师要有语言学家的用词准确、教育家的逻辑严密、演说家的论证雄辩、艺术家的情感丰富。教师向学生传授的知识具有严格的科学性，只有用准确严密的语言表述，才能让学生正确理解知识，在课堂教学中日语教师更要注意自身语言的规范性和示范性。教材是用规范的书面语言表达严整的知识体系，有些语句语段内涵丰富，对于学生来说，直接读未必能够理解、记住。这就要求日语教师能把某些概括性强的语言表述得明确、具体、通俗，尽量用直观性强的语言，把内容描述得生动，借助幽默的讲解增加讲授内容的形象性和鲜明性，让学生一听就懂，印象深刻，记忆持久。教师职业要求教师口语都要合乎语言规范，语言表达要条理清晰、逻辑严密、语意流畅贯通，明晰显豁。日语教师在运用语言的时候要细加斟酌、选择，以鼓励为主，批评的语言绝对不能伤害学生的自尊心、上进心。日语教师都会注重课堂教学使用的日语语言的语音、语调，同时还要注意音量、语速、节奏既要符合学生的日语水平，又要符合日语日常表达特点，能做到抑扬顿挫、疏密有致、刚柔并济，符合教材内容及所表现的男女老幼的特点。这就会使课堂教学深刻形象、生动引人。

2. 日语教师的体语表现能力

人们可以通过表情、体态和动作的变化传递信息，这种无声无字的交流就是"身体语言"。日语教师的体语主要通过眼睛、面部表情和动作姿势来表达。课堂教学中，日语教师运用体语时要注意：目光分配要合理、面部表情要适宜、动作姿势要恰当。目光分配合理是指教师要尽可能关注到所有学生，学生透过教师的目光，会产生被吸引、想亲近、受敬重的情感体验，这有助于建立良好的师生关系。人们能够通过面部形态与色彩的变化，把某些难以或不宜用语言表达的微妙、复杂、深刻的思想感情，准确、精密地表露出来。学生在课堂上可以从教师面部表情上获得信息，以确定自己做出怎样的反应。因此，日语教师的面部表情要自然，表里如一；要适度，喜怒哀乐有控制；要温和，平易近人。这样会有助于打开师生情感交流之门，降低学生对教师的恐惧心理。课堂教学中，日语教师处于学生注目的中心，一

招一式、一举一动都具有鲜明的直观性,因此要多加注意。日语教师的动作、姿势主要是指手、手臂的动作和站立的姿势。课堂上,日语教师的手势动作不宜过多,要有助于传递微妙信息,激发学生想象,推动学生思考,加深学生情感体验,服从教学需要。在使用动作时要准确,有分寸,不夸张,力度适当。

(三)日语教师的教育能力

日语教师的教育能力是指日语教师不依据特定教材,而是按照社会现在和未来的需要,教育培养新一代的能力。这是任何为人师者都必须具备的能力。

1. 全面了解学生的能力

全面了解学生的能力是指日语教师对教育对象的个性特征、心理素质、道德行为、学习能力以及身体状况等方面的具体把握能力。了解是教育的前提,只有从宏观到微观都了解学生,才能有的放矢地实施教育,收到理想的教育效果。

了解学生要做到了解学生整体和个体。

(1) 了解学生的整体。

①要了解当代学生个性特征的显著变化,如独生子女与非独生子女的个性差异、城乡环境差异带来的学生差异等。

②要了解当代学生的道德意识、审美观与上代人的差异。

③要了解大学生思维状况的微妙变化,如电视、电脑对人的大脑右半球的刺激,促使他们视觉成像的右半脑日益发达,大脑左半球有退化的倾向,从而带来厌学、不愿苦学的倾向。

④了解家庭和同伴对学生影响的差异。

(2) 了解学生的个体。

①要了解学生的内心需求和爱好特长。

②要了解学生个体的学习表现及品行修养。

③要了解学生的学习能力和学习动因。

④要了解学生的心理素质。

2. 正确评价学生的能力

正确评价学生的能力是指日语教师在全面了解学生德智体美劳的前提下,按照一定标准,对学生做出客观的评价。对学生客观准确的评价是采取正确教育措施的基础和前提,因此准确公正地评价学生,是日语教师必须具备的教育能力之一。

日语教师在评价学生时要注意客观性和公正性,了解学生渴望正面评价的特殊心理,日语教师在评价学生时要克服如"第一印象决定一切"等心理偏见,准确把握好积极评价和消极评价的使用度,做到准确适宜、恰如其分。日语教师在评价时还要注意评价的激励作用，无论是评价内容，还是评价语言都要注意其激励性价值，好的评语应该是哲理诗，言有尽而意无穷；应该是进行曲，激奋人心，催人向上；应该使人明理悟道；应该是箴言，促人警醒奋进。

3. 对学生进行生存教育的能力

生存教育是指为使学生适应社会环境的正常需要而进行的生存意识、生存能力的培养过程。学生的生存能力主要体现在三个方面：①生理健康，并善于保护自己；②心理健康，且善于和他人合作；③道德健康，能处处与人为善。培养学生的生存能力是当代教育的重要内容之一。对学生进行生存教育的能力是当代教师能力结构的重要组成部分。对学生进行生存教育时，教师首先要能培养学生的生存意识。对于缺少生活阅历的青年学生来说，他们对生存能力的重要性既无感性体验，又无理性认识。这就要求日语教师能够通过正向事例、反向事例以及相关教育帮助学生明白，作为一个有较强生存能力的人要具备"五自"，即自尊、自知、自制、自治、自修，有了这"五自"，在人格上能高洁儒雅，在心理上能坦荡磊落，在品德上能傲岸独立，在体魄上能康健强壮。其次，日语教师还要在日常生活中培养学生的生存能力。第一是能对学生进行生存方法的指导，如指导学生如何保持健康心理和乐观豁达的胸襟；在逆境中如何生存；平时如何与同学、家长、教师相处；如何强身健体预防疾病；如何加强个人思想修养，塑造优秀品质和健康人格等。第二是能及时帮助学生解决问题，帮助他们增强应对可能出现的挫折的心理调适能力。第三要能以身作则，对学生形成潜移默化的影响。

4. 指导学生与人交往的正面能力

交往是社会关系和人际关系的直接体现。学生的交往有横向和纵向之分，横向如同学、同龄人之间的交往，纵向的如师生交往、与父母长辈之间的交往等。教师在指导学生与人交往时，必须具备如下能力：首先，能使学生懂得文明交往可以有助于自我需求满足、有利于全面认识自我、有利于实现自我完善义，增强学生交往的主动性，引导学生向自主交往发展。其次，要能帮助学生排除交往中"重视他人对自我的理解、忽视自我理解他人"的心理障碍，帮助学生体会营造相互理解、相互尊重的和谐、融洽交往氛围的重要性。再次，能为学生创设良好的交往情境，在校内通过举办"主题班会"等学生活动，为以独生子女为主流的学生增加交往机会，增强交往意识，积累交往经验。最后，能指导学生掌握诚信正直、明辨是非、相互激励、共同进步的交往原则，培养学生健全的交往人格和品质。

5. 教师"身教"的能力

教师的身教能力是指教师在强烈的责任心和使命感的驱动下，凭借自身的品行、学识、人格以及仪表风度等方面的示范作用，去影响和教育学生的能力。教师

"身教"的能力要求日语教师能做到充满活力、热情、宽宏大量、谦卑，以人格的力量感染学生，还能重视个人专业素质的提高，不断更新知识结构，以学识的力量教育学生，同时需要教师身先士卒，能以行动的力量激励学生，这比空洞的说教更有效力。

二、日语教师的教学能力

(一)日语教师的教学设计能力

1. 掌握和运用课程标准(教学大纲)的能力

主要指日语教师能依据课程标准(教学大纲)，确定教学目标；明确教学改革方向；廓清知识结构；把握教学重点。

2. 掌握和运用教材的能力

主要指日语教师能理解教材的特点；能分析教材的内涵；能把握教材的重点、难点和关键处；能理清教材的知识点。

3. 编写教案的能力

主要指教师能掌握编写教案的科学性、实用性、针对性、创建性原则；能正确表述教学目标；能把握教材重点、难点；能精巧设计教学过程；能熟悉教案基本格式。

(二)日语教师的教学实施能力

1. 因材施教的能力

因材施教是指从教育对象的实际出发，根据学生的不同特点，采取不同的方法，进行有的放矢的教育。日语教师的因材施教能力主要体现在能定向导学，因人施教；能对不同类别的学生进行分层施教；能发展学生特长，培养拔尖人才。

2. 实现教学目标的能力

教学目标是教学任务的具体化指标，是师生双方在教学活动中所要达到的预期结果或者标准。教学目的针对教师而言，是对教师提出的要求，为教师的教提出方向；教学目标针对学生而言，是针对学生提出要求，为学生的学起导向作用。

日语教师实现教学目标的能力包括：

(1)能正确制订教学目标。在制订课时教学目标时应做到内容全面、层次分明、要求适度、具体可测。

(2)能恰当表述教学目标。日语教师要注意到表述教学目标的主体是教学活动的主体，即学生，还要注意表述教学目标时要突出目标的导向性、好操作性特征。

日语教师要做到：教学目标是教学内容的纲领性要点；教学目标是教学活动的指南性程序；教学目标是学生学习的激励性阶梯；教学目标是教学结果的评价性标准。

（3）能优化达标教学过程。教学过程的科学流程是"前提测评—认定目标—导学达标—达标测评"。

（4）能掌握教学评价的方式、标准。例如，引入形成性评价理论做课程达标和单元达标；引入达成性评价理论做课时级（用课堂观察、提问、练习、测试）达成评价和单元级（单元测试）达成评价。日语教师还必须熟悉"面向全体学生、促进学生全面发展"的教学质量评价标准。

3. 选择、运用教学方法的能力

（1）能掌握选择教学方法的标准。日语教师要做到能根据教学目标是知识信息方面的，还是认知技能的、情感态度方面的来选择教学方法；也能够根据学生心理特点、知识基础来选择教学方法；还能够根据学科特点选择教学方法。

（2）能了解选择教学方法的程序。著名教育学家巴班斯基（Babanski）归纳出教师选择教学方法的一般程序：决定是选择由学生独立学习法，还是选择教师指导法；决定是选择再现法，还是选择探索法；决定是选择归纳法，还是演绎法；决定关于口述、直观法和实际操作法如何结合的问题；决定关于选择检查和自我检查的方法问题；认真考虑各种方法相结合的不同方案。

（3）能使教法和学法相契合。日语教师的教法必须与学生的认知规律、思维规律相适应，与学生的学法相符合，逐步增长学生自学的能力。

4. 激发学生学习兴趣的能力

兴趣是人接触和认识某种事物的积极态度，是推动学习活动的内在动力。日语教师激发学生兴趣的能力主要包括：能以感情打动学生；能以新奇刺激学生的好奇心；能以演示吸引学生参与；能以调整教法帮助学生解除学习疲劳、注意力分散等问题。

5. 指导学生学习方法的能力

日语教师指导学生采取正确学习方法的能力主要包括：能示范引导，授之以学法；能依据教材，展示学法；能总结规律，揭示学法；能设计练习，巩固学法；能区别情况，指导学法。

6. 指导学生学习迁移的能力

在学习过程中，已经掌握的知识和技能对继续学习新知识、新技能会产生一定影响，这种现象在心理学上称为迁移。迁移有正、负之分，对新知识、新技能的影响是积极的，起促进作用的就是正迁移；反之就是负迁移。

（三）日语教师组织课堂教学能力

1. 课堂教学开讲能力

"开讲"即课堂教学的开场白，也称"导入新课"，是课堂教学的起始环节。日语教师的"开讲"能力包括：开讲语言设计要言简意赅，具有针对性；开讲具有启发性；开讲要具有趣味性。

开讲设计的原则如下：要展示新旧知识的联系点；要向学生传递期待的信息；要为学生创造良好的学习心境。

2. 创设最佳教学情境的能力

教学情境是指教师进行教学活动时所处的特定氛围。最佳教学情境是指教师为完成教学任务而创造的人际（师生之间）关系融洽、教学气氛和谐、易于学生理解掌握所学知识的特定环境。日语教师创设最佳教学情境的能力包括：能再现教材中的情境；能引导学生进入教材的情境；能启发学生想象教材的情境。

3. 教学设疑能力

设疑在教学中的实施形式就是提问。日语教师在课堂上巧妙地提出问题，对于激发学生思维，发展学生智力，发挥学生的主体作用，提高课堂教学效率，都具有重要意义。日语教师设疑时要做到以下几点。

（1）设疑要具有明确的目的性。必须紧扣教学目标，备课时要考虑好每个问题该不该问，在什么环节问，怎么问，难度多大，解决什么问题，培养什么能力等。

（2）设疑要具有启发性。过于直白的提问，答案过于简单，不能调动学生思维的积极性。设疑时可以预设矛盾对立问题，引发学生讨论，激发学生参与意识和积极思维的兴趣。

（3）设疑要具有针对性。既要针对教材实践，又要针对学生实际。

4. 教学举例能力

精当的举例是一种教学艺术。日语教师的教学举例能力主要体现在选例、用例、讲例三个环节上。选例应该准确、典型，具有科学性；用例应该恰到好处且有针对性；讲例应该生动、形象，具有趣味性。

5. 设置学科作业能力

（1）能使作业设置更具有科学性，选题多少要适量，要有典型性、代表性；选题要难易适度，与班级学生的认知水平相适应。

（2）作业设置能体现层次性，既有模仿性的基础训练，又有独立性的单项练习题，还要有灵活的综合训练题和创造性的扩展训练题。让不同程度的学生都能有所得，体现因材施教的原则。

（3）作业设置富有趣味性。

（4）作业设置能突出实践性，学生对自己动手动脑总结出来的规律、经验以及在实践中运用了的新知识，记忆更深刻，理解更透彻。

（5）作业设置要注意实效性，不能盲目求数量，更不可采取惩罚性作业。

6. 教学检测能力

检测是指对学生学习阶段性成果的检验、测试，也是对日语教师教学阶段性效果的验证和评估。日语教师教学检测能力包括：

（1）能设计测试蓝图。即根据教学大纲要求，在分析、掌握检测目标的前提下，将要测试的内容按照教学目标制定出一份双向细目表，作为命题工作的依据。双向细目表包括两个维度：一是教学目标；一是测试内容。教学目标维度对认知领域的目标要分为：记忆、理解、应用、综合四个层次。

（2）能把握命题要领的能力。日语教师要明确各种题型的编写原则。

（3）能进行试卷讲评。

三、如何成为理想的日语教师

迫田（Sakoda）指出，"灵活性"对成为一个理想的日语教师是非常重要的[①]。作为日语教师，怎样才能加强自己的"灵活性"呢？接下来，根据迫田（Sakoda）的论述，笔者总结出了日语教师日常应该加强以下方面的意识。

（一）站在学生的角度，从多方面为学生考虑

1. 最主要的不是授课方法和教材，而是考虑学生

从学生的角度出发，在多个方面为学生考虑。经验较少的教师会在教育方法和制作教材上投入过多的精力，容易为了自己能够自如地使用日语而忽略了学生是否能够完全理解，有可能在没有给学生足够的日语输入的情况下就让学生进行句型练习等。监控理论主张应该在给予学生充分输入的情况下，排除学生不必要的不安，才能促进学生的习得。关键是要在仔细观察学生的习得情况的基础上，准备教学方法和教材。在引领日语教育的木村宗男英语先生的演讲中有人提出了"为了成为一名优秀的日语教师应该留意哪些方面？"这一问题。木村宗男先生的回答是："准备要充分，上课要大胆。"在上课前，日语教师要考虑按照当前的教学进度以及当天需要导入的教学内容，通过什么教材和课堂活动进行教学指导，这些需要严谨的计划和精心的准备。怎样复习，怎样从复习内容过渡到新内容，授课中所使用的单词如何与教材联系

---

① 王冲，洪春子. 基于PAC分析的学习者心目中优秀日语教师形象研究[J]. 东北亚外语研究，2013（02）：71-76.

起来。为了更贴近现实中的场景，在词汇的选择上也需要下功夫。并且，为了引导学生运用课堂中导入的内容，不要只进行机械的反复练习，需要思考如何进行更加贴近会话交流的练习模式。如果学生的状态不佳或者之前所教的内容完全没有掌握，日语教师就应该立即改变授课内容，对学生没能掌握的知识进行练习。日语教师要时刻关注学生的状况，进行符合当时情况的教学指导，以体现教学的弹性。

（二）从学生的偏误中学习，灵活运用习得研究的成果

学生的偏误对于教师来说非常重要。因为偏误是学生的习得阶段中现阶段习得状况的反应，思考其原因及对策是教学中非常重要的一环。日语教师应该留意学生的反应和所使用的语言，仔细阅读学生所写的作文。因为偏误是在学习第二语言的过程中必然会发生的现象，也是学习的一种证明，所以即使学生产生了偏误也不需要焦虑，重要的是要留意产生偏误的原因及对策。从现有的日语第二语言习得研究的结果我们能够清楚地知道，从学习的初级阶段到高级阶段，会出现各种各样的偏误，其出现的方式也各不相同。在改错测试中，学生能够改正错误的语言项目，但在对话采访或是听力测试中，有时会出现偏误，不同的测试方法会出现不同的偏误，也就是会出现变异现象。这一结果揭示了在日语教学中需要注意的很重要的一点，即：虽然考试成绩高，完全理解了考试内容，但是不能说明学生能够很好地运用日语，讲日语。同样地，在课堂中学生说出错误的日语，也不意味着他们没有理解语言知识。换句话说，不会运用，不代表不具备相关知识。知道和会运用是两回事，很多时候作为知识虽然理解了，但是运用起来还是很难。因此，在教学指导时，日语教师应该注意知识与运用的结合。很多日语教师是通过观察学生的偏误探索应如何授课的。

第二语言习得研究可以在实际的日语教学中发现问题并对其进行研究。因此，从这一点来看，第二语言习得研究与实际的教学是密切相关的。以实际教学中发现的问题为出发点，通过验证学者所取得的成果，将教学与科研很好地结合起来。并且，通过实际教学中发现问题，教师自身为了对其进行改善而做出各种尝试，从这一点来说，日语教育的研究还可以作为一种行动研究。实际上，第二语言习得研究需要通过行动研究才能将其成果展示出来。

（三）不断追求自我完善

为了顺应学习者的多元化和学习过程的多元化，日语教师要不断地提升自己、完善自己，也就是说日语教师要不断进行自我发展。作为日语教师，掌握日语的基本语言能力进行教案制作、教材编辑、提升课堂指导能力固然很重要，但是在这之

前，日语教师为了进行自我完善需要时刻加强以下意识。

1. 要有日语意识

作为日语教师，具备优美的日语发音、有关音声学的知识，简洁明了的语法讲解能力以及语言学的相关知识十分重要。日语教师要时刻积累日语相关知识。

2. 要有意识地提高自己的交际能力

日语教师是课堂的指挥者，是日语学习的引导者。因此，作为日语教师应具有最基本的与他人沟通的能力。除此之外，日语教师的语音、语速、语调以及表情都会影响到学生的情绪，因此日语教师要有通过观察学生的表情、动作等迅速地调整交际策略的能力。同时，日语学习本身与一般的交际不同，是跨文化交际。因此，日语教师除了要注重自己的交际能力以外，更需要在了解本国文化的基础上，了解他国文化，与学生进行顺畅的跨文化交际。

3. 要深入了解学生的特点和学习的内涵

日语教师要根据不同年级的学生以及不同特点的学生在教学内容、教学手段等方面做出适当的调整，也就是要因材施教。同时，日语教师要与学生建立良好的师生关系，能在课堂以外对学生进行指导和帮助。

第三节　日语课堂

一、理想的日语课堂

(一) 3A 要素

1. Attentive（吸引注意力的）

为了集中学生的注意力需要留意以下几点：

(1) 大声说话；

(2) 采用与视听有关的教学工具和教材；

(3) 教授教材内容的技巧有所变化；

(4) 回答问题的学生数量增多；

(5) 选用有趣味性的教材。

2. Attractive（有吸引力的）

可以理解为兴趣、关心，有两种特性：一个是"好奇心"（想要获得知识的欲望），另一个是"对日语学习持有肯定的态度"。在理解了之后才会引起好奇心。对不理解

的事物是不会产生兴趣的。学生如果喜欢日语教师就会喜欢日语课。学生喜欢的教师是日语知识丰富、对教材理解透彻、对学生公平、喜欢日语并对日语有强烈兴趣。

3. Active（活跃的）

教师帮助学生将日语作为交流的手段进行学习。如果只进行模拟交流活动，而不进行实际交流活动，学生就不能主动地参与到日语学习中，在课堂中将处于被动的地位。

（二）3J 要素

1. Joinable（可参与的）

为了让学生主动地参与到课堂当中，就需要让学生多花时间参与到课堂活动当中。为了解决这一问题有几种方法，如进行小组活动等。

（1）同时、统一进行的活动，如音声、单词、句子、文章发音练习时，让学生跟读音频或教师的发音；

（2）大型组员活动，如听课文内容、默读、进行作文练习；

（3）小组活动，如某个小组与全班同学进行对话或交流活动；

（4）对练活动，做对话或背诵，练习一问一答；

（5）按照个人需求和水平进行课堂活动。

2. Joky（幽默的）

快乐有趣的课堂，幽默风趣的玩笑可以缓解紧张的气氛。

3. Joyful（愉快的）

机械的反复练习很枯燥，且易忽视语义。而对话交流活动则既有趣，又重视语义，就像是在做游戏一样。快乐且生动的对话交流活动只有在轻松的氛围中才可能实现。让学生动起来的课堂、简单易懂的课堂、有趣的课堂，才是理想的日语课堂。

（三）3C 要素

1. Cooperative（合作的）

分组共享活动是合作学习的典型模式。在竞争学习、个人学习、合作学习中，合作学习的日语学习效果最好。互相肯定、互相帮助的关系，以及轻松的氛围，更容易促进学生的学习，还能激发他们的创造力。

2. Creative（创造的）

鼓励与支持最容易激发创造力。通过主动地、创造性地使用日语激发学生的创造力。

3. Curious（好奇的）

学生对日本文化感兴趣并且好奇心是在理解了以后才产生的。

如果日语教师做到了以上列举的3A要素、3J要素、3C要素，就能上好日语课，实现学生所期待的理想的日语课堂。但在实现方法上有一定的难度。以下列举了理想的日语课堂需要具备的要素：

1. 课堂生动；

2. 课堂氛围愉悦；

3. 学生积极参与到课堂当中；

4. 课堂简单易懂；

5. 课堂有变化（静与动、慢与快）；

6. 教师带着热情上课；

7. 学生认为课堂有趣；

8. 课堂氛围轻松；

9. 课堂中大多使用日语；

10. 课堂准备充分。

二、日语课堂教学的优化

（一）不断完善日语教学体系

在高校日语教学体系的创建中，需要将学生的综合实践能力作为培养的首要任务。这样，才能够符合企业和市场的用人需求，提高学生的就业率。在日语教学体系需要不断改革和完善的过程中，教学理念和教学目标也要随之改变。日语教师要大胆尝试和创新教学模式和教学方法。在实践过程中，日语教师要将理论与教学模式结合起来，从而形成新的教学体系，不断提升教学质量及教学水平。教师在教学内容的编排和设计上需要注重日语基础知识的教学，帮助学生夯实日语语言基础，教会他们学习日语知识的方法。随着企业对日语人才需求的不断增加，高校陆续开设了日语语言专业选修课程。这些选修课程是学生根据自己的兴趣选择的。选修课的教学内容侧重培养学生的兴趣，在教学过程中注重向学生介绍和讲解日本文化特色。日语教师在传授语言知识的同时，应该围绕教学大纲和教学目标，构建合理的教学体系，从而有效地推动日语教学的发展。

（二）选用合理的教学材料资源，灵活运用互联网教学方式

日语教师应该根据最新的教学理念、教材的内容，科学合理地选择教学材料资

源。随着时代的发展，学生对知识的个性化需求也不断提高，日语教师在教学中需要增加与社会热点和学生实际生活有关的、新鲜、有趣的内容[①]。同时，在互联网技术和电子设备普及的今天，日语教师应该在教学中大量地使用互联网教学方式，以图像、音频、视频等方式直观而生动地向学生讲授日语语言基础知识和日本文化，激发学生学习日语的兴趣。

（三）创设语言环境

我们都知道，语言环境在一定程度上会对语言学习的效果产生重要影响。语言环境是学生学习日语必不可少的条件，因此日语教师要积极地为学生创设语言环境。日语教师要先对学生进行日本文化的有效"输入"，在此基础上进行语言环境的创设。日语教师要结合学生的兴趣和生活实际，为他们创设真实的语言环境。此外，要注重培养学生的日语思维能力，让他们用日语思维去分析和解决问题。

（五）不断提高教师的整体素质

对于新时代的高校日语教师，需要认识到自身在教学中起到的关键作用。在教学过程中用正确的方式引导学生进行日语学习，营造良好的学习气氛，充分调动学生的积极性，让他们融入课堂。日语教师除了对必要的语法和较难的问题用汉语解释外，应该最大限度地减少汉语的使用，避免因为汉语的思维模式影响学生的日语学习。日语教师需要不断提高自身的专业知识和职业素养，深入研究日语这门语言，积极参加各种层次的教学交流和研修学习。

三、互联网日语课堂

（一）互联网日语课堂的特点

1. 创造性

互联网日语教学选定互联网的某一站点或校园网的某一资源库作为学生取舍的素材来源，而对素材的选择、组拼、融合、消化、转换则是学生发挥想象力和创造力来完成的。学生根据自己的喜好选择各自钟爱的素材，然后用自己的语言对其进行描述，查询自己感兴趣的相应素材，并对其进行匹配、补充、加工，最后沿着自己理解的模型和思路形成各自的"作品"，再用 Email 或其他数字化的方式将自己的"作品"发送到教师的信箱中。教师则可以立即打开学生的电子邮件当场进行点评，

---

① 尚雅颀. 翻转课堂模式在日语教学中的研究与应用 [J]. 现代交际, 2018(13): 195-196.

并让学生以朗读、游戏或表演的方式深化所学知识内容。在这个过程中，教师只担任导航员的角色，而学生则是真正的"船长"，独立地在网上"冲浪"，每个学生的积极性和创造性都得到了充分的体现。

2. 认同性

互联网日语教学是一种以学生为主体、以教师为主导的全员参与的"双主"模式，事先没有固定的教材。在教师的引导下，每个学生都将教师精心挑选的素材个性化地加工成了一篇短小的课文。也就是说，学生利用网络环境和资源"编制"教材进行自学。毫无疑问，学生对自己成果的偏爱和认同是任何统编教材都无法比拟的。因此，互联网日语教学使学生对所学内容产生强烈的认同感，学习积极性和学习兴趣空前高涨。

3. 开放性

互联网是一个巨大无比的资源库，比起教师事先编制的课件和印刷好的课本，它具有全方位的开放性。首先，它的资料是动态的，处于实时更新的状态，它能够为学生提供最前沿、最流行的学习素材；其次，它的资料丰富多彩，涵盖了社会的方方面面，为师生双方提供了很大的选择余地，有利于培养学生自主学习的能力；最后，它的资料形象生动，图文声并茂，很容易吸引学生的注意力和激发他们的学习兴趣。因此，互联网日语教学将教室扩大到有"信息海洋"之称的互联网上，互联网成为学生学习日语的一个组成部分，这是一种真正意义上的开放性日语教学。

4. 形象性

目前，多媒体日语课堂往往是教师利用各种课件为学生提供逼真的视听环境，通过视觉和听觉的组合优势提高教学效果，而互联网日语课堂则更加先进，它无须人为地创设一个多媒体环境，因为互联网本身就是一个真实的多媒体世界。学生进入自然真切的情境中学习日语，可以身临其境地体会到互联网世界的无穷魅力，而且可以马上将所学内容进行实践，学习效果自然事半功倍。因此，互联网日语课堂打破了虚拟视听环境和真实世界之间的壁垒，使学生的日语学习更加轻松愉快。

（二）互联网日语课堂的优势

1. 符合日语课程的本质要求

日语课程从本质上来说是一门技能训练和实践课，它强调学生要进行大量的语言技能强化训练和语言实践活动。建构主义认为，知识不是通过教师传授得到的，而是学生在一定的社会文化背景下（一定的情境），借助其他人（教师和学习伙伴）的帮助，利用必要的学习资源，通过意义建构方式获得的。因此，教师应借助以互联网为支撑的教学平台，创设符合教学内容的真实情境，让学生有内容可听、有话可说，使其语言能力在实践中得到锻炼提高。此外，学生在课外也可点击互联网上的日语电影、电视台播放的日语节目等，也可在互联网上与教师或日籍人士进行交流，从中获取大量的语言信息和实践机会。可见，互联网日语课堂这方面的独特功能，也是传统教学替代不了的。

2. 互联网技术的优越性

互联网技术能够提供文字、声音、动静态图像一体化的界面，教师可灵活地切换教学中所需要展示的内容，这使得课堂教学内容变得更逼真、更充实、更具形象化和更具吸引力。互联网资源取之不尽、用之不竭，学生可以从互联网上查阅或下载与学习内容有关的资料，如文化背景知识、参考资料、图片等，也可利用互联网教学平台进行自主听、说训练，提高听说能力。可见，互联网日语课堂所提供的信息量和多媒体效果是传统课堂无法办到的，也是无法比拟的。

3. 提供丰富的日语教学课件和网络系统

很多重点大学的日语教授和专家研制开发了丰富的日语教学课件和网络系统。就目前所推出的网络版多媒体教材和课件而言，它们具有博采众长、优势互补、各有特点，体现了先进的日语教学理念和教学理论，是优秀的教学经验的集成。普通高校的学生能够从中得到最好的日语学习资源，接受最好的日语专家指导，享受到名牌大学的精品课程。这样，年轻教师经验不足，老教师退休可能带来的教学质量下降等问题便有望得到解决。

4. 解决教学中的实际问题

就多媒体教学课件和网络系统的功能而言，它们有利于解决因扩大招生所带来的教师短缺、大班上课的问题，在教学课时十分有限的情况下，教师根本无法在课堂上顾及学生听说训练的时间和强度，致使学生听说技能难以提高。而听说方面的软件则可弥补这方面的缺陷，教师可布置和要求学生利用这些软件在课外进行"大运动量"的技能自我训练。

5. 体现"以人为本"的教学思想

互联网日语教学能体现"以人为本"的教学思想，有助于学生的个性化学习。互联网日语教学打破了传统日语课堂教学模式的时空界限，构建了一个无限开放的教学空间。学生不再受课堂教学时空的束缚，可在任何时间、任何地点借助互联网进行自主学习，遇到语言难点还可反复学习，直到弄懂为止。学习的时间机动，可长可短，由自己灵活掌握；学生还可根据自己的水平和实际情况自由选择不同级别和水平的学习内容，自己哪方面比较薄弱，学习时可有所侧重，既可训练听说、词汇语法，又可训练对课文的理解能力等。与此同时，学生还可通过测试软件提供的信息反馈，了解自己的学习效果和学习中存在的问题，以便及时调整学习进度、改进学习方法，确保如期达到学习目标，从而体现"因人而异，因材施教"的教学理念。

6. 促使教师更新教育观念

在传统的日语教学中，日语教师的角色是"传道、授业和解惑"，部分教师完全忽略了"以学生为主体、师生互动"的教学原则，而以互联网技术为支撑的日语教学模式打破了传统的日语课堂教学模式，使传统教师角色和教学模式受到冲击，教师的角色将从单纯的传授知识为主转变为设计教学为主。这一变化要求教师要审时度势、要更新观念，树立适应形势和社会发展的外语教育观、知识观和人才观。教师的角色也将由原来的"教"转到"导"上来。教师不再是"权威的领导者"，而是课堂教学活动的"设计者、指导者、合作者和帮助者"。互联网课堂教学模式的应用和教师角色的转换，反过来必将促使教师努力地学习新的教学理论、教学方法、网络技术等方面的知识，这对推动和促进我国日语专业的教学改革有着重要的作用。

第二章　创新思维及其方法

第一节　创新思维相关论述

一、思维与创新思维

(一)思维的定义

思维是人类最本质的特征。人类之所以是万物之灵，就是因为人类具有神奇的思维能力。那么，什么是思维呢？思维是人脑的机能，是人脑对外界客观事物的反应[①]。人们在实践基础上对事物的认识，首先是获得感性的认识。感性认识是对事物表面的、现象的认识，是对事物外部联系的认识。在丰富的感性认识基础上，经过去粗取精、去伪存真、由此及彼、由表及里的整理和加工，逐步认识事物的本质和规律，产生认识过程的质的飞跃——理性认识。本书所说的思维指的是理性认识，思维是人类认识的高级阶段。

(二)思维的特点

1. 思维的概括性

思维的概括性指的是思维能够反映事物的本质。概括性有两层含义：一层是思维能够揭示同一类事物所特有的共性，并将它们归结在一起，从而认识这类事物的共同本质以及与其他类事物的关系。例如，人们凭借思维，可以将构成世界万事万物的基本元素概括为金属元素和非金属元素，进而揭示出金属元素与非金属元素之间的本质联系；另一层是思维能从部分事物相互联系的事实中揭示出事物普遍的或者必然的联系，并将其推广到同类的现象中去。例如，凭借思维，人们可以认识物体的质量与引力的关系，物体的质量与能量、时间的关系，等等。思维的这种功能可以使人认识和掌握事物的客观规律，为人类认识和改造客观世界服务。

---

① 周延波，耿春华. 教学方法与技能[M]. 西安：西安交通大学出版社，2012：11–12.

2. 思维的间接性

思维的间接性指的是思维对感官所不能直接把握的或不在眼前的事物，借助于某些媒介物，通过头脑加工来进行反应。由于外界事物的复杂性和感官的局限性，光凭感性认识是很难认识或者根本无法认识许多事物的。原因有以下几点：

(1) 事物的本质和规律的复杂性和内隐性

客观事物的本质和规律隐藏在事物现象背后，既看不见，又摸不着，只能透过大量的现象间接地去思考、去研究，进而才能把握事物的本质和规律。

(2) 实践的时间、空间的限制

例如，千百万年前的历史变迁，宇宙中非常遥远的星体和星系团的结构和运动变化规律等，都因为我们不能身临其境而无法直接感知。

(3) 人类感觉器官的局限

有的研究表明，人的视觉器官可见光谱只是波长为400—760毫纳米之间的电磁波。而紫外线、X 射线、红外线等，由于它们都是低于或超过这一区间的光，因此单凭感官是看不到的。同样，人的听觉器官的正常听域只在音频为125—8 000 赫兹之间，低于16 赫兹或者高于20 000 赫兹（称为超声波）的声波是无论如何也听不到的。对于不能直接感知到的事物，人们只有通过间接方式去认识，通常是借助已有经验、知识、工具经过人脑的加工，即思维来间接认识的。

思维的间接性不仅可以追溯过去，也可以预见未来。追溯过去，即思维可以根据自然和社会在演化过程中保留下来的各种信息或经过对同代信息的逻辑分析、推断和再现已经逝去的自然景观、社会事件，从而跨越现代与古代、当代与过去的时间羁绊。正是因为思维的间接性，人类才能通过文字、图画、实物等再现数百亿年前的宇宙演化过程，再现人类蒙昧时代的生活画卷，再现几千年前人类历史上的重大事件等。预见未来，即思维可以根据过去、现在的信息，依据自然、社会的发展规律，通过严密的逻辑推理，推断出将来可能出现的事件，预测事物未来的发展趋势，从而预见自然、社会发展过程中尚未发生而将要发生的现象或者事件。

3. 思维的概括性和间接性之间的联系

思维的概括性和间接性是相互联系的，人们首先在感觉提供的感性材料的基础上，概括出事物的本质、特性与规律性的联系。接着，凭借这些概括性的反应对不在眼前的或者感觉没有能力直接把握的事物进行间接的推断，从而达到更为深入的认识。例如，"大陆漂移说"的提出就充分地体现了思维的概括性和间接性。1914 年，德国气象学家魏格纳（Wegener）卧病在床，他望着挂在墙上的世界地图出神。突然，他发现了一个有趣的现象：在大西洋两岸，非洲西部的海岸线和南美洲东部的海岸线正好彼此吻合。于是，魏格纳大胆地提出了"在远古时代，这两块大陆本

是合为一体的，后来由于某种原因，经过长期演变，才逐渐漂移开来"的设想。此后，魏格纳又在此基础上，经过进一步的考察和论证，概括出了对研究地球演变具有极为重要意义的"大陆漂移说"。

(三) 思维的分类

思维按大类来分，可以分为逻辑思维和非逻辑思维。一般而言，逻辑思维讲究准确性、严密性和条理性，是人们使用最多、掌握较好的一种常规思维方法；而非逻辑思维则讲究灵活性、流畅性和独特性，是一种容易为大家所忽视的思维方法[1]。创新思维主要指的是非逻辑思维、是突破常规思维的一种高级思维形式，是人类思维的灵魂与核心。

二、创新思维的本质

创新思维是人类思维的最亮丽花朵，是人类思维中最具批判性、革命性、创造性的思维，是思维的高级形式。千百年来，人们凭借着创新思维和创新能力，创造了辉煌灿烂的物质文明和精神文明。创新思维，在人类文学史、艺术史、科学史、技术史，乃至整个社会发展史上，都闪烁着诱人的光辉，也吸引了一代又一代的科学家、发明家、哲学家、教育家、心理学家，乃至医学家的关注和研究。

现代脑科学的新突破，脑神经生理学、现代心理学、人工智能科学的迅速发展，特别是现代思维科学的崛起，为揭示创新思维的奥秘奠定了坚实的科学基础。从现代思维科学来看，创新思维属于现代思维科学理论体系中的基础学科。

近些年来，国内对创新思维的研究在某些领域已经取得了可喜的成果。从学者的研究来看，对创新思维的本质并没有一个统一的看法。但对创新思维的界定，大体上可以从狭义和广义两方面去理解。狭义的创新思维指的是在人类认识上首次产生的具有创新性、突破性，并产生前所未有的思维成果的高级思维活动。狭义的创新思维是相对人类而言的，其中的"创新性"包括两层含义：一是独创性，即独立于他人，没有现成的方法、规律可遵循；二是新颖性，即不论方法还是结果都没有雷同[2]。这两层含义紧密相关。"突破性"主要是指突破理论权威、现成的规律、方法和思维定式的束缚，形成独树一帜的理论发现、技术发明和创新。显然，这种创新思维品质只能为少数人所具有。广义的创新思维指的是对事物之间的本质联系进行

---

[1] 束定芳，庄智象. 现代外语教学：理论、实践与方法 [M]. 上海：上海外语教育出版社，2008：34-36.
[2] [日] 池田玲子，馆冈洋子，朱桂荣，林洪. 日语协作学习理论与教学实践 [M]. 北京：高等教育出版社，2014：47-50.

前所未有的思考，从而创造出新事物的思维形态。这种广义的创新思维既可涵盖科学技术的重大发现、发明和创造的思维活动，又包括处理日常具体问题的思维活动。广义的创新思维是相对社会成员中每一个思维主体而言的。我们倾向于在广义的层面上界定创新思维，主要是基于以下三点原因。

（1）狭义的创新思维是建立在广义的创新思维的基础之上的，是创新思维的高级形式。一个人只有具备正常的思维能力，才能谈得上新思维，进而培养和训练高级的创新思维。

（2）创新思维本质上并不是一种孤立的、单向的思维运动过程，而是一种多层次协同进行的整体思维过程，并非只局限于高层次的思维活动，而是狭义和广义两个层面创新思维的综合运用，是逻辑思维和非逻辑思维的有机结合，两者不可偏废。

（3）创新思维并不是少数天才的"专利"，每个有正常思维能力的人都具有创新思维的潜能。正如我国著名的教育家陶行知先生所说："处处是创造之地、天天是创造之时，人人是创造之人。"将创新思维界定在广义层面上有利于拓宽研究领域，深化研究领域，挖掘人民群众的创新潜能，有利于提高整个民族的创新素质。

创新，是知识经济时代的灵魂。知识经济时代的竞争，是人才资源的竞争。一个国家是否拥有一大批具有创新思维和创新能力的高素质人才，是关系到国家成败安危的大问题。将创新思维界定在广义层面上，有利于激发广大人民群众的创新热情，有利于提高全民族的创新思维素质，使更多的人自觉地投身到创新的实践中去。

三、创新思维的基本特征

创新思维相对于传统思维而言是对同一客体思考所体现出来的思维特质，与传统思维相比，具有鲜明的特征。了解创新思维的特征是理解、掌握和运用创新思维的前提。由于创新思维是一种复杂、高级的思维活动，人们可以从各个角度来阐述其特征。

（一）思维的流畅性

流畅性指的是思维对外界刺激做出快速反应的能力。思维敏捷、反应迅速是其基本要求。思维流畅性是人思维的量的特征，通常以对问题回答的个数或提供解决问题方案的数量来判断其水平的高低。例如，请你回答"玻璃杯的用途"，如果你在短时间内回答的用途越多，就说明你的思维流畅性程度越高，其创新思维能力越强。思维的流畅性往往表现为思维活动畅通无阻，思维敏捷、发散程度高，能在短时间内提出大量的不同质的设想。人们常说的"对答如流""思如泉涌"就是思维流畅性的最好表征。流畅性包括语词流畅性、观念流畅性、联想流畅性和表现流畅性。创

新能力强的人，其创新思维流畅，能在短时间内提出大量的对策和答案。例如，美国"发明大王"爱迪生的思维流畅性就高得惊人。为了寻找合适的灯丝材料，他先后试用了1 600多种矿物和金属材料、6 000多种植物纤维，甚至连头发丝和朋友的胡子都拿来做实验。最后，找到了"炭化了的竹丝"这一当时最佳的灯丝材料，取得了成功。

(二) 思维的灵活性

思维的灵活性，也称变通性，指的是思维活动能依据客观事物的变化而变化，也就是通常人们所说的"随机应变"。其主要特点表现为：

(1) 思维不受以往习惯、思维定式的制约，常改变思维方向，勇于打破种种局限，在对待同样的问题上，能够采用许多不同的解决办法和途径。

(2) 思维具有较强的适应性、应变能力，能够根据情境的变化及时调整思维方向；在思维受阻时能主动改变思路、从新的角度重新考虑问题，并敏锐地抓住新的信息。思维的灵活性可以使创新者的思维触类旁通，举一反三；它可以使创新者在知识的海洋里纵横驰骋、左右逢源，可以在思维想象的空间中自由翱翔，可以迅速灵活地从一个思路跳到另一个思路，从一个意境进入另一个意境，多角度、多方法进行探索、解决问题，并能随着情况的变化而改变或者调整所探索的课题和目标。创新思维能力越强，思路越广，提出的方案越多、越新，问题得到解决的机会也就越多[1]。思维的灵活性是以流畅性为前提的，思维不流畅，自然谈不上变通。从创新的角度而言，思维的灵活性是重要的环节。

(三) 思维的独特性

思维的独特性，又称创新性、新颖性，是具有创造力的人的最主要思维品质，是创新思维的特征。创新思维产生的构想不仅要求思维流畅（量度）、思维灵活（维度），而且要求思维角度新，能独辟蹊径，标新立异，独特新颖。这是一般人按传统思维所想不到的。思维的独特性是创新性与新颖性的统一。创新性是以独立思考、敢于质疑，善于求异，不迷信权威为前提的，指突破传统思维方式、以前所未有的新角度去认识事物。新颖性指的是思维成果在一定时空范围内是唯一的、首创的。思维的独特性可使一个创新者解放思想、破除迷信，敢于向传统挑战、敢于向权威挑战，提出新的概念、新的原理和新的方法。英国著名的细菌科学家弗莱明发现青霉菌的事例，就是在研究工作中以新的独特视角进行观察和思考的结果。

---

[1] 张佩霞，王诗荣. 多元化视角下的日语教学与研究[M]. 上海：华东理工大学出版社，2009：45-47.

（四）思维的自主性

思维的自主性，也叫思维的独立性，指的是人们在认识和改造世界的过程中，能够依据客观条件和自己的需求、目的、聪明才智，最大限度地发挥主动性、创造性的一种创新思维能力。一个人离开了思维的自主性，就不可能对自己的思维活动实行自我意识、自我支配、自我控制和自我调节，因而也谈不上独立思考与创新。思维的自主性是思维主体的一种内在规定性，是一个人在长期学习、工作和生活实践中所形成的独特精神世界。它包括意识、知识、情感、意志等多种因素，它的内容和实质就是在一定条件下，思维主体对自己的思维活动具有充分的自决、控制、调节的能力，它的表现程度和实现程度取决于思维主体在思维活动过程中积极性、主动性和创造性发挥得如何。思维的自主性，这种思维素质具有自我选择、自我决断的能力，带有鲜明的个性、开放性、探讨性等特点。英国著名的物理学家法拉第在创立磁力线和电力场的概念时，曾遭到专业同行的反对，但这并没有动摇他对自己科研成果的信心，他坚信自己的见解是正确的。历史是公正的，法拉第磁生电的伟大发现彻底改变了人类的历史，使人类从蒸汽机时代逐渐过渡到电气时代，而法拉第的名字也从此传遍了世界。

第二节 如何培养创新思维

一、培养大学生创新思维的必要性

（一）培养创新思维符合我国国情发展的需求

"创新驱动"在多届全国"两会"中被提及。代表们提出的议案涉及科技、人才、文艺、理论等方方面面的创新。培养大学生的创新思维以及自主创新能力有利于弘扬以爱国主义为核心的民族精神和以改革创新为核心的时代精神，为全面建设小康社会和实现中华民族的伟大复兴提供保证[1]。

（二）大学生创新思维对创新创业起着主导作用

在经济科技快速发展的今天，大学生的创新创业实践体验和经历是十分重要的，

---

[1] 王惠群，杨大刚. 高校专业课教师在大学生创新思维培养中的导向作用[J]. 黑龙江高教研究，2014（05）：138–139.

而创新创业不可缺少的就是创新思维的存在。创新思维一定程度上决定了创新创业的最终成果。近些年，高校十分重视大学生创新创业实践能力的培养，这就要求大学生锻炼自己的创新思维，发挥自身优势，勇于挑战，在创新创业的过程中实现自我价值。

（三）大学生创新思维培养是深化认识、提升能力的基本途径

首先，创新思维是逻辑思维与理论知识的有机统一。大学生在培养创新思维的同时，其创新能力、实践能力、知识基础在不断提高。其次，创新思维有益于对活动进行探究。探究是解决问题的重要过程，拥有独特的创新思维有助于在探究过程中对问题进行更深的理解和认识，最终通过各种方法解答问题、得出正确的结论。

（四）大学生创新思维是新时代人才素质的基本要求

曾任美国哈佛大学校长的普西（Puss）提出，创新能力是一流人才和二流人才之间的分水岭。从大学生的培养和内在因素发展角度思考，如今简单的"教书育人"已经不能满足大学生的教育发展，培养创新型人才成为高校目前最重要的环节。大学生只有具备创新思维方式，才能提高自身的创造力、竞争力，才能成为创新型人才，在人群中脱颖而出，成为佼佼者。在某种程度上，创新思维的存在会影响大学生未来自身的发展，为自己赢得一定的发展空间。

二、大学生创新思维培养的路径

（一）提高新形势下对创新思维地位和作用的认识

如今，国家经济科技发展与民众创新素质能力越来越密不可分，正确认识创新思维能力的价值，创新思维能力的地位才会得到显著提高。创新思维代表了人才素质变化的导向，将引导大学生提高自身素质，使其自身的内涵得到丰富的扩展；创新思维的提高促使社会向更加繁荣昌盛的方向发展，民族的每一步前进都离不开人类创新活动的进行。

（二）开展思维教学，促进大学生创新思维能力

培养创新思维是问题的发现、提出到分析解决，整个过程包含反复的思考、多种思维的交错，思维能力的提高有助于创新思维能力的提高。因此，教师在教学的过程中应注重学生思维的培养，运用适当的教学方式，将思维训练融入教学环节，激发学生思维的产生，同时鼓励他们通过自主思考，理解知识间的相互关系，使学

生能够辩证地分析和解决问题[①]。思维教学的目标不仅是掌握关于思维的知识，还是培养学生质疑和批判精神以及独立思考、创新思维能力。

（三）重构有利于创新思维能力培养的考评体系

近年来，我国教育进入大众化的新阶段。尽管政府已经加大了对高校设施的投入，缓解了高校发展的基本问题，但是传统的教育模式依旧制约着教育现代化的发展。对于学生素质的综合评价，高校应注重定性评价与定量评价相结合，发挥学生评价的作用，使学生的思维得到启发，能力得到提升，在认识自我、发挥自我的同时培养创新思维能力。

（四）注重实践锻炼，培养大学生的创新思维

高校应以学生为主体，充分考虑学生多方面的培养和发展。因此，在教学工作中，高校应打破专业的局限性，用大量的实践活动丰富专业课的教学，将当今社会创新产生的新事物及时引入课堂，培养大学生接受新事物的能力。同时，高校要培养大学生的合作意识。在合作中，学生各抒己见、相互学习，充分调动学习的积极性，让他们能切实地感受到创新思维存在的意义，使他们的创新思维紧跟社会发展的步伐。

（五）构建培养大学生创新思维的有效激励机制

学习兴趣是学生学习进步的动力，适当的激励性评价可以有效地激发学生的学习兴趣。高校应以鼓励学生自主学习兴趣为出发点，适当给予多种形式的奖励，挖掘学生在学习过程中的潜能，增强学生的学习激情。教师应引导学生思考，让学生体会到思维的价值，这时对有精彩表现的学生进行奖励才能真正起到激励作用，提高学生的兴趣，最终达到培养大学生创新思维的目的。

（六）加强教师队伍建设，为培养大学生创新思维提供保障

学校在建设教师队伍时，依旧重视理论教学的发展，忽略了实践教学的重要性。这也在一定程度上限制了学生的多样化发展，使他们缺少对实践学习的热情，阻碍了其创新思维的发展。要培养大学生创新思维就需要对教学进行改革，建设一支优秀的教师队伍。在队伍建设中应以培养青年教师为主。大多数青年教师学历高，基础知识深厚，对新事物的接受能力更强。同时，高校应该加强实践教师队伍的建设，

[①] 运文强,吴燕.以教师创新思维助推学生创新能力的发展[J].中国成人教育,2015（15）:149-151.

加大实践教学的比例,要改变灌输式理论教学的方式,实现互动式、自主合作式的教学方案,加强个性化教育,提高创新思维能力,培养创新型人才。

(七)深化专业课课堂教学改革,以科研为导向,强化学生探索精神深化

专业课课堂教学改革也是培养学生创新思维的有效途径之一。强化教师的创新学习,使教师在拓宽自己领域的同时,将创新理念引入课堂教学,将理论教学与实践教学结合起来,使教师的创新思维与大学生的创新思维相融合,创建创新型课堂[①]。同时,教师要用更有启发性的方法鼓励学生自主思考,让他们充分掌握所学内容,激发其探索精神,培养其创新思维,提高其创新思维能力。

总而言之,大学生的创新思维培养应以生活为源泉,让学生多方位地开展第二课堂活动,加强对社会实践生活的真实体验,扩展多维视角,从而学生就可以不受模式化教材内容和教师思维定式的约束,在思维之旅中驰骋,并碰撞出创意的火花。大学生创新思维培养是一项开拓性的事业,需要高校、政府和社会等各方协调联动,形成创新思维培养的长效机制,才能有效地帮助大学生提高创新思维能力。目前,我国步入建设创新型国家的关键时期,高校如何适应新时代培养创新人才的内在要求,如何能够有效地对大学生进行创新思维教育,培养出更多的创新思维人才,是值得我们为之不断探索的全新课题。

---

① 李楠,仇勇.高校教师教学绩效评价模式研究[J].教育评论,2015(01):59-61.

第三章 思维创新在日语教学中的应用

第一节 思维创新教学的设计理念

一、以语感带动听、说、读、写活动技能

日语是一门实践性很强的课程，离不开听、说、读、写，说话人准确表达自己的意图，听话人及时适应表达者的语言习惯，准确领会其具体情景的叙述，种种情况都受某一情景的限制。创造一个相对宽松、和谐的日语环境，让学生置身于语言表达的氛围中，从而能产生一种意想不到的效果。这种环境的设计要以学习日语知识为目标，以交际能力、素质培养为核心，教师可通过自己的语音、语调、动作、表情、姿态、手势把语言变得更加生动有趣，学生通过看景、听音、会意，使音义直接联系，提高用日语思维创新的能力。在运用于实际生活的对话中，学生可以分别扮演不同的角色，这样可以有效地消除他们学习日语的心理障碍，开创敢想、敢说、爱讲的局面。在表演过程中，以语感带动听、说、读、写活动技能是非常重要的。语言的要素有语音、语调、词汇、语法、语篇，这些都不能单一独立、分割开来。学生语言能力的发展不仅仅是语言逻辑的训练，也不仅仅是语言规则的推理和演绎，更重要的是通过语言实践而逐步形成的语言直觉，也就是语感[①]。语感越强，就越能加速学习和创造性的运用。学生通过大量的口头练习就可以在不知不觉中形成用日语思维的习惯。写是各种创新思维能力的综合表现，对学生用日语分析问题、解决问题的能力以及逻辑思维的能力提出了挑战。教师可以要求学生每星期写一篇小对话或小短文或设置某种写作情境，这些都离不开语感的支持。因此，形成良好的语感对语言的学习至关重要。

二、通过多种思维训练，增强思维创新的能力

在教学中，我们可以采用以下方法来培养学生的想象力：

[①] 彭广陆，[日]藤卷启森，等.日语语法教学研究[M].北京：北京大学出版社，2013：23-25.

(一) 自由对话或小剧表演

在教学中每学完一个对话，教师除了让学生扮演外，还让他们根据所学对话和旧的知识创设情境编排一个新的对话。通过这种训练，学生逐渐会从单纯的方法模仿发展到思维模仿，从而激发他们的思维创新。

(二) 看图说话

看图说话不仅能巩固学生所学的语言知识，还能训练他们的想象力和语言表达能力，开发学生的发散思维能力。例如，教师出示一幅图，是某人在家吃早饭的情境。学生考虑几分钟后，以小组的形式编排一段对话，介绍这幅图的内容。

(三) 对话接龙

对话接龙就是学生一个接一个地相互衔接地编对话，前一个学生所讲的内容是后一个学生所讲内容的基础，后一个学生所讲的内容是对前一个学生所讲内容的延续和发展。

(四) 创设质疑情境

教师让学生由过去的机械接受向主动探索发展，有利于发展学生的创新个性。

进行质疑就是不依赖已有的方法和答案，不轻易认同别人的观点，而是通过自己独立的思考、判断，提出独特的见解，其思维更具挑战性。它敢于摆脱习惯、权威等定式，打破传统、经验的束缚和影响，在一定程度上推动了学生的理解与发散思维的发展。

三、变个人竞争为小组合作

小组合作就是教师创设问题情景，学生独立思考、实践或发现，在做好准备的基础上，开展结对子或小组讨论或其他活动，进行小组交流合作学习。小组合作能给予学生面对面交谈和独立运用语言的机会，产生信息的交流，并且在双方的交互活动中获得反馈，给予修正。小组活动能使班上更多的学生在同一时间内投入到活动中去，更能营造一种互动的课堂效果和交互的情感气氛，题材多样，使学生觉得更自由，有更多的选择、更好的机会说他们想说的话，也就更有责任感，更能发挥自主性。

总而言之，在日语课堂中，教师应通过各种途径，从多方面鼓励学生进行思维创新，它符合启发性教学原则，更能有力地促使学生广泛、灵活地思考，增强学生的想象力和应变能力，激发他们的学习欲望，培养学生思维的敏锐性、流畅性、变通性及独创性。与此同时，还能培养学生敢于创新的精神，为他们的智力发展和创新精神的培养提供有效的途径。

第二节　学生创新思维能力的培养

一、日语创新思维能力培养的必要性

（一）教学观念有待提高，缺乏创新思维能力培养目标

由于传统教学观念的影响，日语课堂教学受到了一定的影响，而日语在很多地方高校还是新兴专业，教师在摸索教学模式的同时仍然习惯于以自己的传统教学思想开展教学，课堂灌输现象仍然普遍存在，导致学生创新思维能力培养目标的缺乏。例如，在日语教学过程中，教师每教一个新的语言知识点时，往往眉毛胡子一把抓，试图通过以点带面的形式，一下子把某一知识点一次讲完整、讲透。这种大容量的灌输方式使学生只能被动记录、机械记忆，无法主动思考，不能把语言知识所呈现的意义和用法有机地结合起来，导致学生语言知识运用和语言意义理解的分离，学生思维僵化，主动学习欲望不强[1]。

（二）教学方式单一，创新思维能力培养过程乏力

日语和第一外语英语同作为一门外来语，课堂教学如果没有一定教学手段支撑、不在必要的情景渲染下，单靠教师一张嘴、一块多媒体白板是难以达到创设教学情境、鼓励学生积极思考的目的的。尽管教学中面临诸多不足因素的制约，但是日语教师的教学仍有改进的空间。例如，有的教师一门心思沿袭传统、不思改革，守旧心理明显；有的教师自主学习意识不强，没有掌握好现代教学手段，无法起到用其辅助日语教学的作用，学生视野得不到拓宽，学生思维只能止步于课堂的浅层，无法得到深入发展，从而导致学生创新思维能力培养过程乏力，学生学习效果不佳。另外，有的地方高校在各方面条件不够成熟的情况下仓促开设日语专业，之后又不断扩大招生规模，导致日语专业教育面临着很多问题，如师资力量薄弱、教材更新慢、就业指导机制不够完善等。除去一些客观因素的限制，在日语教学中如何培养

---

[1] 夏玉娃.高职院校日语专业的现状及发展方向探讨[J].大家，2010(05)：26-28.

学生的日语创新思维能力，真正地学会日语、用好日语，这将是一个值得我们深入思考的问题。

二、学生日语创新思维能力培养的路径

（一）在教学中充分发挥课堂主渠道作用，培养学生创新思维能力

著名的语言学家克鲁姆（Krum）曾经指出，成功的外语课堂教学应在课内创造更多情景，让学生在主动思维下有机会运用自己学到的语言材料[1]。因此，在日语教学中，教师要在课堂教学的不同环节恰到好处地结合教学内容培养学生的创新思维能力。例如，在进行日语会话的时候，日语教师除了让学生自主练习会话外，可以先让他们观看相关的情景对话视频，然后进行角色扮演，效果会更好。

（二）在教学中激发学生学习日语的兴趣，培养学生的直觉思维

直觉思维是一种迅速对问题结论做出合理的选择、猜测和判断的思维。直觉思维是以对牵涉到的广博知识、领域及其结果的通晓为根据的，也是以对知识的透彻理解，对问题或现象的深入思考为前提的。为此，在课堂教学中就要注意培养学生的学习兴趣。兴趣是人们积极探索某些事物的认识倾向，这种认识趋向在认识过程中带有稳定性。兴趣是学生学习的直接动力，学生对所学内容有了兴趣，才能高度集中注意力，积极思考。对某门学科有浓厚兴趣的学生，就能创造性地学习这门学科，获得创造性的成果。在教学中可借用引言、故事，及以本课相关的背景知识开辟第二课堂，激发学生的学习兴趣。

（三）充分运用启发式教学，培养学生的创造思维

在教学过程中，日语教师要改变"满堂灌"的传统教法，同时要研究新教法，不能只是"讲透讲深"，还要留有"余味"，设置悬念，让学生自己去品尝、探寻。不仅使学生"学会"，更重要的是使学生"会学"。"不好的教师奉送真理，好的教师是教给学生怎样寻找真理。"授课时着重指出思路，提供线索，再问几个"为什么"，让学生去思考、推测和设计可能的结论。让学生有所"知"，更让学生有所"思"。课堂提问时，让学生多讨论，可以调动他们的积极性、主动性和创造性。活跃课堂氛围。所提问题要有新意、启发性和迷惑性，组织讨论时要鼓励学生好问、好说、敢想、敢做。允许学生说错、做错，同教师争辩，鼓励他们敢于否定所谓的"权威"定论，

---

[1] 张汉昌，赵菡. 开放式课堂教学法研究 [M]. 开封：河南大学出版社，2000：37-39.

敢于"别出心裁""标新立异"。

(四)因材施教，倡导合作互动，活化教材，培养拓展学生创新思维空间

在初级阶段的学习中，由于对日本、日语的了解很少或者有的学生是被调剂到日语专业的，因此很多初学日语的学生不知道自己到底对什么感兴趣。这时，需要教师把握学生的兴趣指向，给予多领域的接触，提供更多的选择机会。很多学生会对电影、电视剧、动漫表现出很高的兴趣，但由于他们语言知识不丰富，听懂率不高，很容易发生学习兴趣偏移，即只注意情节，对语言的学习一知半解。教师应该尽量选择一些内容难度和精读课相当——生词量少、发音标准、语速适中的音频内容作为教材。

(五)通过丰富的课外活动培养学生的创新思维能力

在日语教学中，我们仅仅通过课堂来培养学生的思维能力是远远不够的，因为学生在过分熟悉的环境下尝试某种活动容易产生疲劳感，时间久了难免会觉得厌烦，从而打击他们的参与热情，不利于学生思维能力培养的持续性，所以我们教师还要把目光转向更为广阔的空间去探寻培养学生思维能力的途径。日语教学的实践性特征，不仅使教师顺理成章地在课堂给予学生充分思考、自由表达的机会，还要求教师创造条件，为学生提供课外运用日语进行一定数量的语言实践机会，确保学生使用日语进行实践的同时拓宽视野、多向思维。日语教学实践中，教师可以组织学生参与的课外活动很多。例如，我们可以不定期带学生拜访日语外教，在与外教沟通之后，举办一些简单的派对，充分利用外教资源，近距离地感知日本人的思维方式，帮助学生转变母语思维。教师还可以发挥学校日语角的作用，通过鼓励学生之间的自由交流，提高他们的智力活动水平，有效训练学生的创新思维；日语专业还可以成立日语俱乐部，定期或不定期地举办各种日语歌唱比赛、日语讲故事、日语书法比赛，日语演讲比赛，日剧配音比赛等活动，潜移默化地培养学生思维的灵活性；鼓励学生利用寒暑假时间多参加社会实践活动，比如到相关公司见习、实习、打工等。这样，不仅让学生"学以致用"，还让他们更清楚地认识到学习日语的目的，更新固有的思维模式，使思维能力多样化。

第三节　日语创新教育的应用实践探索

创新是一个外来词，是从英文 Innovate（动词）或 Innovation（名词）翻译过来的。根据韦氏词典的定义，创新的含义有两点：引入新概念、新东西和革新，即"革故鼎新"（前所未有）与"引入"（并非前所未有）都属于创新。"现代创新之父"，美籍著名奥地利经济学家熊彼德（Schumpeter）于 1912 年提出了创新论。熊彼德（Schumpeter）认为，新的或重新组合的或再次发现的知识被引入经济系统过程是创新[①]。他不仅把创造、重新组合、再次发现视为创新，而且强调"把知识引入经济系统"才算完成创新过程。这恰好与我国目前教育要解决的两个重点问题——培养创新精神和实践能力不谋而合。创新教育是培养学生再次发现的探索能力、"重组知识"的综合能力、应用知识解决问题的实践能力和激发他们的创造能力的一系列教育活动。把创新理论作为指导创新教育的基本原则是非常必要的，这更符合深化教育改革的实际要求。日语教学工作也必须顺应时代的要求，构建新的模式，探索新的途径。日语课堂教学需要创新。时代在发展，形势在变化，日语教学发展不断呈现出新特点，日语课堂教学要适应新情况，解决新问题，就需要在继承以往日语课堂教学的经验和成果的同时善于创新。离开创新，或简单地沿用过去的思路和办法，日语教学显然难以奏效。

一、创新教育的特点

创新教育是在创造教育思想的基础上，根据"创造学"和"教育学"原理，针对传统教育中有碍人的创造力提高的问题而提出的。创新教育指的是培养学生综合的创新素质。创新教育由创新意识和动机（触及的是"想不想"创新的问题）、创造精神（决定"敢不敢"创新）、创新能力（包括创造性思维和创造技能，解决的是"能不能"创新的问题）和创造个性（"善不善"创新）等要素。创新教育是通过"创造的引导者"——教师应用创造性思维教学策略提供创造的环境，能激发"创造者"——学生的"创造动机"，培养"创造的人格物质"，以发挥创造的潜能，而有创造的行为或结果[②]。就其目的而言，创新教育在于启发学生的创造动机，鼓励学生创造的表现，以增进创造才能的发展。就其内涵来看，创新教育是教师通过课程内容和有计划的教学活动，以激发和增长学生创造行为的一种教学模式。就教师本身来讲，创新教育要求教师因时制宜，变化教学方式进行创造性思维教学。创新的实施过程充

---

① 彭曦. 日语教学与日本研究 [M]. 上海：华东理工大学出版社，2011：12–16.
② 卞华，罗伟涛. 创造性思维的原理与方法 [M]. 长沙：国防科技大学出版社，2001：61–65.

分体现了创新教育的特点，认真深入地研究这些特点，对创新教育的发展起着重要的作用。

(一) 教育主体个性化

创造心理学认为，人人都有创造欲望，人人都有创造性。人的个性差别是不可否认的。教育必须承认这种差异，并赋予每个人自由发挥的机会和权利，让他们通过选择，在自己擅长的方向上发展，以自己独立的理想和优势去超越、去突破、去创造。

(二) 师生关系民主化

作为一名教师，不懂得尊重、平等、信任，就不可能真正地去爱护学生。民主、平等、自由、公正是人类社会的永恒追求。教育必须参照这一价值目标，建立一种相互理解、相互尊重的氛围，学生从"客体"变为"主体"，才能乐观而自信，敢于发表自己的见解，提出自己的质疑，才会变得生动活泼，积极主动，表现出强烈的求知欲和蓬勃的创造力。

(三) 教学评价科学化

教学评价科学化应以重视个性为指导原则，从注重共性转向肯定个性，从知识测验转向多种能力测验，从重结果评价转向重过程评价。教学评价是学校教育的一个子系统，它以服务于教学为目的。人的创造力不仅表现在科学研究领域，同时可以表现在政治、商务、管理、组织、艺术、体育等许多领域。尊重个性应成为评价内容的重点，也应成为评价制度改革的指导原则。同时，要从繁杂的知识测验转向一般能力测验，从重结构评价转向重过程评价。

(四) 教育方法多样化，教学手段现代化

教学方法多样化指的是教师针对不同的学科、不同的教学内容、不同的学生，应采用多种教学方法与之相适应，切实发展学生的智力，强调启发式教学。随着信息技术的广泛应用，经济社会迅速发展，在创新教育中必须采用新的现代化教学手段。例如，利用互联网教学平台，通过多种形式来激发学生的学习兴趣和创新意识，促进他们的动手能力，从而培养学生的创新能力和实践能力。

二、培养创新创业型日语人才的必要性

高校外语教育在不同时期、不同背景下的教育目的应该与国家的对外政策和经

济建设保持一致。随着我国经济的发展，国家把"大众创业、万众创新"提高到战略发展高度，高校日语专业应该把培养具有创新创业意识和能力的日语专业人才列入新的人才培养目标中。激发和培养大学生创新、创造的兴趣与热情，促进整个社会的创新和发展。这一目标使得高校要探索新的人才培养模式和教学手段，从而使日语专业的创新创业型教育逐渐趋向完善。大学作为青年学子与社会接触的第一个平台，特别要重视对大学生的创新创业教育。各个专业和学科都应该通过对现有人才培养模式的调整与革新来实现创新创业教育与专业教育的融合，激发和培养大学生创新、创业的兴趣与热情，并最终实现为社会培养创新型和复合型人才，更好地促进大学生高质量就业、创业，进而促进整个社会的创新和发展。

三、创新教育在日语教学中的应用

基于以上认识，应该说创造性思维能力和实践性技能训练是创新素质教育的核心。就日语教学来说，传统的教法是教师滔滔不绝地讲语法、讲词汇，学生被动地听。学生的主动性和积极性受到限制，根本谈不上创新和能力的培养。因此，如何在日语教学中拓宽学生思维的空间，达到知识的传授和综合能力培养的协调一致、同步发展，就显得十分重要。

（一）日语课堂教学要创新首先要树立正确的学生观

许多研究表明，人的大脑就像一个沉睡的巨人，它比世界上最强大的电脑还要强几千倍。因此，教师要以人为本，相信学生的潜能，相信学生能够独立学习、自主学习，要用发展的眼光看待学生，相信每个学生都有很大的可塑性，是不断变化发展与进步的个体。教师在课堂教学中必须树立正确的学生观，实施"因材施教"，使全体学生自主参与教学活动，激励竞争，形成一个"兵教兵，兵教官，官教兵"，全班学生共同提高的统一整体。教师的任务是教会学生学习，而不应把学生看作是只会输入的"机器"，认识到学生也有需要、也有感情。

（二）创设教学气氛，给学生安全、自由感，激发学生的创新意识和动机

教师对学生的态度应该是"微笑和点头，专心听他说，鼓励和赞美"。"微笑"代表一种亲密关系，是一种"我不讨厌你"或"喜欢你"的个体表现；微笑是增进师生关系的营养剂，也是教师态度改变的第一步骤。"点头"表示接纳对方，是一种鼓励、是一种增强，让对方继续表达他的想法。学生看到教师对自己点头，常会受宠若惊，对教师倍感亲切。"专心"是一种专注行为的表现。教师通过眼神、手势、姿

态以及适当的日语反应等方式，集中精神与学生沟通。专注行为对学生的影响是鼓励他们自由地说出自己的观点和想法，也就是说教师尊重学生，有一种强而有力的增强作用。"听他说"是一种倾听，除了以耳朵听学生的话外，更要用眼睛注视学生的身体语言。"听"也是解决问题的新方法，在人与人的相处上可以发挥很大的力量。听可以减轻情势的紧张与压力，因为不管是一个多么狂暴、愤怒或冲动的场面，当一方在专心倾听的时候，整个气氛已被缓和了。

（三）培养学生的参与意识和协作精神，是创新教育的动力

教学中要注意发挥教师的指导作用和学生的主体作用。

1. 教师要为学生提供参与教学的机会，不断激发和引导他们的学习兴趣，为他们提供更多的思考、创造的时间和空间

例如，在日语教学过程中可以设计这样一个游戏：传话筒。全班学生可以分成四大组，每组的第一个学生是发话人，请后面的学生把话传给最后一个学生（受话人），并阐明游戏规则，受话人接到请求后，用具体动作行为表现出来。这个游戏可以在组与组之间进行比赛，看谁把话传得快、传得对，表演得正确。这样的教法和学法会激发学生的参与热情，学生在亲自参与活动获得成功的过程中，体验到成功的喜悦。

2. 要加强课堂讨论，强化学生的竞争意识和创新意识，培养学生提出问题和解决问题的能力

例如，在讲授日语教学中可以设计一个任务：介绍你最喜欢的国家。

活动时间：学完"综合技能"后。

活动形式：

（1）小组活动。讨论决定将要介绍的国家、介绍形式和个人任务。

（2）个人活动。查找有关资料并起草讲稿或列出讲话提纲。

（3）小组活动。整合、排练小组介绍。

（4）班级活动。小组介绍任务完成情况并做出评价。

通过任务，培养学生主动学习的能力；通过小组合作，建立同学之间的协作学习方式，进而提高学习效率；通过交流，学生可以接触到同一话题的多种信息，扩大知识面。

3. 将游戏引入日语课堂，在游戏中培养学生的想象力及参与意识

日语课堂教学活动，不仅仅是语言知识的传授和能力的训练，更重要的是师生之间、生生之间在信息传递和情感交流中思维的碰撞、新信息的获取。课堂上开展的各种教学活动要以小组成员的合作性活动为主体，以小组目标达成为标准，以小

组成绩奖励为评价依据，师生在小组内相互讨论、评价、启发、激励，从而拓展学生的思维空间，提高他们的创造思维能力[①]。

(四) 设疑布阵，激发求知，是创新教育的良好方法

在教学中，教师应善于引导学生于无疑处觅有疑，善于质疑，有意训练学生发现问题的能力。教师可精心设计一组类似的问题，使学生沿着教师引导的逻辑思路步步深入，达到恍然大悟、触类旁通的效果，也可使学生按教师的指导自己去发现、去探索，并得出结论。爱因斯坦曾经说过："提出一个问题往往比解决一个问题更重要。"教师应鼓励学生质疑问难，培养他们敢于标新立异、别出心裁，敢于逾越常规，敢于想象猜测，敢言别人所未言，敢做别人所未做，宁愿冒犯错误的风险，也不要把自己束缚在一个狭小的框内创造品格。一方面，教师要引导学生经常换个角度看问题，多问几个为什么，以便从多角度探索求异；另一方面，教师要引导学生广泛联想，对他们进行发散性思维训练。此外，教师要帮助学生归纳、总结，发现新问题。

(五) 重视学法指导，培养自学能力，是创新教育的关键

教给学生学习方法是优化教育的重要原则。古人云："授之以鱼，不如授之以渔。"这就是说，教师不仅教给学生知识，更重要的是教会学生获取知识的方法和本领，以适应竞争日益激烈的社会需要。我国著名教育家叶圣陶说过："教是为了不需要教""不教是为了养成学生有一辈子自学的能力"。因此，指导学生正确的学习方法，培养他们良好的学习习惯和自学能力，激发学生学习的积极性是创新教育的关键所在。培养学生自学能力的途径有：开办日语角、日语演讲比赛、日语晚会等形式。通过这些形式尽可能激发学生多动脑、多动口、多动眼、多动手，使他们从中受到激励、启发，产生联想、灵感，增添创造意向，训练和培养创新能力。通过实践可知，日语的自学能力由以下几方面组成：

(1) 能根据读音规则拼读、拼写日语单词和朗读课文；

(2) 能独立运用视听手段听懂日语课文并操练日语；

(3) 能独立回答教师根据课文提出的问题；

(4) 能独立完成教师提供预习和复习的作业；

(5) 能独立使用学习工具书和使用互联网教学设备；

(6) 能阅读与所学课文相当的课外读物；

---

① 徐曙. 日语教育与日本学[M]. 南京：华东理工大学出版社，2015：21-23.

(7) 具备在预习课文时找出疑难点，并向教师质疑问难的能力。

只有如此，学生才能唤起潜在的创造智能，在意志和信念的推动下，支配自学探索活动，不断更新、深化和充实已获取的知识，为创造性思维的发展奠定基础。

第四章　直接法和翻译法在日语教学中的应用比较

第一节　日语教学中的直接法

迄今为止，日语教学中的教学方法随着时代的变化，特别受教授主体和客体的变化影响已历经多次反复和变革。在中国的专业日语教学中，提到最多的教学方法有四种：语法翻译法、直接法、听说法、交际法。另外，提及较多的还有多种方法相互配合或融合的复合法、综合教学法、折中法等。本节我们研究直接法。直接法是在传统语法翻译法变革基础上，从音声学、语言学、心理学的研究中衍生而来，作为应用语言学相关的一个分支应运而生。它摒弃传统的"一切靠写"，充分调动人的眼、口、耳、大脑的协调能力，以"听、说"带动"读、写、译"等，在具体的语境中诠释语法和单词，让学生充分地理解，从而形成自我归纳总结的能力。对学生来说，直接法起点高，对教授主体和客体的配合度要求高、概念规则的导入难、理解认识难等，这一系列不足之处对直接法的实施和导入也产生了诸多障碍。但是直接法迄今仍然在很多外语教学中以不同的形式被灵活运用。这说明，直接法有着强大的生命力，具备自我更新的能力，以及适宜外部环境的能力。

一、先行研究及问题提起

关于直接法的研究，大致可以分为三种情况。第一种是直接法和其他教学法的对照比较，或为复合教学法中的直接法；第二种是外语教学法中各个流派的介绍中所提及的直接法；第三种是直接法本身的研究。这三种研究从不同的视角对直接法进行了探讨和涉及。第一种研究诸如王国华提出了日语强化教学中对译法和直接法的作用和地位；王忻从直接法与语法翻译法的黄金分割点来剖析直接法和语法翻译法的适用比例；彭泽以翻译法和直接法的产生、发展及变化作为研究对象，对两种方法进行了比较详尽的对照比较研究；谭爽研究了日语基础教学中三种主要方法，即翻译法、直接法、交际法的具体运用；王珏以日语会话教学法作为研究对象，提出了翻译法和直接法合理并用的尝试；许静华在对高级日语课程教学法的探究中着重分析了直接法与讲授式教学法之利弊及互补的可能性；权玉华比较了翻译法和直接法的优势和劣势，指出基础日语课堂应采用"以直接法为主，翻译法为辅"的折中式教学方法；牟海涛试从中日大学的日语教育现场分析以语法翻译法和直接法为中心的日语教学法的应用，从不同的教学法的实施效果来探讨适合中国学生的教学方法；胡才玉在提高学生语言认知能力的日语教学法中着重探讨了直接教学法和对译教学法的异同点；桂玉植、倪秀梅对基础阶段日语精读课教学法进行了探讨，提出各种教学法的混合应用，其中包含了直接法的使用和作用形式；郑宝江综合了翻译法和直接法的优缺点，指出两种方法很好地结合及互补才能发挥最大的效果和作用。第二种研究诸如高井收分析了外语教学法中的各大流派，并对其起源及特点进行了总结和归纳，其中提到了直接法所处的时间定位和主要特征；伊崎泰枝在法语和日语教育的对照比较中分析了各主要教学法的特点和产生的背景，同样提到了直接法的出现和应用特征及使用范围；韦宇菊从溯源的角度对教学法的各个流派进行分析。并提到了直接法的产生、发展和变化。第三种研究诸如张晋指出了外语教学主要方法中直接法的应用和实践；胡才玉具体深入地探讨了直接法在日语教学中的广泛使用等。从以上的研究我们可以看出，直接法的研究主要有两大倾向：①直接法和其他教学法的对照比较研究抑或是复合教学法中提及直接法的研究比较多，但是研究对象限定为直接法的理论与实践研究比较少；②教学法的发展及溯源的过程中提及直接法的内容不在少数，但是关于直接法当前的发展变化情况以及适用情况的理论和实践研究比较少。

二、教学法的分类与直接法的定位

关于教学法，迄今为止主要有以下几种代表性的方法。按照出现的时间顺序大体为：18世纪到19世纪的语法翻译法，接着是19世纪末出现的直接法，再到20世纪40年代出现的听说法，然后是20世纪70年代初期的交际法，最后是一直延续至今的复合教学法，也可以称之为综合教学法或者是折中教学法。这五大教学法产生的时间不同，产生的背景及使用对象也有着鲜明的差异，其注意的核心要素也存在着很大的不同。

直接法起源于19世纪末20世纪初，是通过运用目标言语本身进行教学的方法，最初由法国人古因（Gouin）提出，也有人把它称为自然法或口语法。直接法产生的直接背景在于传统的语法翻译法需要改革和创新，这种单纯依靠语法解释的方法难以适应新的外语学习和教学。直接法的代表人物是德国人贝立兹（Berlitz）和英国人帕默（Palmer）。贝立兹主张在外语教学中创造与幼儿母语自然习得相同的环境，并采用与其习得一致的方法。而帕默认为，语言的习得是一种习惯，通过反复使用和学习使得学习一种语言最后成为培养一种新习惯的手段。直接法是对幼儿学习母

语的自然过程的模仿，主张把外语和它所表达的事物直接联系起来[①]。外语教学中只有目标言语，而没有自己的母语，借助多种方式、外在途径及手段直接学习、直接理解、直接运用。直接法的主要理念有以下几种：

（1）不依靠母语，直接接触外语来学习；

（2）重视音声，体现听、说、读、写的学习顺序；

（3）意义的解释直接与实物、图画及动作相关联；

（4）语法以归纳性的形式进行导入。

在这些理念的作用下让直接法有着传统的语法翻译法所无法比拟的优点：可以不考虑学习者的母语背景；教授者不需要掌握学习者的母语；在初级阶段对培养学生的听、说、读、写能力有很强的效果。直接法在外语教学中的优势越来越大，与强化外语专业学生跨文化交际能力培养的目标不谋而合。

三、直接法的导入

（一）直接法导入的背景分析

我们先将目光重新放到国内所有的日语专业，至少有五大要素影响着国内日语专业的教学，因此需要对直接法的导入进行重新审视和思考。这五大要素分别为：日语专业及学生数量急剧扩大、日语教师的成长、多媒体教学手段的充实、国际化办学模式的探讨、外教专家制度的活用。接下来，笔者以某双一流大学日语专业的情况对直接法的导入背景进行分析和说明。

1. 日语专业及学生数量急剧扩大

根据日本国际交流基金发布的《2018年度海外日语教育机构调查》显示，中国人日语学习者人数已经达到了104.62万人，跃居世界第一位。全国开设日语专业的大学有500多所，日语教育机构多达2 435家。A大学日语专业从以前的2个班、4个班到现在每个年级10个班左右，年招生人数超过250人，四个年级的学生总数超过1 000人。此外，算上"专业＋日语"模式的学生以及把日语作为第二外语的学生，总人数超过1 500人。这个规模大大地超过了以往的任何时期，在全国高校中居于第二位。规模的扩大、人数的增加，同样伴随着多样化教学模式的产生。另外，大部分的学生在高中阶段学的是英语，习惯了直接法，因此他们对日语教学直接法的需求也是比较强烈的。简而言之，专业和学生数量的增加催生了教学法多样化的变革，为直接法的回归奠定了对象基础。

[①] 李丽. 大学初级日语教授法研究[J]. 贵州工业大学学报·社会科学版, 2001(4): 44-47.

第四章　直接法和翻译法在日语教学中的应用比较

2. 日语教师的成长

根据日本国际交流基金发布的《2018年度海外日语教育机构调查》显示，中国的日语教师已经超过2万人。随着国际交流开展得越来越广泛，以及交流层次的不断提高，特别是日本文部省和国家留学基金委员会所开展的高水平的学者互访和博士留学生项目，同时加上近几年来日本的十万人留学计划和现在的G30计划，均为中国培养高水平的日语师资力量提供了很好的平台。大量的本科生在日本读完硕士或者博士回到祖国，大量的日语教师通过各种各样的交流项目赴日进行学术交流，还有国际交流基金组织的日语教师研修班，都极大地提高了我国日语教师的视野和教学水平。以A大学日语专业为例，所有的教师均有留学日本的经历，在日本获得硕士和博士学位的教师比例已达到了40%。这些教师迅速成长，成为活跃在日语教学第一线最具活力的新生力量。其中，教师成长的最大的一个成果就是直接法的亲身经历者，更容易成为直接法的亲身实践者。在日本对直接法耳濡目染的教师的增加和成长丰富了日语教师的队伍，为直接法的导入奠定了实施基础。

3. 多媒体教学手段的充实

伴随着多媒体教学的广泛应用，以前直接法所无法解决的抽象或者是难以理解的问题就可以借助多媒体迎刃而解。抽象概念的解释、抽象事物的说明、抽象理论的导入，往往通过更为直观的展示或者是归纳、推理，借助视频、音频等多种现代化手段达到事半功倍的效果。这样的做法不但节省了直接法中教师的辛劳，同时为学生的理解、接受、解决问题提供了捷径，也提高了学生对直接法的认可度和配合意识。随着我国高等教育投入的不断增加，多媒体教学设备也得到了很好的普及。以A大学日语专业为例，几乎所有的专业课都能够使用多媒体教学设备，同时所有教室都覆盖了互联网。多媒体教学手段的改革和充实是直接法扬长避短的最佳方式，为直接法的实践奠定了物质手段。

4. 国际化办学模式的探讨

由于日语教学面临着更多的国际协同和对接，中国本土培养的学生要无缝对接到日本国内的日语教育，特别是更多的"3+2""2+2""4+1"等本科交换模式的不断扩大和实施，更需要国内的日语教学与日本的日语教学接轨。日本由于要对全世界的日语学习者进行统一的教育，也就是说只能采用直接法来进行日语教育。这样一来，中国的日语学生也毫不例外地适应直接法。作为适应的最好方式就是保持直接法教学的延续性，也就是让学生接触日本直接法教学之前能在国内完成对直接法教学模式的适应。这就要求国内日语专业在教学中扩大直接法教学的应用比重。以A大学日语专业为例，A大学日语专业已经与日本20多所大学建立了校级交流合作关系，每年约派出80~100人直接去日本留学。日语教学的国际协同和对接让直接法成为

国际化日语教育的不二之选,为直接法的教学导入奠定了方向基础。

5. 外教专家制度的活用

随着日本国际交流基金的大力推行,JICA 包括日本语教育协会和中国对外友好协会、各地外国专家局等机构的大力协作,外国专家制度在国内的日语教育方面扮演了重要的角色[①]。这些外教中虽然有熟练掌握中文的专业教师,但是他们更多地采用日语作为教授语言的直接法。他们是直接法最坚定的实践者,他们也是站在直接法改革创新最前线的实施者。目前按照一般日语专业平均 1~2 名外教的标准,中国现在也有大概 1 000 名外教左右。以 A 大学日语专业为例,当前约有 10 名外教教授日语口语、日语写作等方面的课程。外教专家制度的活用使得直接法教学得以具体完整的实现,为直接法在日语教学导入奠定了样本基础。

(二) 直接法导入的可行性

基于上述五大要素,直接法的导入有了一定的基础。那么,直接法的导入是否具有可行性、是否能够为教师所采用,这仍然是一个需要思考的问题。究其根本,直接法导入的可行性还包含了其他一些重要的因素。接下来,我们就逐一地分析和说明这些要素。

1. 教师的个人成长为直接法的实施提供了保障

这其中的个人成长包含了至少五个重要的层面。第一是教师的成长过程中海外留学进修机会的增加和灵活利用;第二是国际间学术交流和学会的盛行让一线教师参与学术交流成为可能;第三是海外学历教育的延伸和拓展直接为日语教学培养了更多的硕士和博士等;第四是教师亲身体会和实践的机遇性大大提升,亲身经历者最容易成为亲身尝试者和实践者;第五是本身利用直接法教学的教师大量涌现,有不少对自己的教学方法有一定勇气和信心进行尝试的教师。教师的个人成长加速了直接法的导入进度,使得直接法导入的可行性大幅增加。

2. 学生的综合发展为直接法的实施提供了前提

这其中包括当前的外语教育,特别是初高中的英语教育发生了重要的改革和变化。换而言之,即是初高中英语教学的改革和发展中直接法的比重越来越高,特别是一些具有国际化办学特色和具有外国语学校性质的初高中,直接法的导入比例更高。在直接法熏陶下走入大学的日语专业的学生同样需要直接法的延续。另外,外语专业学生多元文化理解态度的转变也让直接法有了拓展的空间。传统的外语教学法已经牢牢地束缚了学生对多元文化理解的直观性,扼杀了学生自我理解和自我尝

---

① 刘宇楠. 学习效能感在日语翻转课堂中的效用 [J]. 哈尔滨学院学报,2019(12):106–109.

试的积极性。随着越来越多日语学习者这种开放的多元文化理解态度的转变，直接法的适用范围和推行广度都会得到迅速扩大。随着网络技术的进步，日语学习者对海外文化接触和理解的渠道也在逐渐增加，同时参与多种文化交流活动和实践的可能性也在增加，这些都为直接法导入的可行性增加了有力的砝码。

3. 教室的多媒体环境为直接法的实施提供了基础

语音教室的扩充，卫星电视配置的完备化，多媒体课件展示的日趋完美化，课堂教学各种媒体手段的综合利用，各种日语专业课程中精品课程的设立以及当前日益发展的翻转课堂教学模式，很好地弥补了直接法的不足。把抽象、难以理解的概念事物及思维模式最为直接和生动地展现在学生的面前，看得见、听得清、摸得着，自然接受起来便更加容易。另外，伴随着多媒体环境的整备而配套的信息的全球化环境为直接法的应用提供了支撑。多媒体环境的整备、卫星电视的广泛应用、网络环境的良性发展，这些都使得直接法导入变得更加的轻松和可行。

综合以上可以看出，在直接法的导入方面，直接法的导入主体（日语教师）和客体（日语学生）都已经具备了良好的内部条件，同时作为外部媒介条件的硬件（多媒体及信息全球化）也完全达到了要求。这些足以说明，直接法导入具有可行性。

(三) 直接法导入的阶段性及注意事项

1. 直接法导入的阶段性

每一种教学法的具体导入和实施都不是一蹴而就的，也不是千篇一律的。这里面同样有着不可忽略的要素和需要注意的问题。专业日语的学习本身有着不同的阶段，每个阶段有着不同的学习特点和教授特征。因此，根据专业日语学习的阶段性特点，直接法的导入也需要有自身的阶段性。笔者根据自己的教授经历和专业日语教学大纲，以及当前日语教学的课程设置等要素，将专业日语教学大致分为三个阶段：初级、中级、高级。以四年制本科生为例，按照其学习时长以及专业能力要求，初级大致为一年级，中级为二年级，高级为三四年级。每个年级对应着不同的课程，每个课程对应着不同的教学法。那么直接法的导入就可以按照这样的三个阶段进行相对应的导入。

(1) 初级阶段

鉴于学生的接受能力和课程设置的特点，可以采用混合导入的形式。例如，基础日语同一门课配置中国教师和日本教师穿插进行，日本教师负责直接法教学；或者是中国教师根据教学内容，部分采用直接法；或者中国教师负责基础日语，日本教师用直接法教授口语或听力，混合导入。

(2) 中级阶段

在这个阶段，可以采用部分导入的形式。中国教师可以在一些特定的时间和特定的范围内采用直接法，并不断扩大日本教师采用直接法进行教学的比重。

(3) 高级阶段

在高级阶段，基本上采用直接法全面导入教学内容。例如，高级日语、高级视听说、高级读解等课程，完全可以按照直接法的教学模式进行教学，最大限度地发挥直接法的优势，将多媒体教学和其他教学手段混合起来，让直接法得到更加充分的施展。

2. 直接法导入的注意事项

如前所述，虽然直接法的导入可行性已经具备，也可以按照阶段性的原则加以推进和实施，但还有一些问题需要作为教授主体的日语教师加以注意和留心。

(1) 教材的选用

直接法比较易于和以交际能力为主的教材搭配使用，传统的以语法练习教授翻译为主的教材并不太易于适用。

(2) 课型的设定

听力、口语、基础日语、高级日语等易于使用直接法教学，其他的专业课程因为有很强的专业背景和中国要素或是涉及翻译的内容不宜使用。同时，即使是基础日语，其中有些特别抽象的语法项目也不宜使用。

(3) 课堂互动

充分的导入过程和课上的交流必不可少，不是教师单方面的灌输，而是在留心注意观察学生举动的同时适时、适地、适量地采用直接法。

(4) 教授者之间的协调

同一个学习者群体的不同教授者之间要保持信息的畅通，如同一班级的各种课程的教授者教授的内容及进度的协调要时刻注意。

(5) 学习者的评价和反馈

无论怎样使用直接法，最好的办法都要及时地对学生的接受过程和学习效果进行跟踪和反馈，从而寻求改进和提高导入效果的办法。

在直接法导入的可行性前提下，在导入的阶段性制约下，充分地了解和重视导入过程中的问题，这样直接法才能够更好地发挥功效，才能够更好地为教授者服务，为学生服务，以此达到日语教学的目的和效果。

第二节　日语教学中的翻译法

一、什么是翻译法

翻译法是外语教学中历史最长和使用最广泛的方法之一。无论在我国，还是在国外，早期的外语教学都普遍采用翻译法。18世纪末，欧洲的拉丁语和希腊语的教学方法大多为语法翻译法。翻译法就是作为教授外国语从古至今的传统讲授方法。时至今日，不管产生出了多少新的讲授法，翻译法依然广为盛行。翻译法指的是依靠母语讲授外语的方法。将所学语言（外国语）的句子、词汇全部翻译成学习者的母语进而理解的方法[①]。语法、句型、词汇的解释都用母语进行。但是在实际的授课中，常常是外语和母语同时使用。由于是以翻译为中心的教学方法，所以发音和说法的指导几乎得不到重视，并且翻译在作为教学手段的同时，也作为教学的目的。翻译法是外语教学的原始方法，它是历史的产物，它的产生是外语教学发展的必然。翻译法培养了大批符合当时社会需要掌握阅读外语能力的人才。

二、翻译法的特点

首先，翻译法要理解和记忆句子的构成、语法规则以及不规则用法，而且要背诵单词。掌握了这些知识，对照实际的课文，逐句翻译成母语（还有逆向的练习）。这样的教学活动不断重复，因此即使读解能力有可能提高，但是其他能力的提高也难以期待。教师的主要工作就是给予语法上的解释以及确切的翻译。虽然也进行原文的读音，但是对其发音不够重视。翻译法的特征如下：

(1) 重视文章语；
(2) 面向智力高的学习对象；
(3) 教师需要有学习语言的知识，但不需更高的教育技术；
(4) 可以同时教授大量的学生；
(5) 有利于外国文化的吸收；
(6) 是一种精神活动的训练。

三、翻译法的教学原则

翻译法遵循的教学原则如下：
(1) 语音、语法、词汇教学相结合；

[①] 王运丽. 中日谚语翻译探析 [J]. 日语学习与研究，2001(03)：36-38.

(2) 阅读领先，着重培养阅读和翻译能力，兼顾听说训练；

(3) 以语法为主，在语法理论指导下读译课文；

(4) 依靠母语，将翻译既当作教学手段，又当作教学目的。

在课堂教学中，使用翻译法教学的教师不必有流畅的外语口语，一般只要按照课文，逐词逐句地进行翻译讲解，用母语解释清楚所学语言的准确意思即可。课堂教学过程比较好控制，选择对学生进行测试的方法也比较容易。

四、翻译法的优缺点

翻译法的教学活动以翻译为主，几乎没有说和听的练习，其优点和缺点如下：

（一）优点

(1) 对于用日语阅读文学、翻译研究资料等是一个行之有效的方法；

(2) 使用字典、参考书等工具书，可以自学；

(3) 由于忠实地按照语法的规则进行翻译，所以在某种程度上其准确性是可以期待的；

(4) 即使不会听也不会说的教师，也可以教日语，而且其教授法不需要掌握较难的技巧；

(5) 对于一次性教授很多学生的场合，是一个很好的方法。

（二）缺点

(1) 这种教学法主要是依赖翻译，听和说的能力无从获得，因此对于为掌握实用外语能力的学生，不是一个恰当的方法；

(2) 由于将文字一个一个地翻译成学生的母语，所以就会养成不论在什么情况下，不翻译就不放心的习惯；

(3) 不能掌握正确的发音，语音语调较差；

(4) 不会主动讲话，外语口语表达能力弱。

在某种意义上，没有比翻译法更简单的教授方法了，而且不浪费时间。但是考虑到学生的将来，这种方法含有若干危险。

1.只是满足了内容的理解，而始终没能理解文章构成上的问题点

这样是无法应用的。偶尔只是学到了根据原文翻译过来的，带有强烈母语色彩的、只言片语的日语。

2.经常会养成不逐字逐句翻译成母语就不能理解的习惯

"用日语去思考"究竟有多大可能性，虽然对这个问题有不同的看法，但是我们

第四章　直接法和翻译法在日语教学中的应用比较

不要把学生培养成不去理解语言的使用状况，不把日语置换成母语就觉得心里不安的学习者。例如，有这样的学生，教师为了让其了解某个日语单词的意思，会给这个学生看实物，可是他不接受。当教师告诉学生这个日语单词的意思时，他才理解。一旦养成了这种习惯，即使学习到相当的程度，如果不把听到的东西一句一句换成母语、在脑子中进行再次构成，还是不会反应过来的。当然，反应慢，有时即便是用自己的眼睛一看就能简单明白的东西，由于换成了母语反而不能理解。养成这种习惯的学生不论到了什么时候，都是写着依靠母语的句子结构。到了中级以后，在理解不能完全翻译成母语的日语的微妙差别时，就显得非常窘迫。

学习翻译技巧和依靠翻译学日语是两个不同的事情。在本国学习日语知识，为了从事将来的工作，多数情况翻译能力是不可缺少的。此时，发挥作用的翻译技巧必须经过高级或专门的培训班的培训。翻译水平的高低，与其说是依靠日语的能力，不如说是依靠母语的能力。在课堂上过于频繁地使用母语，会给学习外语的学生带来很多误解。这种观点应该让学习口语的学生事先清楚地了解为好。

基于以上的观点，借助母语学习外语，确实在理解外语方面有所帮助，同时在时间上尤为显得经济。因此，我们应该更有效地利用母语。随着科学的进步，教学经验的不断丰富，翻译法吸取了其他教学法的一些优点，不断修正和完善自己，在以阅读为主的情况下，兼顾听说和写作能力的培养。因而教学形式也变得多样，方法较为灵活，活跃了课堂教学。

第三节　直接法和翻译法的区别

一、日语教学中直接法的主张

相较于翻译法，在日语教学中使用直接法具有如下特征：利用直接法，教师会在课堂内创设各种与学生实际生活相似的情境，然后将情境和语言有机地结合起来，便于学生的理解和掌握；逐词翻译使得学生能够对词的意思进行准确掌握；教师在日语授课中如果积极地用本国语进行翻译，那么学生难以通过本国语进行理解和表达，同时很多固有文化的词语（如衣食住行和风俗习惯）等很难直接翻译，需要用直接法讲授。

二、日语教学中翻译法的主张

相较于直接法，在日语教学中使用翻译法具有如下特征：翻译法操作起来相对

比较简单，不需要准备大量烦琐的视觉教材，能够减轻教师的负担；通过翻译，能够让学生准确把握课文内容，通过词汇、句子理解整篇文章的构成和意思；翻译法能够较早地教授给学生各种抽象的词汇，满足学生的学习要求；在学习的初期阶段，翻译法的内容起点就较高，教师可在课堂上使用各种具有趣味性的读物；教师在课堂上可较早地教授语法用语，并且借助于字典等工具书，学生可自学和自修。

三、直接法和翻译法在日语教学中的结合使用

直接法和翻译法各有利弊，很多日语教师提倡将两者综合运用，在这个过程中形成了两种不同的观念：有的日语教师认为，日语教学应采用"直接法为主，翻译法为辅"的教学方法，此种教学方法更能培养学生的语感，更具有动态性和直观性；有的教师认为，日语教学应采用"翻译法为主，直接法为辅"的教学方法。他们认为，从母语教师用母语教学的特点出发，此种教学方法更能培养学生的语法基础。在日语教学中，应该采用"直接法为主，翻译法为辅"的教学方法，将翻译法和直接法进行有机的结合。日语教师在教学中可多使用直接法教学，为学生创造良好的语境氛围，让学生从学习之初就接触到自然的语句和发音，养成用日语思维的习惯，为今后更深层次的学习奠定坚实的基础。具体说来，日语教师可将课堂环境分为导入、模拟和联系，通过实体或者互联网教学平台设定情境进行模拟，然后教师说出基本句，让学生进行不同的练习，提高他们的运用和听说能力[①]。以直接法为主时，日语教学不能全面否定翻译法。应该在合理安排教学时间的同时，将直接法和翻译法结合起来。例如，日语词形变换和日语动词分类比较烦琐，如果采用直接法会增加学生理解的难度，使得教学时间被延长，此时先用翻译法讲解记忆规则，再用直接法练习，能够较好地提高学生的学习效果。

日语教学中的直接法和翻译法各有优缺点，直接法侧重于培养学生的理解能力，能让学生掌握各种句型；翻译法侧重于规范与教育有关的因素，更有利于学生的学习。因此，日语教师在授课时要注意两者的结合使用，扬长避短，最大限度地提高课堂教学效率，确保他们听、说、读、写能力的综合锻炼。

---

① 李丽. 大学初级日语教授法研究 [J]. 贵州工业大学学报·社会科学版，2001(04)：44-47.

第五章 情境式教学在日语教学中的应用

第一节 情境式教学的相关论述

一、研究现状

（一）国外研究状况

外语教学法从诞生之日起到现在已经经历了几个世纪的发展过程，很多教学法在当时名噪一时，有些教学法由于自身存在缺陷被新的教学法所替代，有的教学法由于不断地进行自我完善和改进，直到现在仍在使用，如翻译法、直接法、听说法。为了适应时代发展的需要，培养复合型创新人才，国外的外语教学开始从孤立的、单纯的语言教学向语言教学和内容教学相结合的方向转型。我们在这里所说的内容不仅指学生在学校所学的全部学科，也指令学生感兴趣的非学科内容。另外，一些与外语教学相关学科的介入，比如教育学、语言学、心理学，使得外语教学研究的发展发生了变化。之所以出现这种转变有四个原因：重新认识外语学习的目的，外语学习基础的研究，语言和人的认知以及社会意识发展关系的研究、语域理论研究。以上四个方面同交际功能法教学理论的产生和发展密切相关。社会语言学家海姆斯（Hymes）基于乔姆斯基（Chomsky）的"语言能力"提出了"交际能力"这个概念。[1] 海姆斯认为，一个人的语言能力不仅包括乔姆斯基提出的能否造出合乎语法的句子语言能力，还包括能否恰当地使用语言的能力。由此，乔姆斯基第一个提出了包含两个方面的交际能力，即语言能力、语言运用的论断。交际法认为，只有在特定的情境中，语言交际活动才可以进行和完成，因此需要通过具体的语言情境来实现交际功能和表达。自20世纪70年代以来，交际功能法便显示出强大的生命力。目前，在外语教学的过程中培养学生的外语交际能力成为世界各国外语教学的一个重要目标。

---

[1] 竺小思. 基于建构主义的教学设计模式 [J]. 宁波教育学院学报, 2004(04): 19-22.

(二) 国内研究状况

我国的外语教学有其自身的特殊性。尽管我国是外语学习的大国，但是缺乏良好的外语社会环境。正式的课堂教学环境是学生习得语言的主要方式，因此教师的教学在学生外语能力的发展过程中就显得格外重要。一直以来，语法翻译法一直是我国外语教学的主要教学方法。随着教学改革的不断推进和新的教学理念的推广，人们越来越觉得翻译法存在着很多的局限性。在结合我国的实际情况的基础上，同时借鉴了国外的一些先进的教学方法，我国的外语教学专家和学者创造出许多新的教学方法。视听法在20世纪60年代被引进国内。20世纪70年代末，具有兼收并蓄结构的情境交际法被引进国内。情境交际法以基本的语言结构为切入口，在情境中操练语言，使学生在实际交际活动中学会并掌握使用语言的本领。20世纪80年代以后，我国开始研究整体教学法。这种教学方法注重运用视听教学手段，教学活动都是用外语来组织。20世纪90年代，章兼中总结的情境、结构、规则、功能（交际法），要求学生掌握外语首先要在情境中通过听说活动理解、掌握语音的意义、结构、规律和运用语言的能力，并在此基础上培养理解、掌握书面语言的能力。[①] 教育部在2001年颁布的《外语课程标准》中提出，倡导"任务型"的教学途径，培养学生综合语言运用能力。为落实各项能力目标，《外语课程标准》建议教师在课堂教学中采用实践性强、具有明确任务的"任务型"学习方式，使学生带着明确的任务目标，积极主动地进行学习。在执行任务的过程中，学生通过实践、思考、调查、讨论、交流和合作等方式学习和使用外语，完成学习任务。"任务型"的教学方式除了能够发展学生的语言能力之外，还可以强化他们的学习动机，提高他们的学习兴趣，形成学习策略，培养他们的合作精神，增进他们对文化的理解。与此同时，"任务型"的教学方式对于学生综合素质的发展，比如思维、想象力、审美情趣、艺术感受、协作和创新精神有促进作用，并且加快了外语学科同其他学科的渗透和联系。

二、情境式教学的定义、理论基础、原则、优势

（一）定义

情境式教学指的是在教学的过程中，教师有目的地引入或者创设具有一定情绪色彩的、以形象为主体的、生动具体的场景，或者引导学生进入丰富的社会实践活动中，以引起学生的学习动机和兴趣，从而帮助他们更积极地投入学习过程中、更

[①] 边霞. 境界——有感于李吉林老师情境教[J]. 课程. 教材. 教法, 1999(01): 10–12.

好地理解教材、更好地掌握外语交际能力，并且使学生的身心得到发展的一种教学模式。[1] 与传统的教学方法相比，情境式教学融合了语言、行为和情感情，激发学生的情感和兴趣是情境式教学的核心内容。

（二）理论基础

1. 克拉申（Krashen）监察模式

对外语教学产生了极大影响的克拉申（Krashen）监察模式是二语习得理论中的一个重要的理论。基于克拉申（Krashen）监察模式的五个假设，输入假设和情感过滤假设为情境式教学的发展提供了坚实的理论依据。那么什么是输入假设呢？输入假设指的是当学习者接触到高于他现有的语言能力水平的第二语言时，能够对其意义和信息加以充分理解，最终产生习得。[2] 克拉申（Krashen）认为，比学习者现有水平高的语言材料需要具有如下特征：①可理解性；②不仅有趣，还有关；不是语法程序安排；输入量足够多。克拉申将影响学习者和环境之间的情感屏障叫作"情感过滤"。克拉申在情感过滤假设中指出，学生的情感因素，如动力、性格、情感状态，会过滤掉他们接触到的语言输入，对习得语言的吸收产生影响。有清晰明确的学习目的，学生就有学习动力，他们取得的进步就快；那些性格开朗、自信满满的学生可以在不同的学习环境中学习知识，他们就能很快地取得进步；学生若是经常没有饱满的状态、情绪低落，他们学到的知识就会相应地减少，取得的进步自然就会慢下来。因此，日语教师要结合克拉申监察模式理论，将情境式教学应用到日语教学中来。准备语言材料的时候，教师一定要考虑学生是否能够充分地理解它们。同时，教师要选择那些和学生生活实际相关的语言材料，以激发学生的学习兴趣，使学生更好地理解语言材料。除了注意语言材料的选取之外，教师在教学中还要将情感因素对语言学习的影响考虑进来。教师要改变过去那种将知识一股脑地灌输给学生的教学方式，不断丰富自己的教学手段，通过调动学生的积极性、创建轻松愉快的课堂环境，尽可能地降低学生的情感过滤对日语学习的负面影响。教师需要给学生提供足够的语言输入量的同时，确保他们能够充分地理解教学内容。

2. 建构主义学习理论

建构主义理论的代表人物主要有瑞士心理学家皮亚杰（Piaget）和苏联心理学家维果斯基（Vygotsky）。基于皮亚杰的"同化"和"顺应"观点，以及维果斯基的"最近发展区理论"，建构主义形成了自己的知识观、学习观、教学观。建构主义指出，

---

[1] 刘明洋. 情景教学法在日语教学中的应用研究 [J]. 时代教育，2016(11)：171.
[2] 朱伟娟. 克拉申"输入假说"理论在对外汉语教学中的应用 [J]. 湖北社会科学，2012(06)：139-142.

在教学活动中，学生对知识的主动构建发挥着重要的作用。建构主义的知识观认为，知识并不是对现实的客观反映，它只是人们对客观世界的一种解释、假设，而不是所需解决问题的最终答案。① 因此，为了让学生充分地理解知识，在教学活动中，教师要根据学生已经掌握的知识设计情境，而不是将自己已有的知识体系强加于学生，要让他们根据自己的经验去构建知识体系。建构主义的学习观认为，任何学科的学习都是以学习者原有的知识经验为基础的，学生的学习过程也不是单纯的教师把知识教授给学生，而是根据自己的经验背景，把教师教授的知识进行重新的认识和处理，从而获取对自己有益的知识，建构自己的知识体系。② 建构主义的教学观认为，教师在向学生传递知识的同时，应重视学生自身对知识的分析和理解，把学生原有的知识经验作为掌握新知识的基础。教师的角色应从知识的呈现者和灌输者变为学生自身知识体系构建的引导者。因此，建构主义主张，在教学过程中，教师要发现并重视学生已经构建的知识架构，引导他们在自身的知识经验背景的基础上开展对新知识的理解，构建他们自己的知识体系。教师不应该是简单的知识传递者，而应是学生主动建构知识架构的工程师，是整个教学过程的联系者。建构主义还主张，教学要把学生摆在主体地位，激发他们的主观能动性，倡导合作型学习，并且让学生通过彼此之间的交流和讨论，全方位地获取知识。

3.情境认知理论

20世纪80年代，情境认知理论诞生了。科林斯（Collins）、布朗（Brown）、杜基德（Duguid）是情境认知理论的代表人物。情境认知理论认为，知识的教授要以学习者为主体，教学内容要和生活实践相联系。情境认知理论的演变历程和学习理论发展的三个阶段是相辅相成的关系。

第一个阶段：由于受到行为主义的"从刺激到反应"这一理论的影响，提出人的思维是从单纯的刺激到反应的过程，忽视了人的主观意识，受到了认知主义理论的批判，从而促使了情境认知理论的发展。

第二个阶段：认知学习理论认为，人是依靠头脑思维完成认知、分析信息与获得信息的，而不是在外部条件下自然而然地形成的。人类学习依靠于人体自身具有的认知结构和外部环境的刺激。

第三个阶段：建构主义学习理论要求教师要由单纯的知识传递者转变为学生获取信息和知识系统的构建者。基于构建主义理论，形成认知与学习，从而标志着学习理论的转型。情境式教学从情境认知理论获得的理论依据是：与母语不同，学生

---

① 张三香，谢薇薇.批判性阅读理论的依据与策略[J].江西社会科学，2012(07)：261-264.
② 姚晓娟.情景教学法在高校日语二外教学中的应用——以仰恩大学英语专业二外习得的现状调查、研究为例[J].学术问题研究，2015：(01)67-71.

在学习的过程中缺少真实的语言环境，因此教师不仅要结合教学内容最大限度地利用各种教育技术手段为学生创造真实的语言情境，还要设计形式多样的教学活动，让学生掌握和使用语言知识和语言技能。

（三）原则

1. 实用性原则

在外语教学系统中，情境是对学习有促进作用的重要因素。根据教材内容，教师设计出符合学生日常认知、真实、实用的情境。换句话说，教师所设计的情境需要和学生自身的经验相一致，设计出和日常生活实践有连贯性、有意义、有目的互动，并且是可能在现实生活中出现的表情。情境的设置要真实自然，同时使用实物、适当的教具、图片、音乐、视频等手段，营造真实的氛围，通过语境来感染和暗示让学生进入学习的主题，激发他们自然而然地使用某种适当的语言形式。通过创设真实而有意义的情境，不但能够激发学生的学习兴趣，培养他们自主学习的能力，还能提高他们的语言综合运用能力。

2. 创造性原则

情境要对学生创造性的发挥起到促进作用。也就是说，学生无论是在模拟的情境中还是在真实的情境中认识语言、学习语言，在自己已经掌握的听、说、读、写技能的基础上，通过一系列的认知活动，比如观察、记忆、思考、联想、想象、创造，将教材中的日语变成他们"自己的日语"，即真正地掌握运用日语的能力。实际上，情境设置的目的是帮助学生运用语言，而不是生硬地记忆语言。教师要将学过的知识和新知识有机地结合起来，同时进行必要的铺垫，对学生可能要使用的语言材料做出充分的估计，以便为他们提供充足的语言材料，帮助他们在具体情境中自然地展开交际。这种自然的交际活动是一个积极主动、创设性的运用过程，而不是靠一味地模仿或者重复进而养成习惯的过程。

3. 交际性原则

交际功能是外语的本质功能。交际功能指的是在真实的情境中灵活运用外语对信息进行吸收和传递的交际活动。听、说、读、写是交际活动的四种形式。交际活动是一个听者、说者和读者、作者之间进行有意义的信息交流的双向言语交际过程。所有运用语言的交际活动都是在一定的情境中进行的。当学生置身在语言情境中，他们的学习兴趣被很好地调动了起来，同时自身的潜能也最大限度地得到了发挥。学生参与教学活动的积极性提高了，成为学习的主人，他们积极思考，努力探索并进行实践，对自己充满了信心，渴望获取更多的知识和技能。

(四) 优势

由于起源于视听法,在教学过程中,情境式教学通过视听效果引入或者创建情境,从而形成一种情感、情境、情绪三者相互结合的教学方法。情境式教学有以下四个优势:第一,在情境式教学的过程中,注重情感的输入,提升教学内容的效果;第二,情境式教学将多媒体教学手段融入进来,适应时代发展的需要;第三,情境式教学能够激发学生的自主力,产生学习兴趣;第四,情境式教学不再局限于课本内容,采用生活情境回归现实,增强了学生的日语实践能力。

三、情境式教学可以创设哪些情境

(一) 模糊情境

模糊情境指的是画一些简笔画,让学生来猜测日语使用的框架,并用以前所学的日语进行表达。

(二) 音乐情境

音乐情境指的是通过放音乐让学生学习日语。日语歌曲不但可以渲染和烘托教学气氛,还对学生的情绪起到稳定的作用,使课堂节奏得到适当的调整。放音乐可以比较容易地将学生引入特定的情境中。例如,教师在讲解日语语音的时候,可以采取听日语歌曲、填写歌词的方式帮助学生积极地记忆假名。

(三) 体态情境

体态情境指的是运用动作来模拟情境。通过动作,学生能够有效地记住句型和对话,而应该做出什么样的动作则取决于教学中的语言内容。教师要选择那些具有一定语言节奏、能够表达语言意义的动作。当教师找到合适的动作时,学生就能有效地理解他们所学的内容。学生可以一边听教师说,一边做动作。

(四) 生活情境

语言来自生活,只有贴近生活,学生才能够学好日语。因此,在日语教学中,我们需要把课堂变成一个浓缩的社会,将飞禽家畜、花草树木、亭台楼阁"请到"课堂上,让学生看到、感受到生活中的一切,在真实的情境中感受、知觉、记忆、思维。例如,教师在讲解问候语的时候,不要让学生生硬地记忆语法和句型,可以采用情境式教学。教师可以给出一个求职面试的情境。教师让两名学生到讲台上进行角色扮演，一个扮演老板，向应聘者提问，一个扮演应聘者回答老板提出的问题。其余学生找出他们对话中的不妥或错误之处，并加以改正，之后教师向学生讲解正确的礼节和习惯。这样，不仅锻炼了学生的观察力，还能使他们对所学的知识加以运用。真正地让学生在实践中学习、运用知识。

（五）游戏情境

游戏情境指的是将教学内容和生动有趣的游戏形式结合起来。这种情境式教学不仅激发了学生学习日语的动力，还为他们创造了轻松愉快的学习氛围，有利于激发他们学习的积极性。在日语教学中加入合适的游戏能够培养学生学习日语的兴趣。游戏教学强调学生的主体性，要求师生共同参与，体现了教师的主导作用和学生的主体作用。例如，教师在讲解"能，可以"这个句型的时候，就可以说一些句子，让学生来猜是什么意思。

（六）文化情境

每一种语言都有自己丰富的文化内涵。在日语教学中，教师要结合教材适当地向学生介绍一些日本文化背景和风俗习惯，如接受礼物的习惯或者节日活动等；以拓展学生的知识面，提高他们对文化差异的敏感度，使一些语言习惯在潜移默化中被接受和应用。例如，每逢节假日，教师都可以利用课前几分钟把节假日的名称告诉给学生，或者简要地讲解一些节日的由来。这不仅使学生了解日语的一些风土人情、生活习惯，也弥补了外语教学中不可或缺的文化教学，从而通过文化差异的比较增强学生学习日语的兴趣。

总而言之，情境式教学法是提高日语教学质量行之有效的好方法。情境式教学为学生创设了一个轻松、愉快的学习氛围，能够使学生置身于贴近自己生活的语境中，产生亲切感，积极主动地参与活动，提高效率让学生"在做中学，在学中用"，不断提高日语课堂的教学质量。

第二节　情境式教学在日语课堂上的具体实施

近些年来，我国日语教学改革的步伐越来越快，情境式教学逐渐被引入日语专业的课堂，目的在于为日语教学创设一种体现日语学习规律和学习者学习心理特征的学习情境，充分发挥学生的主体性，让他们在一种有意为之创设的、极富美感的、

情境中掌握日语知识和日语技能，陶冶情操，锻炼意志，最终实现大面积提高教学质量的目的。在日语教学中应用情境式教学，可以改变传统教学模式下日语课堂死板、低效的现状，使课堂充满活力，变得高效。以鲜明的形象强化学生感知教材的真切感，以真切的感情调动学生参与认识活动是实施情境式教学的基本要求。[1] 在北京举行的21世纪语言与情境教学高级专家论坛上，有专家就指出，改革与创新始终是推动教育发展的根本动力！情境式教学体现了日语学科素养。情境式教学将现代科技融入日语教学，通过搭建立体式的日语学习环境，从而提高学生的日语综合运用能力。因此，在日语教学中，教师必须为学生提供生动的语言环境进行实践，使他们在情境中理解所学的日语知识，并加以灵活地运用，最终实现知识的内化。日语教师在运用情境式教学时，应该从以下几个方面入手。

一、以情境表演的形式对日语课堂教学进行优化

（一）利用情境导入课文

教师首先应该吃透教材，知道教材的特点，以及教学内容的重点和难点在哪里。只有这样，才能够合理地设计情境。教师在对情境进行设计的时候，除了遵循情境设计的原则以外，还要注意所设计的情境能否和语言的形式和意义有机地结合起来。教师借助日语课堂上设计的情境帮助学生重新组合学习到的语言知识，通过模拟交际或者真实交际，培养学生在生活场景中运用语言的综合能力。与此同时，教师要充分地认识到情境并不是教学目的，而是实现教学目标的一种手段。设计的情境一定要以教材为基础，任何脱离教材的情境都是不切实际的。日语专业的大学生是日语教师教学的对象，因此日语教师要了解学生，要针对学生设计情境。这样，情境式教学才能够有效地激起学生的情感，使他们积极、主动地参与到日语教学活动中来。在导入课文的过程中，教师可以通过播放视频、讲故事、提出相关话题等方式引入课文，也可设计和课文内容相关的问题情境，引起学生的兴趣。当然，无论是设计什么样的情境，教师都要以课文的体裁作为基础。通常情况下，叙事类的课文可采用讲故事的方法或进行对话的方法；说理类的课文可采用观看视频的方法；提问法则适合所有的课文。很多教师都喜欢用提问法引入课文。通过问题可以激发学生了解课文内容的强烈愿望，促使他们集中注意力学习课文内容。通过将看到的情境和听到的语言建立起直接的联系，既形象又生动，学生的听觉感知和听觉记忆能力得到了培养，同时养成了直接用日语思维的习惯。在情境中理解语言意义，操练

---

[1] 王毅敏. 从建构主义学习理论看英语情景教学 [J]. 外语教学，2003(02)：85-87

语言知识、训练语言技能，使学生综合运用语言的能力得到提升。教师在教学的时候，一定要先训练学生的听说技能，再训练他们的读写技能，以体现情境式教学的基本原则。情境式教学要求学生用日语进行交际，那么就必须在情境中完成听说活动。通过听说活动的训练，进而理解并掌握语言的意义、结构规律，提升运用语言的能力。在此基础上，进一步培养学生理解书面语言的能力。

（二）利用情境讲解课文

目前，各高校日语专业会根据自身的特点和培养学生的需求选择不同的教材。但是无论选择哪套教材，重点的语法和句型都会在相应的课本中出现。只有在特定的情境中，语法和句型才具有意义，学生才能够更好地理解和掌握。现在市面上的一些日语专业教材都强调教学与学生的生活实际相结合。主张在日语课堂上，教师所设计的交际活动情境要与学生的生活实际结合起来。这样，不仅能够增强学生学习日语的兴趣，还能够调动他们参与课堂活动的积极性和自主性。因此，日语教师在课堂教学中应该积极利用各种教学条件，创设出具有现实意义、生活化的日语交际情境，提高学生的课堂参与性，将所学的语法和句型知识应用到语言综合交际中。例如，日语里有很多的固定搭配。教师可以通过做一些动作来引出这些固定搭配，比如喝水、吃饭、吃药。同时，教师可以将学生分成若干的学习小组，让每一组派出一名学生表演，其他组的学生以抢答的形式用日语说出这名学生所做的动作。通过情境表演和教师精讲，学生可以很轻松地掌握这些固定搭配，顺利地完成教学目标。通常情况下，日语专业的教材由四个部分组成，即课文、会话练习、应用课文、课后练习。作为日语教材的核心内容，在课文这一部分里都会向学生介绍本课的重要句型和语法知识。根据教材的会话练习部分所涉及的话题，笔者进行了适当的拓展。接下来，笔者就来详细地介绍一些在进行课文、会话、听力、语法课堂教学时，教师应该如何设计情境。

1. 课文教学情境设计

（1）在讲解课文的时候，特别是导入新课阶段，教师可以和学生展开自由的交流，通过运用实物或者创设情境展现新单词、新句型，让学生学会利用各种感官来感知和记忆新的语言信息。[①] 同时，教师要注意所教的内容与学生的生活实际之间的联系，帮助他们灵活地运用这些日语基础知识。

（2）教师在教学中可以借助实物、卡片、视频、动作表情等，帮助学生理解课文的内容，提高他们的日语听力水平。

---

① 杨宇. 以情景剧表演形式优化口语教学[J]. 中国西部科技，2006(05)：74-75.

（3）学生在掌握了课文的内容以后，为了检验学生对课文内容到底理解到什么程度，教师可以根据课文内容对学生进行提问。问题问完以后，教师播放课文录音，让学生模仿语音语调，并进行听说训练。

（4）复述。教师可以在PPT上给出课文中的关键词和重点句子，帮助学生复述课文。

（5）改编拓展。教师应该鼓励学生在课文内容的基础上，对一些情节进行整合和补充。

2. 会话情境设置

培养学生的语言交际能力是情境式教学的终极目标。虽然教材中有很多习题可以进行替换练习，但是只靠机械的替换练习是无法达到熟练交际的目的的。因此，教师需要设计符合教学内容的情境，以达到语言交际的目的。

3. 听力教学情境设计

在听前准备阶段，教师可以给学生播放日剧里与所听内容相关的日常会话，在播放的过程中教师可以给学生介绍一些日本的文化和风俗。在听力材料的时候，教师可以先提出几个问题，学生在听的过程中找到问题的答案。当学生能够理解听力材料的大意，并能正确回答教师提出的问题以后，教师要让学生试着复述听力材料的内容。当复述环节结束以后，教师需要组织学生将听力材料改编为对话，并以小组的形式表演出来，如图5-1所示。

听前准备 → 听录音，回答问题 → 复述 → 改编 → 表演

图5—1 日语听力教学情境模型

4. 设计情境教语法

（1）教师需要根据所教的语法内容对语言材料进行精心的选择，创设合适的情境，找到突破口。教师可以把复杂的语法条目拆解成相关的几块内容，将它们编成日常对话，同时配上内容相符且生动有趣的图片或者视频。这样可以加深学生对语法点的感性认识以及定向的心理准备。

（2）呈现和掌握对话。教师可以在黑板屏幕上呈现人物对话的视频，让他们边观看视频，边理解会话的大意。之后，教师让学生以小组为单位，模仿并表演对话。为了让学生能够灵活运用所学的语法知识，教师可以给他们提供一些单词和词组，让学生创设新的情境，进行意义性和交际性的操练。

（3）点破语言知识点。当语言材料积累得够多的时候，学生对语法知识有了初步的感性认识。这时，教师可以组织学生对语法现象进行观察、分析、推理和归纳。

教师可以先让学生根据之前的操练提取抽象的语法知识，对于其中不完善和错误的地方，教师要进行适当的指导和修正，从而让学生学会在零散的、不成系统的语法现象中找寻规律。

（4）在情境中操练。当学生掌握了规律性的联系以后，教师要让学生以小组的形式根据学到的语法项目编情境对话，在情境中操练。操练一段时间以后，教师随机抽取学生到讲台前进行表演。

（5）对于学生容易弄混的语法规则教师要进行专门讲解，通过设计情境，对它们进行区分。

（三）认真钻研教材，创造、扩展情境。

语言源自生活，与学生的生活实际息息相关。因此，教师要利用学生的各种感官，使教学内容变得立体化，可以被学生听到、看到、感知到。教师应该尽可能多地借助各种教学手段，比如实物、卡片、教具、视频，为学生创造一种近乎真实、轻松愉快的语言学习氛围，让他们体会到语境的感染和语境的暗示，从而自觉地使用适当的语言形式进行交际活动。

二、在课堂教学中运用情境式教学增强学生学习日语的兴趣

我们可以通过很多的形式来开展情境式教学，比如组织口语交际活动，设计口语交际情境，角色扮演，观看日本动漫、日剧，听日语歌曲，做值日报告，口头复述。语言素材要以教材内容为基础，要贴近学生的实际生活，彰显时代气息。课堂上，教师要组织丰富多彩的教学活动，鼓励学生大胆地发表自己的意见，与其他同学展开自由讨论，相互交流看法，甚至可以进行辩论。教师需要根据不同的教学环节设计相应的情景剧，使枯燥乏味的语法知识变得轻松易懂，让学生在口语交际训练中体会到日语学习的快乐，提高他们用日语进行自由交流的能力。

（一）利用情境激发学生的学习动机

尽管日语专业的教师每天的工作都很繁忙，除了要完成教学任务以外，还要备课、处理家务事。但是，每个日语专业的教师应该意识到，人类已经进入了信息化时代，地球上的每个地方都被互联网紧紧地连在了一起，这正好为我们的日语教学提供了丰富的教学资源。日语教师可以充分地利用这一便利的条件，不断提高日语课堂的趣味性，创造生动活泼的语言学习氛围，激发学生的学习动机。笔者先对互联网上的一些日语视听资料进行筛选，选出一些与学生所学内容相关的音频和视频，比如日语歌曲，日本电影、动漫。在学生欣赏这些音频和视频的时候，针对其中的

歌词和台词，在教师的指导下，让学生试着归纳和总结出一些词汇知识和语法现象。对于那些经过重新填词被翻唱的日本歌曲，由于学生早已熟悉它们的旋律，教师可以鼓励学生模仿原唱的语音语调进行哼唱，甚至可以举行一个日语歌曲模仿大赛，激发学生学习日语的兴趣。在课下，教师也要鼓励学生多看日语节目、日本电影，把自己听到和看到的内容应用到实际生活中，试着用日语进行交流，这是一个很好的学习动机，教师要好好加以利用。另外，在观看这些视频资料的时候，学生一定要注意其中展现的日本文化。在日本，人们非常重视长幼尊卑，人际交往的礼仪也非常多。如果对日本的文化不了解，使用得不恰当，就会影响到与日本人的沟通。因此，在观看日语视频资料的时候，特别是日剧，教师一定要嘱咐学生仔细观察说话者之间的关系和其所使用的礼貌用语上的细微差别。例如，日本人通常情况下只敲两声门，若是敲三声则是不礼貌的行为，会冒犯到别人。一般情况下进到别人的家里，日本人是不可以戴墨镜的。秋天的时候，日本人习惯穿风衣。当你要去别人家拜访的时候，你一定要先把风衣脱掉，将里子朝外叠好才可以敲门。当要走的时候不能先把风衣穿上，而是要到一楼的时候才能穿上风衣。此外，在日本，车辆是靠右侧行驶的，因此过马路的时候一定要先看左侧，再看右侧。通过了解日语文化，使学生知道了哪些能做、哪些不能做、应该怎么做，在潜移默化中了解日本人的生活习惯。这不仅使课堂气氛得以活跃，还在教学中渗透了人文教育。

（二）创设互动活动活跃课堂气氛，激发学生学习兴趣

在课堂教学中，教师可以创造一些互动活动。笔者就在平时的教学中采用过类似节目主持的形式。笔者把教学环节拆分成若干个栏目，并围绕教学主题展开，且各个环节紧密相连，相映成趣，使得课堂教学更加生动、更加有趣。例如，大部分的学生都是从零基础开始学习日语的，最令他们头疼的就是日语单词了，不知道如何去记忆它们。笔者在教学中采用游戏的方式，帮助学生记忆单词。笔者组织学生玩起了词语接龙的游戏。前一个学生说出一个单词，后面的学生要接着前面那个学生所说的单词的最后一个假名说出一个新单词，接不上就算输。特别是在学生学习五十音图的时候，他们学习日语单词的兴趣一下子被激发了出来。有的学生为了在词语接龙游戏中不输，甚至整天捧着本日语词典来背单词。这不仅丰富了学生的词汇量，也为他们今后的日语学习打下坚实的基础。

（三）创造时尚情境

在平时教学的时候，笔者发现教材中总会出现一些比较晦涩的句子，离学生的生活实际比较远，学生理解起来很困难。为了能够贴近年轻人的生活和口味，笔者

会把一些最近比较流行的表达方式介绍给学生，让他们可以以非常轻松的心态来体会现代日本年轻人的时尚生活和情境语感，并能构思和运用现在日本年轻人最常用的那些口头语。此外，很多00后的大学生都喜欢日本动漫，特别是近些年流行的二次元。教师要正确地引导学生的这些兴趣爱好，从某个兴趣点切入，将学生对二次元的兴趣转化为对日语这门语言的兴趣，使他们从内心渴望学习日语。通过这样的教学方式，平时显得枯燥的日语基础课竟成了学生最喜欢上的一门课，他们常常感觉课堂时间太短暂了，还没上够就已经下课了。可见，教师可以通过调动学生的情绪来完成认知的过程。情境式教学通过设计出一些真实性和准真实性的具体场合的情形和景象，为语言功能提供充足的实例，并且活化所教语言知识。[1] 情境式教学具有生动性和形象性，能够将知识融入生动的情境之中，使学生产生学习兴趣，一改过去日语教学的呆板和枯燥。教师创设的情境越是生动、活泼、精准，对于学生理解语言知识越有利。情境能够激发学生的思维，使他们有所感悟，促使他们将内心的想法表达出来。因此，在课堂教学中，教师要充分利用实物、图画、动作、语言来创设真实的社会语言情境。除了采用听、说、读、写等多样化的教学方法来创设生动、形象的社会语言情境以外，教师还可以通过营造生动活泼、轻松愉快的课堂氛围吸引学生的注意力，激发他们的学习兴趣，提高他们的语言交际能力。

第三节　情境式教学的效果及教学反思

一、教学效果

（一）语言能力测试结果分析

在进行情境式教学之前，笔者对所教的两个日语专业班级的学生进行了一次日语水平测试。考试结果显示，两个班级学生的日语水平比较相近，没有特别大的差异。经过一个学期的情境式教学实验，两个班级学生的日语水平有了很大的提高。在笔者对两个班级进行的第二次日语水平测试中，两个班级的平均分较第一次测试有了20%的提升。由此可见，情境式教学能够提升学生在听、说、读、写方面的语言综合运用能力。

---

[1] 杨敏.情景教学——旅游英语教学的有效方法[J].无锡商业职业技术学院学报，2003(03)：53-54.

（二）问卷调查结果分析

在学期结束之前，笔者对两个班级的学生进行了一次问卷调查。结果显示，88.53%的学生觉得自己学习日语的兴趣要比入学之前更高了；92.37%的学生对情境式教学方法表示欢迎；67.23%的学生说他们在每星期的日语课堂教学中能够在全班面前表演会话10次以上；92.32%的学生表示喜欢课堂上的教学情境；超过70%的学生认为自己的听说读写能力有了很大幅度的提高。因此，合理设计情境不仅可以提高学生学习日语的兴趣，还可以提高他们的语言综合运用能力。

二、教学反思

（一）不可牵强地应用情境式教学

教师创设的情境必须能够增强学生对生活的体验感，适合激发学生的思维和表达欲望。教材是教师应用教学方法的根本依据。因此，教师在平时要仔细研究教材，创设与教材内容切合的情境，同时这些情境要与学生的生活实际相结合，这样才能够培养学生健康的情感态度、正确的世界观、人生观、价值观。情境式教学能够通过环境来触发学生的感情，激发他们去积极地思考，提升他们的学习兴趣。这些优势是传统教学模式无法做到的。但是，我们也应该看到，情境式教学并不是单纯地追求形式上的有趣和课堂气氛的活跃，看似教师和学生都互动起来了，其实一堂课下来学生对于应该掌握的知识依旧一头雾水，这对知识的内化是不利的。因此，情境的设计需要和教学内容结合起来，教师要找到两者之间的关联点和切入点，借景悟理，把学生带入情境之中，体验情境中蕴含的思想感情，进一步通过由表及里的思维过程进行抽象概括，揭示出与教材相关的深刻思想内涵，使学生的认识"更上一层楼"。[①]

（二）情境式教学切记把学生的思维局限在某种情境中

情境式教学并不是将学生的思维局限在某种情境中，而是有借助这种教学方法让学生利用学过的知识、经验、方法、途径在不同的情境中进行分析、整合，最终找到正确的答案[②]也就是培养学生的知识迁移能力。学习的最高境界并不是"学会"，而是"会学"。只有对所学的知识进行举一反三的应用，由此及彼、融会贯通，学生

---

① 李作方. 创设教学活动情境，培养学生创造个性——语文课堂教学培育学生创造力初探[J]. 中国教育学刊，1999(01)：40–41.
② 于颖. 破译情景教学的密码[J]. 课程教育研究，2014(12)：247–248.

才能够真正地将学到的知识转化为解决问题的能力。教师应该遵循学生的认识规律，培养他们迁移知识和运用知识的能力。在特定的情境教学中，教师对学生思维的引导应该是多向的，而不是单向。如果教师总是习惯从一个方向引导学生去思考问题，那么学生的思维就会被束缚起来，无法得到发散，也不能够产生创新思维，同时无法发挥学生的想象力。每个人的潜力都是无限的。学生的创新思维是需要教师耐心地进行培养、开发、挖掘的。教师要根据不同的情境引导学生从不同的角度进行思考，打破思维定式，发挥想象力。教师需要在平时的教学中培养学生的联想思维、发散性思维、逆向思维，将情境式教学当作培养学生创造性思维的一个重要的途径。另外，教师要注意学生的言语和情感之间的联系。我们常常会发现，学生在交际的过程中很容易机械地进行交流，没有表情和情感的投入。因此，教师要尽可能多地给学生提供背景知识，鼓励他们以饱满的热情投入表演之中。

（三）在情境表演时要做到听说并重

学生在进行情境表演的时候，常常只知道演好自己的角色，而不注意听别人所说的话。殊不知，注意听别人说话的同时是在完善自己将要回话的语音语调，使表演成为真正的交流，而不是没有表情地背诵句子。

（四）培养学生用日语进行交际的意识

教师要通过口语交际训练来提高学生使用日语进行口语交际的意识。在平时的教学中，学生通过大量的仿真情境对话训练，使他们所学到的语法知识、句型得到了运用，更重要的是可以提高他们的口语交际能力。很多日语专业的学生在大学前两年的时间里都是在国内学习日语，到了大三或大四才有去日本研学的机会，因此真正的日语交际环境是非常有限的。学生需要通过交际活动来发现自己在语音语调上需要改进的地方，并用日语来表达自己的想法，树立说好日语的信心。因此，在日语课堂教学中，教师要拿出大量的时间对学生进行口语交际的训练。当然，学生的性格特点、学生之间的竞争强度、教师对学生的鼓励程度等对日语口语交际的应用也是有影响的。但是，总体来讲，教师要细心观察学生所使用的学习方法、了解学生的学习状态，在课堂教学中引入真实、自然的口语交际活动，为学生提供大量的口语练习的机会，培养学生用日语进行交际的意识，进而提高他们的日语口语交际能力。

第六章　小组合作学习在日语教学中的应用

第一节　小组合作学习的相关论述

一、研究现状

（一）国外研究状况

截止到目前，国外对小组合作学习的研究已经历时几十年了。美国、德国、日本、加拿大、澳大利亚、荷兰、以色列、尼日利亚等很多国家和地区的教师都在使用小组合作学习这一教学方法。小组合作学习逐渐成为一种越来越受教师和学生欢迎的教学观念和例行常规。日本犬山市开展了以小组合作学习为原则的少数人的教学活动，犬山市的教学原则有以下几点。首先，兴趣是学习最有效的动力。教师必须唤起学生的学习欲望以促进学生的学习，并且只有在这种教学过程中学习才能够顺利地进行。其次，在教学要求中加入并重视参加、合作、成果这三个因素。为了能使学生积极地参与学习，教师一定要制订学习任务。为了提高学生的学习成绩，学生彼此间需要相互鼓励，展开有效的合作，因此需要成立学习小组。同时，学生之间的配合可以起到相互影响的作用。在课堂教学中，学生向他人表达自己的想法，可以使学习态度达到一致。学习以后取得的成果可以被每一个学生所掌握和分享，这种机制的实现还需要进一步完善。最后，使学生主体性的学习成为可能的目标学习。根据各自学校的特点，犬山的教师们对教学进行了设计，有的学校则采用任务型学习模式，即根据目标任务设计教学，在单元导入的第一时间先向学生解释单元的学习计划，让学生知道要学习什么，将内容预测、内容评估、学习顺序三点预先传达给学生。学生在学习内容之前就预先明了了，这可以帮助他们正确地理解现在所学内容的定位和意义，他们在学习的过程中就可以很好地对自己理解的程度做出监控。大量研究表明，在提高学生成绩、改善课堂氛围、促进学生能力全面发展等方面，小组合作学习有着明显的效果。

近些年来，日本将小组合作学习的教学活动命名为"协动学习"。池田玲子的小组作文学习和馆冈洋子的小组阅读学习是其中最典型的代表。池田玲子在作文学习中引入"协动学习"的方式,将学习者按对或者小组进行分配,学生间就作文互相提出修改意见,并反复推敲。小组活动并不仅限于写作之后,而是贯穿于探究作文的主题到完成写作的整个过程。通过小组活动,学生间相互解释并说明自己的想法,从而不断对作文进行完善和加深。由于学习者的个性特点、文化背景存在差异,因此不同的对话和写作活动会产生不同的效果。通过小组作文学习这种形式,地位平等的学习者之间的不同观点得到了很好的处理,彼此之间产生了无意识的反馈影响,使得进行作文推敲这个教学活动变得更加灵活。池田玲子有提到,小组合作学习活动在提高学生写作能力的同时,帮助他们构筑起社会关系。这是小组作文学习的一个重要成果。馆冈洋子在讲解阅读理解时提出了小组阅读活动这个概念。小组阅读活动指的是学习者通过对话,发挥彼此能力共同学习的方法。小组成员在一起阅读文章的时候,边提出自己不明白的问题,边回答彼此提出的问题。除了有关于词句和对文章内容进行理解的问题,小组成员还会对文章的结局做出预测,有的时候还会发表各自的观点,甚至展开讨论,从而加深对文章的理解,以及对自己的思考方式和价值观进行重新审视。小组成员不仅要对教师提出的问题进行回答,还要回答其他小组成员提出的问题,培养了学生自主学习的能力。合作是小组阅读活动最重要的概念也就是人们之间相互合作进行的创造性活动。馆冈洋子认为,通过协动使得小组成员能够互相协作,开展一些创造性的活动,以发挥各自的作用。她将以"协动"(也就是合作)作为宗旨的学习命名为"协动学习"。小组写作活动和小组阅读活动以小组合作学习为中心进行"协动",并对成员之间的相互作用进行了展示。

(二)国内研究状况

20世纪80年代末开始,我国对小组合作学习展开了理论研究和实践探索,取得了一些成果。但是,由于偏重对理论的引介和探讨,将小组合作学习应用在教学当中也是最近这些年才开始的。很多高校的日语课堂都采用教师主导、学生被动听课的教学模式,采取小组合作学习模式的比较少,积累的经验自然也不会很多。在对学习者推敲作文的小组反应实验做出的研究里,我们能够看到在小组活动中我国学习者有如下不安:通过小组活动学习,第二语言知识不完全的学习者能够相互学到他们需要的知识吗?从有准确知识的教师那里学习不是更有效吗?也许,对于彼此熟悉度比较高的学生而言,他们之间能够学到知识,但是熟习度高的学习者能从和熟习度低的学习者开展的小组活动中受益吗?在这些实验的基础上,中国海洋大学的王文贤进行了一次实验。以某大学日语专业的44名学生为研究对象,王文贤在两个月的时间里进行了8次实验。他让这44名学生听一段200词左右的小短文,然后以小组为单位进行再创作。王文贤的实验为学习者之间的协动对话,为第二语言

学习的研究提供了重要的资源证据。这个实验佐证了"协动学习"(也就是小组合作学习)通过协动对话使熟习度不同的学习者能够相互学习,实现互惠互利。同时表明,对于这种彼此互相协作的主动学习形式,学习者是非常喜欢的。因此,日语教师大力提倡这种学习者通过互相协作的方式完成共同任务教学方法,以改变过去以教师为主的教学模式向以学生为主的教学模式的转变。另外,在日语听力、阅读和会话的教学实践中,吴二林曾运用小组合作学习的教学方式,取得了很好的教学效果。吴二林的实验结果充分证实了小组合作学习有利于提高学生学习日语的兴趣,能够培养他们良好的日语学习习惯和用日语进行交流合作的能力。

二、小组合作学习的定义、理论基础、原则、基本要素、基本方法

(一) 定义

小组合作学习也叫作合作学习。它起源于20世纪70年代初的美国,在20世纪70年代中期到80年代中期取得了实质性的进展。小组合作学习是一种集富有创意性和实效性为一体的教学理论和策略。这种教学方法以小组为基本的组织形式,系统地利用教学动态因素之间的互动来促进学习,以团体成绩为评价标准,共同达成教学目标的互动。[①]

(二) 理论基础

小组合作学习是建立在社会学、心理学等学科之上的,其代表性的理论基础有:建构主义学习观、社会学习理论和人本主义学习观。建构主义认为,认知的主体是学生,强调学习的主动性、社会性、情境性。在整个教学阶段,教师不是知识的灌输者,教师实际上是学生知识建构的帮助者,教师在构建有意义、平等的师生及生生对话中活跃课堂氛围的同时,协助开发学生的差异资源,进而改善课堂教学,实现学生在最近发展区内个性的发展和对知识的主动意义建构。[②]美国社会心理学家班杜拉(Bandura)认为,人类的学习大多发生于社会情境中,发展只能产生于社会学习。班杜拉(Bandura)将观察学习分为注意、保持、动作再生、强化和动机四个过程,其理论强调了社会性学习的环境,特别是人际关系对学习的重要性。这一点对于强调学生之间协作互动的小组合作学习具有启发意义。美国心理学家马斯洛(Maslow)提出了需要层次理论。马斯洛(Maslow)认为,人的社会需要,也就是和他人相互作用,对学习有极大的促进作用。美国著名的心理学家、教育学家罗杰斯

[①] 王坦. 论合作学习的基本理念 [J]. 教育研究, 2002(02): 68-72.
[②] 郭成. 课堂教学设计 [M]. 北京: 人民教育出版社, 2006: 178.

(Rogers)则提出了"以学生为中心"的课堂教学模式。罗杰斯(Rogers)认为,教师的任务是通过为学生提供各种学习资源、创设学习氛围,让学生自主学习。因此,教师必须采取一系列的措施,其中包括"开展同伴教学,发挥同伴之间的个别指导作用""采取分组学习,让学生自由选择学习方式""建立交朋友小组,为个体提供一种坦诚交往的环境"等。这种学习观和小组合作学习的理念是非常一致的。

(三)原则

1.适合性原则

适合性原则指的是我国的日语教师要根据学生的特点、课堂的实际情况开展活动,而不是完全照搬照抄国外的小组合作学习模式。以使用目的语进行对话是国外语言教学开展小组合作学习的前提条件,学生是学习的主体,教师扮演着辅助学生学习的角色。但是在我国的外语教学课堂上开展的小组合作学习是允许学生使用适当的母语的,这样有利于教学活动按照既定设计方案顺利地开展。同时,学生很重视教师在活动中的指导。因此,教师在组织学生进行小组合作学习的时候应该注意以下两个方面。

(1)有关母语的使用

一直以来,人们受到行为主义心理学的影响,认为母语会对外语学习形成干扰,在外语课堂上应该尽量避免使用母语。但是从社会文化理论的角度来讲,作为人类思维发展的中介工具,母语对外语学习有着积极的推动作用。安东(Antón)和迪卡米拉(Dicamilla)从社会文化理论的角度分析了外语课堂小组活动中母语的使用情况。他们发现,学习者通过使用母语实现了社会性认知活动,比如"搭建支架""建立主体间性""使用私语",实现了高级自我调控,推动了外语学习。同样从社会文化理论的角度,我国的金月、郭丽杰阐述了母语在二语学习中的作用。她们指出,母语潜在的影响不应该是二语学习者努力去避免的,而应该作为学好二语的一种策略,尤其是在二语发展不成熟期,学习者还无法运用二语进行高级认知活动,此时,母语的概念系统可用来协助学习者规范高级认知过程,并辅助高级二语对话表达能力的发展。从以上的研究中我们能够看出,在实施小组合作学习的时候,尤其是处在日语学习的初级阶段,教师并不需要强迫规定学生使用日语而不是汉语进行交流。学生使用母语能够帮助他们完成对话和进行知识内化的高级认知活动。

(2)教师所起的作用

在小组合作学习中,教师的定位由传统教学模式中的知识传授者转变为学生学习的辅助者。教师的角色发生了变化,必然会对学生自主学习能力的培养起到促进作用。但是,教师的讲解对学生的作用也是不能被忽视的。特别是在教学活动中学

生需要较多地使用母语的时候，教师的讲解成为向学生提供规范的日语表达、帮助他们改正错误的重要一环，是不能缺失的。开展小组合作学习活动不等于放弃教师的讲解。在小组合作学习活动中，除了要组织活动、辅助学生完成对话，教师还要进行必要的讲解。

2. 阶段性原则

一直以来，日语专业的课堂教学都是以教师讲解为主，学生则被动地接受知识。将小组合作学习活动引入日语专业的课堂需要学生经历一个适应阶段。阶段性原则指的就是根据课堂的实际情况、学生的语言水平、接受能力循序渐进地开展小组合作学习活动，使学生逐步适应这种教学模式。阶段性原则有以下三方面的含义。

(1) 合作学习活动步骤的分层

在威利斯（Willis）的基础上，埃利斯（Ellis）提出了应该把任务型教学分成任务前阶段、任务中阶段、任务后阶段三段流程。埃利斯认为，任务前阶段和任务后阶段的活动可有可无的，但是任务中的活动是必不可少的。受埃利斯观点的影响，教师一直以来都很重视设计和实施任务的中阶段，忽视任务前阶段和任务后阶段。笔者在多年的教学实践中发现，无论是任务前阶段，还是任务后阶段，抑或是任务中阶段，它们对于小组合作学习来说都是很重要的，教师需要精心地设计每个阶段。为什么这么说呢？首先，如果学生没有小组合作学习活动的经验，那么教师的指导就显得格外重要。教师需要在任务前阶段和任务后阶段投入更多的精力。正如馆冈洋子和池田铃子所说，在任务前阶段教师要向学生讲明合作学习的意义、播放活动视频，在任务后阶段教师要组织学生进行反思。教师可以通过这些手段使学生明确活动的意义，调动他们参与教学活动的积极性；其次，小组合作学习要求学生之间通过对话开展高级认知活动，完成学习。要想进行高级认知活动必须保证对话的质量。因此，学生需要在任务前阶段做好充足的准备。只有这样，学生才可能在任务中阶段的对话过程中发挥出个人的能力，推动学习向纵深发展。与此同时，教师需要在任务后阶段给予学生及时的反馈，帮助学生梳理学习要点，对自身的不足有正确的认识，为更好地参与下一次活动打下基础。

(2) 传统课堂教学和小组合作学习活动的分层

随着外语教学研究的不断发展，教师讲解、背诵、机械性语言训练等传统的外语教学方法饱受诟病。近年来的外语教学理论和实证研究证明，传统课堂教学方法不但对巩固学生的语言知识有重要的作用，而且对听、说、读、写各项语言技能的培养大有裨益。由此可见，传统教学方法和小组合作学习各有所长，侧重点各不相同。传统教学方法侧重帮助学习者明确基本语言知识、熟练语言技能，小组合作学习侧重鼓励学生探索知识、构建知识。如果说传统教学方法是基础的话，那么小组

第六章 小组合作学习在日语教学中的应用

合作学习则是在基础上的提升。国外外语课堂上的小组合作学习活动经常是贯穿在整堂课里，甚至是整个学期，将这种方式照搬到我国日语专业课堂显然是不符合实际情况的。我国日语专业的学生大都是进入大学以后才开始学习日语的，在课堂上需要运用传统的教学方法帮助他们掌握语言知识和语言技能，打牢语言功底。因此，在日语课堂上引出小组合作学习活动不是取代传统的课堂教学模式，而是要将两者有机地结合起来，掌握好适当的比例开展教学活动。

（3）日语学习初级阶段和高级阶段的小组合作学习活动的分层

关于这一点，我们可以从两个方面进行考虑。首先，正如上面所说的，日语专业的学生在进入大学后才开始学习日语，因此在日语学习初级阶段应该多一些以教师为主导的活动，打好语言基础。随着学生语言水平的不断提高，教师逐步增加小组合作学习活动。其次，初级阶段和高级阶段的小组合作学习活动的内容也应该有所不同。初级阶段以帮助学生打好日语基础为目的，可多开展以学习语言本身为目的的小组合作学习活动。到了高级阶段，可以开展以学习语言材料内容为目的的小组合作学习活动，在实现语言应用的基础上，拓展学生的知识面，锻炼他们的思维，培养他们的人文素养。

3. 系统性原则

目前，国内外进行的小组合作学习活动基本上停留在单个活动的设计、实施、验证阶段，随意性比较大。系统性就是对活动的安排有一个整体规划，使小组合作学习真正地融入课堂教学中，成为课堂的一个部分。从系统性原则出发，在日语课堂教学中引入小组合作学习活动，我们需要注意如下两点：

（1）活动和评估相结合

评估是检验学习效果的重要手段。近年来，学术界对评估功能的认识发生了变化，学者们认为评估不仅是检验学习结果的量具，也是激发学习者学习动机、帮助学习者调控学习过程、帮助教师反思教学的重要手段，评估和教学的关系紧密，评价标准直接影响学习者参与课堂学习的方式。日语教学的评估由教师掌握，教师根据成绩来评估每个学生，这一评估标准无形中制定了"教师讲、学生听"的行为规范，与以教师为主导的教学模式相呼应，形成了一套体系。小组合作学习活动以学生为主体，将学生视为一个学习共同体，以成绩定优劣的形式来评价学生显然和活动的"合作"宗旨是不符的。笔者认为，在评估小组合作学习的时候，教师可以借鉴池田铃子、馆冈洋子提出的自我评价、生生互评的方式，将其和教师评价结合起来。这样，既照顾到了学生对教师评价的期待，也使评估贴合小组合作学习的特点。

（2）保证活动的连续性

日语教学经过长期的实践形成了自己的一套体系，课堂教学由四个部分组成，

即生词学习、语法学习、课文学习、应用练习。学生熟悉各环节的授课目的和方式，容易参与其中。小组合作学习对于学生来说是新型课堂活动，要使他们熟悉并习惯这种活动形式，教师可以将部分教学内容以小组合作学习的方式呈现出来，创建小组合作学习活动的课堂环节，保证活动的持续开展，而不是让学生觉得只是教师的"一时兴起"。

（四）基本要素

小组合作学习具有五大要素[①]，具体分析如下。

1. 积极互赖

积极互赖指的是学生们要认识到他们不仅要为自己的学习负责，还要为其所在小组的其他同伴的学习负责。

2. 小组和个体责任感

小组和个体责任感指的是小组成绩取决于小组总的任务的完成情况，小组成绩将影响个人成绩。

3. 面对面的促进性互动

面对面的促进性互动指的是学生们有机会相互解释所学的东西，有机会相互帮助、理解、完成作业。

4. 小组合作技能

小组合作技能指的是期望所有学生能进行有效的沟通，对小组的活动提供指导，建立并维护小组成员之间的相互信任，有效地解决组内冲突。

5. 小组自评

小组自评指的是合作学习小组必须定期地评价共同活动的情况，保持小组活动的有效性。

小组合作活动的这五个基本要素是缺一不可的。小组合作活动的精神支柱是积极互赖、小组和个人责任感。学生们利用小组合作技能，通过面对面的交流互动和小组自评的活动形式，最终完成小组成绩的学习目标。

（五）基本方法

小组合作学习有五个基本方法具体分析如下。

1. 学生小组成绩分工法

学生小组成绩分工法指的是将学生分成4人一组的异质小组。教师先进行讲授，

[①] 郭晓丽.合作学习策略之我见[J].青少年日记·教育教学研究，2013(11)：51.

然后学生进行小组学习，最后进行个人测验。计分方法使用提高分计分法，即把小组成员的提高分数累加在一起组成小组分数，达到一定标准的小组能够获得认可或者奖励。

2. 小组游戏竞赛法

小组游戏竞赛法有约翰斯·霍普金斯大学所创。这种方法代替了每周一次的测验。各小组中学习成绩差不多的学生相互之间展开竞赛，为各自的小组赢得分数。为了使参与竞赛的对手水平保持一致，教师会根据每周的竞赛成绩对学生做出动态的调整。

3. 切块拼接法

切块拼接法是由阿伦逊（Arnason）和他的同事共同设计的。每6名学生组成一组。学习材料被分割成片段分配给每个小组，学习同一内容的不同小组成员组成"专家组"，共同讨论分配的学习内容。然后各自回到小组内，将他们学的的内容轮流教给组员。而著名的教育心理学家斯莱文（Slavin）对切块拼接法做出改良和修正。小组成员参加测验，用小组成绩分工法的记分方法来计算小组得分，达到预订标准的小组获得认可。

4. 共学式

明尼苏达大学的约翰逊（Johnson）兄弟开发出了共学式。4或5名学生组成异质小组，教师指定每组学生需要学习的作业任务。小组成员共同完成一份作业，教师按照每个小组的成绩对学生进行表扬或奖励。

5. 小组调查法

以色列特拉维夫大学的沙伦（Sharon）夫妇开发出了小组调查法。每个小组从全班要学习的单元中选出一个子课题，将其分割成若干个个人任务。小组成员为准备小组报告开展必要的学习活动。最后，每个小组向全班做介绍或者展览。

无论是哪一种学习方法，都有其自身的特点。学习小组成绩分工法和小组游戏竞赛法运用了教师授课和小组活动相结合的模式，前者侧重每个成员分数的提高，后者通过同等水平成员竞赛侧重成功的均等机会。切块拼接法则是学生为其他成员讲授自己所讨论和学习的内容，每个人要想掌握其他的内容，唯一的途径就是认真倾听所在小组成员的讲解，因此他们更具有彼此支持的动机，并且表现出对彼此作业的兴趣。共学式比较重视小组的组建，小组自评和推荐小组等次等。小组调查法则适合于把获得、综合、分析信息融为一体的探究性问题的教学。如历史、文学等学科的教学。

三、日语教学中如何处理教与学的关系

（一）日语教学要以学生为主体

"教学"，顾名思义应教会学生学习，然而有的教师却是为了教而教，从教出发，为教服务，不管学生是否能够学会。这些教师上课的实质是以教为中心，教师讲，学生听。这在日语精读课上表现得尤为突出。例如，上课时教师把课前准备好的词汇、惯用句型、段落、篇章结构滔滔不绝地讲给学生，课堂上满堂灌，最后留给学生很少的时间做练习，在练习中还要控制出现的错误，有错必纠。这种课教师讲得虽然精细，但分量太少。教学实践证明，这种教学效果很差。学生虽然掌握了一些语言知识，但远远没有掌握听、说、读、写的语言能力。要想使学生把日语作为交际工具来掌握，必须从理论和实践上把教学重心由教转向学。

学生的学习是一种独立的活动，无论教师怎样教，最终都要通过学生自己的学习来掌握，任何人也代替不了。可见，学生是学会的内因，教师的教是学会的外因。外因要通过内因而起作用，教师的一切教授活动最终要落实到学生的学习活动上。这就是说内因最终起决定作用，因而教学要以学生为主体。目前，一些先进的教学理论对教与学的关系进行了深入的研究。苏联的赞可夫提出的"使学生理解学习过程"的原则和美国的布鲁纳（Bruner）倡导的"发现法"的核心是把学生看成学习的主体。近年来，出现了一些新的外语教学法，如外语启发式教学法、默教法、程序教学法等，这些方法的共同点之一就是以"学习者为中心"。以学习者为中心的实质是让学生在学习外语时有一种安全感、轻松感、不怕错、不羞于开口。教师要"默教"，起指点作用，要让学生大胆实践。在日语教学中以学生为主体就是承认学生是学习的主人，教是通过学而起作用的，日语主要不是教师教会的，而是学生练会的。因此，上日语课要让学生敢于开口，多说多练日语。为了鼓励学生敢于实践，日语教师要创造生动活泼的课堂气氛。

（二）日语教学要以教师为主导

日语教学不仅要以学生为主体，还要以教师为主导。教学是师生双边活动，是对立的统一。在教学过程中，教师处于主导地位。因为教师会日语，学生不会日语，学生要想学会日语就要向教师学习。一个合格的日语教师应是从理论和实践上掌握日语，具有广博的文化知识、教学能力、正确的世界观和良好的道德品质。教师在教学中要起到传道、授业、解惑的作用。笔者根据先进的外语教学理论和多年的教学经验将外语教师的主导作用概括为下列四个方面。

(1) 帮助学生树立正确的学习目的和良好的学习动机，培养学生顽强的学习毅力，调动学生学习的自觉性和积极性；

(2) 按照学习外语的规律与科学的外语教学理论，结合本校的教学实际组织教学过程，使教学过程最优化和交际化；

(3) 教给学生科学的学习方法，特别是自学的方法；

(4) 结合双基教学和交际能力的培养，发展学生的智能。

上述四个方面是从宏观层面对教师主导作用的概括，此外我们也要从微观层面探讨在外语教学中发挥教师主导作用的具体做法。例如，教师备课时善于抓住重点和难点，上课时进行画龙点睛的讲解，留下大量时间让学生操练，不仅动脑，还要动手，更要开口。基本上做到当堂理解、消化、巩固。高年级教师更不要代替学生查字典、找材料，而是课前指导预习，课上解答疑点和"导演"学生言语实践活动。课堂气氛要活跃，使全班学生兴趣盎然，个个跃跃欲试地要参与语言实践活动。教师可问学生，学生可问教师，还可师生互相提问。教师要和蔼可亲，正确对待学生说练日语时出现的错误，讲究纠正方法，不要使学生因怕出错误而羞于开口不敢大胆实践。为了使课堂交际化，要进行情景教学，广泛利用音频、视频、图片等让学生根据提供的情景用日语进行交谈，讨论、问答。一堂课从讲到练，随着教学内容和进程的变化，方法要多样化。当然，在日语教学中教师主导作用的发挥不止这些，上述的做法仅仅是作为举例而已。

（三）日语教学要以言语实践活动为主线

教师要摆正教和学的关系，必须把学生为主体和教师为主导真正地统一起来。在教学中，学生的学是在教师教之下的学，而教师的教是为学生的学而教的。可见，主体和主导是相辅相成的。在日语教学中如何使学生的主体作用和教师的主导作用有机地统一起来呢？教学实践证明，只有把学生组织到一个"言语实践活动为主线"的交际化教学过程中，才能实现两者的统一。日语是交际工具，要掌握日语这个交际工具，就离不开听、说、读、写的语言实践活动。因此，将语言实践活动作为主线，是由日语这门学科的工具性决定的。

在日语教学中，无论是教还是学，都应该通过语言实践活动进行。教师的主导作用表现在：从交际目的出发，精选语言材料，设计最佳的教学路子，合理组织交际化的教学过程。学生的主体作用表现在：在教师安排的交际化教学过程中积极主动地进行语言实践活动，最终掌握日语这个交际工具。

第二节　小组合作学习在日语课堂上的具体实施

一、教材的选择

综合日语课程是我国高校日语本科专业的一门基础课程，对于日语初学者特别的重要。这门课程的内容不仅涵盖了听、说、读、写、译等技能层面，还包含了日本文学、语言学、社会文化等知识层面，可以说是日语专业基础课程中总课时数最多、覆盖面最广的一门课程。它能够帮助学生从理论和实践两方面了解并掌握日语这门语言。因此，选择符合小组合作学习理论的教材是极为重要的。笔者所在的学校选用了高等教育出版社出版的《基础日语综合教程》作为教材，是因为这套教材符合小组合作学习理论。这种契合性主要表现在以下三方面。

（一）话题贴近大学生活

这套教材打破了传统的以语法为纲的编写模式，以新生入学为开端，围绕交流协作，从"人际交往""日常活动""大学生活""日语学习""情趣爱好"等方面设置内容。

（二）形式多样

这套教材不仅注重语言输入环节，还注重输出环节。在输入环节中，选取和单元话题联系密切的图表、照片、对话等多种形式，改变了以往单一的形式，使教材兼具实用性和趣味性。

（三）方法富于启发性

在教材的课文设置中，均不明确提供语法信息，而是以引子的方式使学习者通过查询工具书来获取语法知识。此外，在课程任务结束后还配有评价表，便于学生对自身的学习成果进行实时检验。

综上所述，这套教材在话题、形式、方法上显示了与小组合作学习理论的契合性，为开展小组合作学习奠定了基础。

二、教学活动

在引入小组合作学习理论之前，为了了解学生对综合日语课程的学习情况，笔者对学校名称2017级和2019级日语专业的93名本科生进行了一次问卷调查。内容包括学生课前、课中、课后的学习情况。在收回的89份问卷中，笔者发现大部分的学生对小组合作学习的接受程度一般，其原因有两点：一是学生在高中阶段形成了依赖教师的思维定式,共同完成学习任务的意识相对薄弱;二是学生对小组合作学习的理论缺乏必要的认知,在意识层面难以将个人学习和团队合作进行有效的关联。但是我们从调查问卷中也能够看到,在高校日语课堂教学中采用小组合作学习具有可行性。根据这次调查问卷的结果,笔者于2017年10月至2019年12月期间,面向所在学校2017级和2019级日语专业的93名本科生,在综合日语课程中引入小组合作学习。总体来说,教学活动可以分为合作实用型和合作翻译型。

(一) 合作实用型活动

合作实用型活动指的是以解决日常生活中的简单问题为中心展开的活动,再通过小组合作建立学生学以致用的学习态度。为实现此目标,笔者在课堂教学中安排了贴近学生生活的教学活动,比如使用日语进行问路、指路、点餐、采访身边的人或事、模拟应聘兼职等。在各项活动中,问路、指路活动完成度比较高,体现了小组合作解决实际问题的成果。笔者将2017级学生中的40名学生分成8组,让各小组交替扮演问路人和指路人,完成如何从火车站到学校图书馆的问路、指路任务(学生需要写出主要的换乘点)。学生以小组为单位,在组长的带领下以完成指路路线为中心,积极展开交流,设计了符合各组特色的路线,并在课堂上进行了角色扮演。这次活动通过模拟真实语境,至少在两方面增强了日语初学者的合作实用意识。

1. 该活动调和了日语教学中存在的听说和读写相脱节的矛盾

通过开展此项活动,将学生置于脱离书本的实际语境中,调动他们使用日语准确说明路线的主观能动性,使读写中掌握的知识再现到了实际应用中。这不仅巩固了读写中的基础知识,也锻炼了学生倾听和表达的听说能力,有效地平衡了传统教学中听说和读写的比重。

2. 该活动使学生认识到了教材中的标准答案和实际应用的区别

在日语学习中,符合语法规则,但是不适用于实际生活的表达方式并不罕见。通过合作实用型活动,我们可以看出在综合日语课程中安排贴近大学生活的教学活动,鼓励学生以小组为单位,积极开展合作完成此类活动不仅增强了学生在日常生活中使用日语的意识,也提高了学生使用符合日语习惯表达的能力。

(二) 合作翻译型活动

合作翻译型活动指的是通过采用小组合作的形式,共同翻译日语文章的活动。众所周知,翻译不仅是学生掌握外语的途径,同时是培养掌握母语和外语的双语人才的途径。特别是日语学生,翻译活动极为重要。因为中日两国的语言中都存在汉字,但其意义又不尽相同,导致日语专业的学生极易望文生义,产生日式中文或者

中式日文的错误。因此，此项翻译活动的主要意图在于使学生深入认知中日语言的差异。由于学生仍处于初学阶段，因此翻译内容以贴近大学生活的非正式文体为主，选取了字数为1 000字左右的日语文章，要求学生以小组为单位将其翻译为汉语。在这次小组合作翻译活动中，学生在避免望文生义、思维转换等方面均有所提升。首先，小组合作翻译活动在一定程度上使学生摆脱了望文生义，避免产生日式中文的错误。从小组合作翻译的过程中我们不难看出，一些日语初学者在翻译中日文均存在的词语时，望文生义，没有彻底搞清楚词语在中日文中的异同，出现了日式中文表达。经过小组合作讨论环节，这些学生意识到联系语境精确把握中日文均存在的词汇的重要性。其次，小组合作翻译活动对学生的思维转换产生了一定的影响。学生经过小组讨论听取了其他成员不同的声音，意识到日语谓语一般位于句末，但汉语谓语一般置于前面，翻译时需要转换中日文思维，选取符合汉语习惯的表达进行精准翻译。

综上所述，通过开展小组合作翻译活动，学生认识到中日表达的差异，为其掌握中日双语奠定了基础。

第三节　小组合作学习的效果及教学反思

一、教学效果

评价在小组合作学习开展的教学实践活动之后进行，为的是了解小组合作学习对学生自主学习综合日语课程的影响，笔者进行了第二次问卷调查。在回收的91份有效问卷中，笔者发现，大部分的学生接受小组合作学习活动，验证了小组合作学习理论在综合日语课程中的重要性和有效性，主要体现在如下两方面。

（一）学生的合作意识较强，形成了牢固的同伴关系

比如在第9题"在综合日语课程，小组合作中你有帮助他人的体验吗？"有90名学生回答有帮助他人的经历，其中有的学生谈到自己被同伴需要，感觉很幸福，答疑解惑后很有成就感，也加深了同伴之间的友谊。还有的学生提到自己的日语掌握得不太好，但在小组合作中偶尔想到不错的翻译或者谈自己的看法后能够帮助到同伴时，感觉很开心，增强了学习日语的自信心。融洽的组内关系有利于提升学生学习日语的兴趣。同伴间的情感纽带不仅使学生本人感觉获益颇多，也产生了强大的凝聚力。

(二) 学生在小组合作活动过程中通过组内、组间的交流，发现并提升了自我

在第 19 题"与小组合作前相比，你与他人用日语交流的能力如何？"有 47 名学生回答日语交流的能力提高了，这体现了小组合作学习在提高学生熟练掌握日语语言能力方面的有效性。在第 20 题"与小组合作前相比，你自己管理自己的能力如何？"有 73 名学生回答学习或做事比以前更有条理了。这体现了小组合作学习在培养学生良好的学习习惯方面的有效性。

二、教学反思

(一) 合作学习最大的特点就是学习者通过对话完成任务

这一特点涵盖了两层含义：其一，使用目的语进行意义协商，促进目的语习得；其二，通过语言交互实现知识的内化。对于 JSL 环境下的学习者来说，日常他们有更多的机会接触到日语，使用日语完成意义协商相对容易。JSL 的学习者来自不同国家，日语是他们的共通语言，在合作学习活动中会自然地使用日语交流。然而，对于 JFL 环境下的中国学习者来说，他们日常接触到的日语有限，受语言能力的制约较大，仅用日语很难达成知识内化的目标，因而在活动中往往会切换成母语完成对话。

(二) 合作学习立足于社会建构主义认知观，认为认知发展是将社会层面的交互内化的过程，而不是个体接受外部刺激进行消化的过程

以此为依据，在合作学习活动实施过程中，学习者之间的对话几乎占据了全部课堂时间，留给教师讲解的时间极为有限。对于 JSL 环境下的学习者来说，课堂学习只是语言学习的一部分，大量的语言接触发生在课外，学习者在日常生活中可以自己领悟并归纳出语言的规则。而对于 JFL 环境下的学习者来说，目的语学习基本发生在课堂，课下目的语的接触量极为有限，学习机会少。因此，在 JSL 环境下教师必要的讲解就显得尤为重要。由上可见，合作学习的开展受环境制约，要使合作学习在我国日语课堂顺利展开，有必要根据我国特定的教学环境、学习者的特点做出相应的调整。

第七章 任务型教学在日语教学中的应用

第一节 任务型教学的相关论述

一、研究现状

曾文雄分析并评述了任务型教学法的各个实施模式。张静、陈俊森将任务型教学法和日语写作结合起来，通过实证研究，对比了任务型教学法和结果教学法的教学效果。王玉尝试在大学公共日语教学中应用任务型教学来提高日语教学的质量。朱彬鑫探讨了任务型教学法在大学日语专业会话教学中的优势和弊端，希望对大学日语专业，特别是会话教学的改革有所启示。张文捷在日语听力教学中应用了"任务型教学"。杨曼探讨了基于任务型教学法的基础日语教学方法。侯立军浅析了任务型教学法在高职日语阅读中的运用。项桂芬、吴丽丽、罗晶探讨了"情景+任务型教学法"在日语二外教学中的应用模式。徐秋平拟就目前日语写作中出现的一些现象，试将任务型教学法应用在日语写作中，并提出了一些基本构想。郭燕引入任务型教学法，浅谈了高职旅游日语专业课程《饭店日语》的教学改革。姚伟杰研究了变异理论指导下的多模式教学法——以任务型教学法为中心。吴梦以应用日语专业的核心课程《综合日语》的教学为例，分析任务型教学法在该课程中的具体实施。何薇以日语阅读课程为例，尝试了任务型教学法在高职日语教学中的应用。陈海笑浅谈任务型教学法在大学日语教学中的应用。潘红娅提出了任务型教学法和语法翻译法在初级日语教学中的互补运用。史小华对任务型教学法在《高级日语》教学中的任务设计进行了探讨。石萌尝试了任务型教学法在《日语泛读》课程中的应用性研究。刘丽探索了任务型教学法在二外日语课堂教学中的应用。刘笑辉以吉林外国语大学为例，围绕公选二外日语课的课程本身和选课学生的特点探讨了任务型教学法在公选二外日语教学中实施的必要性及具体应用。窦广乐以高职院校日语系学生的学习自主性为着眼点，对其学习状态和教学手段（任务型教学法）改革前后的变化进行了调查、比较、分析。刘玮莹通过课堂案例的实际体验，浅述了任务型教学法在外语课堂的应用。杨拓探索了任务型教学法和分组合作模式在以本科英语专业学生为对象的日语二外教学中的应用。刘阳研究了任务型教学法在日语教学中的应用。

袁媛研究了日语专业《基础日语》课程任务型教学法的实施难点和对策。

二、任务型教学的定义、理论基础、原则、优势

(一) 定义

目前，学术界并没有给任务型教学一个统一的定义，这主要是人们对"任务"的理解有所不同。在此，笔者对其中比较有代表性的定义做一梳理。

时间	姓名	定义
1985	朗（Long）	人们为自己或让人所做的义务的或者有一定酬劳的工作，比如给围栏刷漆、给儿童穿衣、购买衣服、预订机票、考驾照、给病人量体重、分拣邮件、预订旅店、填写支票、找出要去的街区、帮助他人穿行马路
1987	普拉布（Prabhu）	任务是依据所给的信息完成一件事情的一种活动，是一种需要学生通过思维的过程，这种过程是教师可以调控的
1987	布林（Breen）	任何一种精心组织的语言学习行为都有特定的目标、恰当的内容、具体的教学过程以及各种不同的成果
1989	诺南（Nunan）	学习者运用目的语进行领悟、使用、输出和交流的课堂活动，学生的注意力主要集中在语言的意义上，而非语言形式
1996	威利斯（Willis）	学习者所使用的任务语言的活动，不仅是为交流目标也是为了达到一个效果。比如，一个same—or—different的任务：要求学生看图进行比较（意义），并决定他们拿着的图是否一样（任务目标），他们的决定一样或不一样（结果）。这样的任务在日常生活中时有发生（与真实生活相连）。而一个填空（fill—in—blank）的练习，学生只是参与填出正确答案，并无明确交际目标
1998	斯凯恩（Skehan）	任务是一种以意义为主的活动，与真实世界的活动有类似之处
2003	埃利斯（Ellis）	任务最主要的是关注意义。埃斯利（Ellis）同时提出，任务是一种工作计划，要求学习者在实际运用中处理语言，获得某种结果，对结果的评估可以看它是否正确或恰当地传达了命题的内容。这就需要学习者首先关注语言的意义并利用自己的语言知识。尽管任务的设计可能使它们预先有选择特定语言形式的倾向。任务的目的在于引发语言的使用。像其他语言活动一样，任务可以涉及产出性和接受性技能，口语和书面表达技能，以及各种认知过程

综合以上各家观点，笔者翻阅了大量的文献，并根据多年的教学经验，将任务型教学定义为：一种有计划的教学活动，课堂上以学生为中心，学生用目的语所做的事情应该来源于现实世界或者与现实世界有着紧密的联系，集中于意义的交流，同时关注形式。

(二) 理论基础

1. 系统功能语言学

作为 20 世纪最有影响力的语言学理论之一，系统功能语言学由韩礼德（Halliday）在 60 至 70 年代创立。在那时，以乔姆斯基（Chomsky）为代表的转换生成学派正处在巅峰时期。在系统功能语言学创立之前，人们将语言看作抽象的符号系统，对它的结构或是规则展开研究，却忽视了语言的社会功能和动态地使用语言。系统功能语言学将语言看作社会符号，从社会的角度去诠释语言和意义。系统功能语言学对 20 世纪 80 年代以后出现的语言教学方法产生了重要的影响，其中就包括任务型教学。韩礼德（Halliday）认为，语言是一种社会行为，将其性质归纳为一个社会意义学系统，语言的最本质属性为社会属性，语言是形式和功能的统一。[1] 因此，我们在语言教学中不仅要关注形式，还要关注功能，将它们转化为学生的语言运用能力，达到语言教学的终极目标。教师应该尽量选择那些真实的语言材料作为教学内容。从语言的社会属性角度，系统功能语言学阐释了任务型教学强调语言意义的第一性的缘由，引进真实地道的语言材料和借用任务来创造接近自然语言习得环境，在"用目的语做事"的过程中，通过学习者之间的互动交流，理解感受语言的社会功能，进而掌握语言的动态运用。[2]

2. 中介语理论

中介语是指在学习目的语过程中，第二语言或外语学习者所产生的一类语言，也就是和母语与目的语不同的一类语言。中介语理论认为，学习者的中介语系统在第二语言或外语学习的过程会是一个不断地向目的语系统进行过渡、靠拢的过程。科德（Corder），奈姆瑟（Nemser）、赛林柯（Selinker）是早期中介语理论的代表。从理论导向来说，中介语理论实现了"以学习为中心"的根本转变。可以说，这是具有跨时代意义的。让学习者在表达自我、理解对方的过程中对已有的假设进行检验，从而建立新的假设，修改或者重组原有的中介语系统促进第二语言习得是任务型教学受中介语理论所影响的一大例证。从关注和促进学的角度出发，任务型教学设计任务并组织教学，以学生为中心，很好地回应了中介语理论的研究方向由"教学中心"向"学习中心"的转变。

3. 认知途径

斯凯恩（Skehan）等学者认为，语言的掌握和运用有两个不同的系统在发挥着作用，即外语学习者在构建以"范例为基础的语言系统"（指的是人们需要快速地回答

---

[1] 魏永红. 外语任务型教学研究 [D]. 华东师范大学，2003：36-42.
[2] 魏永红. 外语任务型教学研究 [D]. 华东师范大学，2003：59-66.

问题，在对话的瞬间做出反应的时候，他们通常会使用一些固定搭配）的同时，他们构建以"规则为基础的语言系统"（比较抽象的语法规则系统，掌握这个系统需要更加复杂的理解和思维过程，但是对于更准确、更得体的表达确是非常必要的）。斯凯恩（Skehan）的理论为任务型教学的研究提供了另一个角度：任务和语言习得之间的关系，使研究者关注什么任务会使学习者更注重语言的流畅性，什么任务使学习者注重语言的准确性。在完成各种任务时，有的任务会使语言使用者更关注流利性，有的任务会使其更关注准确性，而有的任务则会使其更关注语言的复杂度，这样提供不同的任务将会促进语言学习者在如流利性、准确性、语言使用的复杂度等不同方面语言能力的发展。

4."输入假设"理论

在词素顺序研究的基础上，美国著名的语言教育家克拉申（Krashen）提出了输入假设理论。克拉申发现，在词素的习得顺序上，第二语言学习者和儿童习得母语的顺序基本一致，母语、年龄、教学并不对他们产生影响和制约。克拉申基于这一研究成果形成了"输入假设"理论，也就是学习者只习得那些比其现有水平稍高的可理解性的语言输入。"输出假设"认为，语言的输入要先于语言的输出。克拉申提出了"i+1"的公式（i 为学习者现有的语言水平，i+1 就是略超出现有的语言水平）。克拉申强调，"习得"是可理解的输入而非输出的结果。尽管"输入假设"理论引发了许多的争议，但是对任务型教学却产生了重大影响：输入对于外语学习至关重要，尽管不是充分条件，但也是必须条件；输入什么、如何输入一定要从"学"的角度予以考虑才有可能达到预期效果。这两点在任务型教学中都得到了充分的重视。

5."输出假设"理论

在二语习得中最早提出语言输出重要性的是哈奇（Hatch）。斯维因（Swain）发现在加拿大进行的"以内容为基础的教学"和"沉浸式教学"这两个项目的执行效果中，尽管学员有大量的可理解性目标语的输入，但他们还是无法准确、流利地进行目标语交流，这和"输入假设"理论的预想是矛盾的。哈奇强调了"可理解性输出"的重要性，因为可理解输出可以促使学习者有意识地发展语法能力和关注语言形式，使学习者有意识地关注语言上的问题，有助于检验自己的学习成果。"输出假设"理论对任务型教学中的小组合作、项目报告等形式具有很大的启示和借鉴价值，因为采用这些活动时能为学习者提供大量的说话机会，也就是会有大量的可理解性语言输出，能引发对学习者所说的内容做出一些相应的反馈，推动学习者去努力完善自己的输出，从而促进学习者流利而准确地运用语言。[①]

---

① [澳] David NunanD. 黄爱凤，译. 任务型语言教学 [M]. 北京：外语教学与研究出版社，2011：25-26.

6. 社会建构理论

社会建构主义理论认为，学习和发展是社会合作活动，这种活动是无法被教会的，知识是由学习者个人自己建构的，而不是由他人产生的。社会建构主义理论不仅强调学习者个人从自身经验背景出发，建构对客观事物的主观理解和意义，重视学习过程，反对现成知识的简单传授，还强调人的学习与发展发生在与其他人的交往和互动之中。在社会建构理论的支持下，任务型教学使学习过程充满真实的个人意义，要求外语教师学会促进学习者的全面发展，并提供给学生一个可同时进行探究的环境，课堂应该充满对学生具有挑战性的各种真实的机会，学生应有自由，按自己的节奏，通过自己的经历，可自我调控的学习过程去发展。[1] 龚亚夫、罗少茜将社会建构主义学习理论归纳为自律、自我、自信、自主、自择、互动这六个方面，认为任务型教学真正在这些方面显示出了自己的特性。[2]

(三) 原则

著名的语言学家和外语教育家诺南（Nunan）认为，任务型教学有七个原则。

1. 扶助性原则

扶助性原则指的是在任务前帮助学习者铺路搭桥的工作，它与教师的课堂角色和作用有关，也包括倡导小组活动、合作学习等教学活动方式。埃利斯（Ellis）认为，"扶助"由两个方面的内容组成：一方面是认知需求，另一方面是情感状态。

2. 任务相依性原则

任务相依性原则指的是如同一个故事一样，教学过程中的学习任务必须前后呼应。

3. 循环性原则

循环性原则指的是只有在一段时间内不断地被复现，学习者才能掌握语言，因此教师要为学生创设能够接触不同形式的目标语的各种情景。

4. 主动学习原则

主动学习原则指的是学习者积极主动地运用语言，以提高自己的语言水平，从而取得最佳的语言学习效果。

5. 整合性学习原则

整合性学习原则指的是学习者注重语言形式、语言意义、交际功能这三者的融合，因此教师在教学中一定要让学生意识到语言是一个整体。

---

[1] 龚亚夫，罗少茜. 任务型语言教学 [M]. 北京：人民教育出版社，2003：13–17.
[2] 龚亚夫，罗少茜. 任务型语言教学 [M]. 北京：人民教育出版社，2003：25–29.

6. 由模仿到创造的原则

由模仿到创造的原则指的是任务的设计对学习者从模仿语言的阶段过渡到创造性地使用语言的阶段具有促进作用。学习者如果只是一味地模仿语言是无法学会语言的，他们只有在不同的环境下使用学习到的语言才能够最终学会语言。

7. 反思性原则

反思性原则指的是教师应该引导学生反思所学的内容和任务执行中所做的内容，以便学生更好地掌握语言。反思性原则是任务型语言教学中的一个重要的原则。

在综合任务型教学研究者们对教学原则的诸多论述以后，龚亚夫、罗少茜提出了一个新的原则，即形式与意义的结合原则。他们也将任务型教学的教学原则归纳为七条，其中的扶助性原则、任务相依性原则、循环性原则和大卫·诺南（David Nunan）的是一样的，另外四条原则是：

1. 形式与意义的结合原则

形式与意义的结合原则指的是学习的基础是语言的意义与形式，强调任务的设计注重语言形式和语言功能的结合。

2. 真实性原则

真实性原则指的是要让学生尽可能地接触各种真实的语言材料和真实的语境，任务的设计要和学生的实际生活结合起来。

3. 在做中学原则

在做中学原则指的是将语言学习看作是做中学的过程：通过有意义地使用语言，学生可以发展自身的语言系统，教师要将课堂上的大部分时间用在学生的语言运用上，让他们通过亲身实践来掌握语言。

4. 互动性

互动性指的是在参与完成任务的过程中，学生通过交流和交互活动，增加输入和输出的机会，以达到掌握语言的目的[①]。

（四）优势

语言是人们日常生产生活中重要的交流工具，学习语言更应突出其使用性和实用性，语言教学提倡学以致用和增强语言应用能力。任务型教学正是以此思想为指导进行教学安排，在熟悉语言应用方略和掌握语言技能的基础上，通过日积月累逐步提高语言表达。其优势表现为：

---

① 龚亚夫，罗少茜. 任务型语言教学 [M]. 北京：人民教育出版社，2003：13-17+25-29.

1. 增强学习趣味性

教师在教学中使用特定任务进行语言教学，学生带着任务在相关背景知识、场景指示中用已知的语言进行表达，学习任务得以顺利完成。任务型教学能使学生学以致用，使他们明确学习方向，激发他们的学习积极性，同时将语言学习的真实性和及时性凸显了出来。在教学目标具体、教学内容明确、教学事例易懂的前提下，学生的思维会更加的敏捷，词汇、语法、句型使用更加准确合理，求知欲增强，常有"意犹未尽"之憾。

2. 提高教学目的性

在明确学习目标的前提下进行课前预习、课中解惑并着重理解和记忆，学习效率会进一步提高，使个人学习达到事半功倍的效果。在课前预习部分，学生通过学习词汇、语法和句型，逐渐养成自主学习的习惯。基础日语两学年四学期的能力培养为大二下学期通过全国日语四级考试打下了坚实的知识基础，学生养成了积极主动的学习习惯，更为备考日语能力一级考试做好了充足的准备。通过前期扎实的知识储备和自学能力的养成，大部分的学生都能够建立起一整套适合个人的学习方法。因此，任务型教学在日语教学中、在习惯养成和能力培养方面具有极强的使用基础和极高的应用价值。

3. 提高语言综合应用能力

对于语言学习来说，虽然有的学生已经掌握了大量词汇和语法知识，有着很强的应试能力，但是当他们进入真实的语言环境中便出现了很多问题，比如词汇使用不合理、语言转化慢、对话回应滞后。这正是日语教学中越来越多地应用任务型教学进行授课的一个原因，以期更好地解决现有日语学习中出现的一些问题。

第二节　任务型教学在课堂教学上的具体实施

2016年，笔者曾担任日语专业一年级《基础日语》课程的任课教师，使用的教材是上海外语教育出版社出版的新版《新编日语》第一册，使用的教学方法是任务型教学。参照高校日语专业教学大纲的要求，新版《新编日语》涵盖了语音、词汇、文字、文法、句型等内容。假名识读和语音入门安排在第一课至第五课，篇章型讲解从第六课逐渐开始，篇章由三个部分组成，即前文、会话、读解文，同时将文化、风俗、社会等内容加入学校、社会、家庭生活等篇章的学习中。除了对话以外，在读解文部分加入了书信、日记类应用文，使学生熟悉并掌握日语应用文的书写，丰富了他们的知识。这一次，笔者选择了《新编日语》第一册第九课《家族写真》进行任务设计。之所以选择"家庭"作为关键词，主要是它与学生的实际生活紧密相连，他们很容易就能够回忆起自己在成长中发生的那些有趣的事情、生活的经历、个人的感悟，他们能够有话可说。在开始讲解这一课之前，大一新生已经步入大学校园10周时间了，他们慢慢地适应了大学的生活，专业课的学习也逐步走向正轨。在注重培养学生学习日语兴趣的同时，基础日语在初级阶段还注重让学生养成良好的语言学习习惯。随着日语学习的不断深入，学生逐渐掌握了学习日语的方法，并且有了一些学习心得，语言应用能力也在不断地提高，这为他们学习高级日语打下了坚实的基础。经过了之前8课的学习，基础日语教学的重点开始转向语言能力的塑造，这时候教师采用任务型教学能够提高学生的学习热情、激发他们语言表达的欲望。笔者所在的学校每周安排4次基础日语课，每次2节课，共90分钟。本次的任务设计按照教学课时进行任务安排，具体分为课前任务、课中任务、结课发表任务。

一、课前任务

根据本课标题进行背景知识解析，提倡对课中词汇、语法、句型进行自主学习。第一次课，笔者让学生基于本课标题进行背景知识讲述。当下大学生以00后为主，00后的成长是伴随着互联网的发展的，他们的知识面和个人能力比往届大学生已有很大幅度的提高。当00后遇到难题，他们除了会请教教师和学长，更多时候是求助互联网。在"遇疑问时去找谁？"的随机调查中，42人中有31人次首选借助互联网。这为了解任务教学中的背景知识打下了良好的基础。本次任务目标：用日语讲述中日两国家庭的基本构成情况。在全班学生中随机选择1名学生以5分钟为限进行内容汇报，要求较为详细地介绍中日两国家庭的特点、区别、存在的问题。随机方式更能激发学生的学习主动性，让每个人都有"危机意识"。本次任务的完成度比较高，但是人人参与发表的意图没有实现，只有6名学生参与其中。参与人数少成为第一阶段任务中的一个缺憾。在前文讲述部分，以学生为主进行讲解和会话说明，并就新出语法进行讲述。这要求学生在课前任务阶段付出更多的时间和耐心，充足储备相关词汇并钻研语法句型。学生在前期预习中会遇到未知的语法，不能明了它们的语法意义，不能疏通文章大意。此时教师应起到画龙点睛、承上启下的作用，着重讲解疑惑的语法和句型，通过"定制任务"提示，"消灭"疑惑。

二、课中任务

通过前文学习和课中会话部分重难点讲解，学生已经逐步熟练要点知识，结合课后习题和随机场景练习进行讲评。例如，在场景任务设定中，让学生准备自己家

人的照片进行两人一组的会话。此类会话练习具有考查学生课文会话流程掌握情况的作用。对已学会话内容熟悉度高、知识掌握好的学生，在场景会话任务完成中表现优异，语言连贯流畅。相反，对已学内容熟悉欠佳、知识要点不清、场景练习表达差强人意的学生则多次出现停顿，不知如何进行会话演练。

三、发表任务

通过课前任务和课中任务，学生已经掌握了本课的表达和语句知识，笔者要求他们基于已学知识和语言能力表述《我的家庭》。使用《我的家庭》为题进行总结性发言可以充分反映前两个月学生学习日语的情况，甚至可以成为前两个月学习汇报的展示。此次课后任务充分反映出学生日语学习的情况和不足之处。

第三节 任务型教学效果及教学反思

一、教学效果

为了对任务型教学法实施情况进行客观的分析，笔者首先查阅了大量的文献，然后以此为基础，设计了任务型教学法的调查问卷。笔者对回收的调查问卷进行了整理，分析结果如下：

(1) 喜欢日语的学生占多数；

(2) 学习日语的目的最多为找份好工作，出国占其次；

(3) 课余学习日语的时间占2个小时以上的最多；

(4) 与传统的教学法相比较，大多数学生都能够接受任务型教学法的授课方式；

(5) 与传统的教学法相比较，大多数学生认为任务型教学法有效，但是认为不明显和不如传统教学法的学生所占比率也不小，这表明大多数学生对任务型教学法并不认可；

(6) 执行任务的态度多为有一定困难，但会坚持；

(7) 对自己组完成的任务比较满意的占多数；

(8) 和其他组相比，认为自己组在队员合作方面比较出色的占多数；

(9) 在小组中承担的任务或发挥的作用："和别人差不多"的占多数；

(10) 认为自己在完成任务的过程中比较困难的是："寻找材料"最多，其次是"上台发言"，然后是"日语应用"和"应对同学提问"；

(11) 小组设计的活动形式最多为提问，其次为讨论；

(12) 在任务全过程中，总共花费2个小时以上的人数最多；

(13) 通过完成任务，在哪些方面得到了锻炼提高：最多的为自主学习能力，其次为解决问题的能力，一名学生补充写了勇气和坚持；

(14) 在"通过完成自己的任务和分享其他组的任务成果所学到的东西是否比传统教学收获大"这个问题上，68%的学生选择了否，26%的学生选择了是，其余选择了一样；

(15) 在台上代表小组发言的感觉选择最多的是：希望台下同学积极配合产生互动，其次为害怕同学或者教师提问；

(16) 希望教师在做任务时提供帮助，归纳总结为以下几点：①纠正错误，帮助深入了解知识；②引导方向；③遇到自己无法解决的问题时，能够提供帮助；④补充语法，拓展知识；⑤帮助选题策划；

(17) 选择的材料主要来自课本，其次为互联网；

(18) 在知道的查询日语知识的网站一项中，填不知道的占大多数，而知道的当中，沪江日语为最多；

(19) 学生对任务型教学法授课的方式，提出的意见或者建议总结为以下几点：①有的语法预习了也不明白，不能达到上课讲授的程度；②学生讲解的知识，理解得不透彻，希望教师能更系统地总结整理一下；③很有趣，能学到很多东西，但会拖延教学进度，可以定期做几次；④可以自主学习，应不断完善；⑤简单的内容，同学们独立完成，比较难的课题建议教师多给予帮助；⑥不接受，建议取消，多复习效果会更好。

二、教学反思

(一) 教学任务要明确

学生在预习阶段对新语法体系已有所了解，教师此时要求学生用已知知识仿照例句进行造句练习，可以使学生熟悉使用方法和强化记忆。明确的教学任务有利于提高课堂学习效果及学习针对性。学生的课后反馈说明预习后的语法学习使要点理解更加透彻、课堂学习更加有效、知识性更强、学习氛围更浓厚。

(二) 以学生为主

在语言学习中，笔者主张实践自主学习能力。自主学习能力的养成有助于学生主动学习专业知识和培养良好的学习习惯，有助于学生增强学习语言兴趣，有助于学生顺利通过日语能力考试。

(三) 实施方式因材而异

在基础日语教学中，文章内容包括日常生活寒暄类、校园生活类、外出打工等，涉及生活的方方面面，为任务型教学提供了丰富的素材。根据素材进行任务前准备，辅以相应词汇储备和相关语法，表达能力势必进入良性循环轨道，在课程难度不断加深的过程中，综合应用能力随之不断提高。评估本次任务型教学法的应用效果表明：第一，从课前阶段的准备和解说看，学生付出了大量时间，解说内容凝结了个人智慧。可以看出，在已知具体任务目标的前提下，学生学习目的性明确，学习不"拖泥带水"；采用随机方式，学生主动性得以增强，课堂上踊跃发言，任务型教学起到督促学生学习的目的。第二，课中阶段虽说学生能够运用手中工具书独立学习部分知识，但仍需辅助性讲解。所以任务型教学虽提倡以学生为主，但教师辅助必不可少。教师如黑暗夜中的一盏明灯，指引学生前行。第三，总结阶段的发言能够反映学生的学习情况和掌握程度。大部分学生能够自如讲述，但仍有部分学生存在表达错误，处于欲言又止的状态。这给今后的教学工作提出更加具体的要求——提高每个人的语言表达能力。

三、教学建议

（1）开始学习日语的时候，应专门开设一门课程讲日语教学法或学习法，不应该仅限于研究生，本科一年级可以将这个课程设为选修，让学生知道如何学习日语，寻找适合自己的学习方式。通过对教学法的研究，笔者也受益颇深。

（2）任务型教学法需要耗时多年才能真正地完全融入实践中，而光靠教师的满腔热情，很显然是无法实现的，因受到多重因素的制约，特别是学校教学进度和教学大纲的安排，教师需要有充足的时间来调整自己的教学实践，这是一个缓慢的过程，需要学校等相关方面的鼎力支持。

（3）教师教学效果的评定在国内还是以考试分数为准，而要以此标准来评价任务型教学法的效果，很显然是片面的、不充足的。因此，有必要改变测试和评价教师的方式。

（4）笔者希望评价学生知识掌握的情况时也不要再以期末考试的成绩作为评判标准，当然现在很多学校也把学生的平时表现成绩纳入期末成绩中，但显然所占的比例是很小的。希望能把平时每次学生做任务时的表现也纳入期末成绩中，一来可以促使学生认真准备和执行任务，对学生有一定的约束力，防止学生偷懒；二来对学生的学习评价会更加的公平，不再是一锤定音，而是细水长流，时时刻刻关注学生的学习情况。

（5）在实行任务型教学时，建议以年轻教师为主，因为年轻教师精力充沛，接受新事物的能力强，思维活跃，对工作充满着热情和干劲，敢于实践新的教学手段和教学模式。

（6）对教师进行任务型教学的相关培训。只有教师真正理解了任务型教学的内涵与意义，才能充分发挥在任务型教学实践中指导者的作用，激励学生去完成任务，给学生提供清晰的指示，并在认知层面和情感层面支持学生完成任务。

（7）在任务型教学过程中，可以多使用多媒体手段，比如视频、照片、动画和因特网，等等。多媒体提供了大量的机会去模拟现实和学习者要完成的目标任务，比如通过视频来贴近现实，设置场景，让学习者融入场景中，参与到语境中完成任务。

（8）在实行任务教学时，教师要掌控好任务安排、教学进度和课堂秩序等问题，比如在小组协作时，水平弱的学生不愿意参与到其中，所有的工作全都推给了水平高的学生，或者当有小组成员在发表报告时，其他学生在一旁窃窃私语等，这时候就不能再以学生为中心了，要求教师对课堂进行控制，督促整个教学过程向好的方向发展。

（9）从问卷调查中发现，"寻找材料"是学生认为自己在完成任务的过程中最困难的一项，学生们利用多媒体手段不足，有近一半的学生不知道如何从网上查询日语资料。有必要加强这些语言以外的能力的培养。教师在平时教学中也可以告诉学生哪个网站比较好。

（10）任务型教学建议在小班制中实施，笔者认为20人以内比较合适，人数太多，在小组活动中所承担的工作量就会减少，同时在课堂上实际运用日语的机会将会比较少，教学效果不容易显现。

第八章 翻转课堂在日语教学中的应用

第一节 翻转课堂相关论述

一、研究现状

翻转课堂也叫颠倒课堂，目前在美国是非常受欢迎的一种新型的课堂教学模式。翻转课堂是由美国科罗拉多州落基山林地公园高中的两位化学教师乔纳森·伯格曼（Jonathan Bergmann）和亚伦·萨姆斯（Aaron Sams）在2007年提出的。起初，为了帮助缺课的学生快速地赶上其他学生的学习进度，这两位化学教师把他们的具体授课方式、PPT讲解、授课内容发布到互联网上，这种方式立刻引起了教育界的关注，并得到重视。不久以后，这种教学方式在位于美国明尼苏达州的斯蒂尔沃特市的石桥小学、高低村小学、克林顿戴尔高中流行起来。但是翻转课堂能够引起全球重视并在全球发展是依靠萨尔曼·汗（Salman Khan）在2011年创建的可汗学院。翻转课堂起源于美国，教学模式主要形成于美国本土。美国翻转课堂教学模式主要有林地公园高中模式、河畔联合学区模式、可汗学院模式。林地公园高中模式。林地公园高中率先创立了经典的K12学校翻转课堂教学模式，即教师创建视频，学生在家中或课外观看视频中教师的讲解，回到课堂上师生面对面交流和完成作业。美国河畔联合学区模式的最大特点是采用了数字互动化教材——包括文本、图片、语音、3D动画，学生可与教材互动、交流。可汗学院模式最大的亮点是把每节课根据理解程度和成绩而非以时间来划分。他们认为，学习的常量应该是学生对知识和概念的高水平理解。可汗学院开发出一套受教师认可、学生欢迎的教学视频，此课堂练习系统能快速地掌握学生的问题点，教师能及时给予帮助。[1]

---

[1] 黄发国，张倡涛. 翻转课堂100问 [M]. 济南：山东友谊出版社，2016(05)：4-5.

二、有关概念

(一) 翻转课堂的定义

哈佛大学的物理学教授埃里克·马祖尔（Eric Mazur）最早在这一领域做出了研究。埃里克·马祖尔认为，他和同伴创立的同伴教学法能使学习更具活力。首先是传递知识，其次是吸收内化知识。多媒体辅助教学可以代替教师的角色，起到传递知识的作用，教师就可以从传递知识的主导者转变为传递知识的辅助者，成为学生吸收内化知识过程中的引导者，有更多的精力在引导学生吸收内化知识的环节帮助学生解决问题。[①]2000年4月，韦斯利·贝克（Wesley Baker）提出了一个"翻转课堂模型"，就是在课下教师并不布置家庭作业，而是通过互联网让学生在上面做在线测试，遇到不懂的问题可以即时反馈给教师，教师再给予学生帮助，在线上进行纠错改正。课上，教师主要让学生之间先进行交流讨论，互相解决问题，然后再师生互动，与学生开展互动、讨论。与此同时，韦斯利·贝克首次概述了翻转学习的本质：在翻转课堂中，教师不再是课堂上的权威者，而是学生身边的引导者。韦斯利·贝克也在他发表的论文中提出了翻转课堂的最初概念，即教师借助网络工具平台或网络课程管理系统，以在线形式把本应该在课堂上讲的知识点作为作业发布给学生，让学生在家里完成，而在课堂上，教师则作为引导者更多地参与到学生之间的学习中去。翻转课堂快速发展并受到关注进而走进学习领域是在2011年。乔纳森·伯格曼和亚伦·萨姆斯根据他们多年以来实施的翻转课堂教学经验，出版了《翻转课堂：时刻惠及更多的学生》一书。该书一经发行，立刻受到了美国督导协会和国际教育技术协会的一致认可和推荐。在那之后，开始尝试实施翻转课堂教学模式的实践者也逐渐增多了。

(二) 微课的定义

随着微博、微信、微电影等的出现，"微课"也悄然地进入了我们的学习和生活中。移动互联网和智能手机的普及，使人们可以随时随地地对"微内容"进行学习。微课的"微"体现在内容少和时间短上，而微课的"课"体现在一堂课或一门课，它是以教学为目的的课程。尽管微课概念的提出已经有几个年头了，但是学界对其定义并未达成共识。为了进一步完善和丰富微课的内涵和形式，广大教育工作者也付出了很大的努力，对于微课的认识也在不断深化。在国内，较早地提出微课这一概

[①] 黄发国，张福涛. 翻转课堂100问 [M]. 济南：山东友谊出版社，2016：4.

念并付诸实践的要数胡广生教授了。他把微课定义为三个阶段：第一阶段是微资源构成；第二阶段是微教学过程；第三阶段是微网络课程。为了交流教学经验，同时为了展示教师的风采，2013年第一届微课大赛在全国高校教师网培中心的组织下成功举办。这次大赛把微课定义为"以视频为主要载体记录教师围绕某个知识点或教学环节开展的简短、完整的教学活动"。参赛的每位教师可以任意选择一门课程，借助先进的科技手段和设备设计教学，同时录制最少10分钟，最多20分钟的微课视频。五分钟课程网则从教学的需求出发，从当前的社会热点、学习者亟须获得的知识中策划挑选出一些呈现在五分钟之内的视频里。为了使学习者能够看得懂、理解透，五分钟课程网将三维、动画、虚拟现实等技术融入视频中[①]。视频是微课目前唯一的载体，视频的长度一般在5分钟到10分钟之间。国外的TED—Ed、Khan Academy、edX、Coursera、Udacity等MOOC网站上有大量的经过教学实践验证的视频资源。当然，人们对微课有着不同的需求，应用的场景也不尽相同，给出的定义和形式也就存在着些许的差异。因此，笔者在综合各位学者的观点以及阅读了大量的资料之后，总结出微课所具有的几个特点：①以服务自主学习为基本的出发点，满足日益增长的移动学习的需求；②有针对性地讲解某个知识点，强调设计的合理性，突出教学的重点；③以视频形式为主，兼顾其他资源；④对于学习时间的把控要适度。

(三)"翻转课堂"中的微课设计

微课在"翻转课堂"中起到很重要的作用，它关系到课堂开始之前知识能否得到有效的传递，同时它影响着课堂教学活动的设计，并最终反映到教学效果上。在翻转课堂这个生态下，微课不是完整的一节课，而是一个集合，它始终是为课堂服务的，它可以是一个或多个知识点、教学环节、教学活动，并以网络为传播媒介展示给学生。它以教师讲解或进行演示的"微视频"为主，辅以课件、案例、素材等学习资源；以及微"作业练习"为主，辅以在线答疑、在线测试、在线调查等自主学习活动的学习反馈。微课教学的内容一定要在教学目标、教学内容和教学对象的基础上对它们加以分析和提炼，并依据具体的教学实际制作相关视频和收集网络上的教学资源。另外，教师根据教学内容设置相应的练习和在线答疑等教学反馈环节。通过这些环节的设置掌握学生的学习情况，发现他们在学习中存在的疑问，对具体问题做出有针对性的辅导。教师应该根据具体的课堂教学的内容对微课学习的时间和难度进行设定。通常情况下，微视频的时间要控制在15分钟以内，微课的学习时间则最好控制在半个小时左右。

[①] 胡铁生，周晓清.高校微课建设的现状分析与发展对策研究[J].现代教育技术，2014(02)：5-13.

三、翻转课堂的理论依据、原则、特点、优点

（一）理论依据

1. 掌握学习理论

掌握学习理论是由美国教育家、心理学家本杰明·布卢姆（Benjamin Bloom）在1968年提出的，旨在解决个体差异的问题。本杰明·布卢姆提倡，教师应该给不同的学生不同的时间，以便让几乎所有的学生都能在同一水平上同步前进。应该根据不同学生给予不同的指导和帮助，以便让学生一直处于同一学习水平。如果有学生有某种方面的学习困难，那么就应该给予这些学生更多额外的指导，以确保他们能够全部掌握学习内容。只要给学生足够多的时间、给予适当的教学和个别的帮助，学生就能够掌握所学内容顺利进入下一个学习内容。本杰明·布卢姆反对只有少数学生能够取得优异成绩，认为大多数的学生都能够学好功课，学生之间学习成绩好坏的差异在于学习所用时间的消耗以及理解能力的速度，大部分学得慢的学生也可以通过时间和正确的指导达到好学生那样的成绩。在有关掌握学习的研究中，在正常的课堂之外进行额外的教学，比如课下，课间，放学后。在这些时间里，如果有学生在课堂上有没听懂、没理解、没有达到教师要求的学习目标，那么教师就会给这些学生提供额外的改正补充性教学，直到他们达到完全掌握教师要求的学习目标。掌握学习的一种形式是：依据学生掌握学习内容程度的不同来灵活机动地调整教学时间。为那些需要继续学习基本概念的学生提供矫正性教学，让其他学生做一些扩展性的作业。[①] 翻转课堂教学模式能够使"掌握学习"得以真正实现，借助信息技术的支持，实现个性化辅导，正是给予了学习者大量的学习时间，使理解能力不同的学生也能够通过课前自己安排时间依照自己的节奏提前学习，完全由自己主导自己，认为简单易懂掌握的内容可以快进或者跳跃的观看，没看懂、没掌握的内容也可以暂停观看，反复观看，可以停下来做笔记，把问题记录下来。这使课堂活动更具针对性和人性化，在进行师生互动、生生互动时，能以讨论交流的形式发现问题、解决问题。翻转课堂的教学模式可以通过形成性检测方式及时发现学生在学习过程中存在的问题，及时通过矫正性辅导使学生达到掌握知识的目的。课堂上教师根据学生不同的情况采取有针对性的教学方式或者指导，使学生的学习积极性提高、学习自主能力提高，保证学习质量。[②]

---

① 钟晓流，宋述强，焦丽珍. 信息化环境中基于翻转课堂理念的教学设计研究 [J]. 开放教育研究，2013. (01)：58-64.
② [美] 罗伯特·斯莱文. 姚梅林译. 教育心理学 [M]. 北京：人民邮电出版社，2004：297-308.

2. 人本主义理论

人本主义理论的代表人物是马斯洛（Maslow）和罗杰斯（Rogers）。马斯洛和罗杰斯强调要实现人的尊严、体现人的价值、发挥人的创造力和实现自我，认为发挥潜能的本质就是要实现自我，而潜能则是一种类似本能的性质。[①] 认为心理学的研究必须从人的本性出发。马斯洛和罗杰斯（Rogers）认为，教师的主要职责不只是向学生单方面地灌输知识，而是应该尊重个体，为学生尽可能地提供各种有利于学习的学习资源和学习环境。为学生创造平台，让他们把学习的主动权真正地掌握在自己手里。人本主义理论的教学观念认为，教学过程的本质是相互尊重基础上的一种互动，师生之间、生生之间应建立一种平等、民主、互利的、相互认同、相互尊重、相互理解的情感性的新型关系。[②] 人本主义理论强调学生自主学习、自主建构知识，合作学习的能力；强调以人为本，也就是学生的自我发展；强调发掘人的创造潜能；强调情感教育。人本主义理论赞同学生具有个别差异性，人作为个体也具有个别差异性，不同的人就有不同的思考。从这个角度上说，即使是教师也是存在着或多或少的差异，即使使用了相同的教材、相同的课件视频等教学方式，传达给学生的知识内容也未必相同。因此，教育不能脱离学生，要从学生的个体出发，充分给予他们尊重，充分理解学生之间的个体差异。进行针对不同个体的不同教学方式，因材施教。教师在教学过程中更是要以学生为主，一切出发点都是为了学生，促进学生全方面、全身心整体发展。让学生成为一个真正独立的、具有思考能力的个体。在翻转课堂教学模式下，学生变成了主体，需要学生在课下通过教师发布的视频和学习方案独立完成知识的建构，课上师生之间、生生之间再进行讨论、交流等一系列互动来促进知识的内化，教师会对重点难点再做出有针对性的解答。这种方式正是做到了针对性差异化学习，强调了学生的自我发展，教师也起到了助学者的作用。

（二）原则

1. 纳入培养计划，整合设计的原则

翻转课堂触发的不仅是单一的某个学科、某一课程教学模式的改变，而是高校教育模式的整体变革。我们不提倡"一刀切"式的所有课程都翻转，驾驭翻转课堂教学模式并不是改变教学流程和相应的教学活动就能实现的。大规模在线学习环境下的高校课堂教学变革更应该从课程设置、教学内容、教学环境、教学资源、教师培训等多个方面系统进行。翻转课堂的内在特质对日语课程的整体设计提出了要求。日语教学要通过翻转课堂模式改变教与学的方式，提升课堂教学质量，首先要做的

---

① 何克抗，李文光. 教育技术学 [J]. 北京：北京师范大学出版社，2002(03)：23-25.
② [美] 罗伯特·斯莱文. 姚梅林译. 教育心理学 [M]. 北京：人民邮电出版社，2004：297-308.

是对所有课程进行统一设计，而不是局部或零星的调整。

(1) 课程的设置问题

系统性决定了课程与课程之间、同一课程内部是互为联系、互为补充的。同一天实施翻转课堂的课程不能太多，同一课程同一天内有多次安排的，可以采用多种教学模式。

(2) 教师承担课程所付出的时间总量

日语专业的教师都承担着教学任务、科研任务以及与教学相关的事务性工作，翻转课堂教学的准备、监控也需要更多的时间。如果所有工作时间超过了教师所能承受的极限，翻转课堂的开展将会受到负影响。

(3) 学生自学时间的总量

学生每天能够集中精力完成作业的时间是有限的。如果每门课的课后任务都有翻转课堂任务，对于学生来说，课业负担过重，会导致课堂上"夹生饭"现象的出现，也会影响学生的学习效果。

因此，选择哪些课程、哪些内容、在哪个教学时段开展翻转，就需要科学合理的设计，按照专业教学计划或人才培养方案，合理安排、统一规范，使教学模式多元化。

2. 以偏重知识型课程和综合型课程为主的翻转原则

高校日语专业的所有日语课程都承担着知识教学和技能教学两方面任务，每一门课程、每一节课程内容都有新知识和难点、重点知识，也有熟练掌握技能的教学要求，只是根据课程内容和特点有所侧重。依据《高等院校日语专业高年级阶段教学大纲》(教育部高等学校外语教学指导委员会日语组) 中关于教学目标要求的规定，我们将各门课程划分为偏重知识型课程、偏重技能型课程和综合型课程。偏重知识型课程主要包括：日本概况 (日本事情、日本地理、日本历史、日本文化、日本民俗风情)、语言学课程 (语音学、语义学、日语语法、日语句法等)、日本文学课程 (日本文学史、日本文学作品赏析)；偏重技能型课程主要包括：听说课程 (听力课程、会话课程)、阅读课程 (报刊选读、文学选读、日语泛读)、写作课程 (日文写作、论文写作)、翻译课程 (翻译理论、日译汉实践、汉译日实践、文学翻译、科技翻译、同声传译) 等；综合型课程主要包括：基础日语和高级日语 (这两门课程也可以统称为日语精读课程)。偏重技能型课程的教学任务主要是提高学生已经掌握的知识的熟练程度，提高学生听、说、读、写、译的日语运用能力，即以语言实践为核心，新知识教学任务相对较弱，如果采取翻转课堂教学模式，可以考虑分阶段翻转 (如写作课上归纳请求、道歉、允许等表达方式等)、分目标翻转 (如听力会话课制作话题场景视频短片等)。偏重技能型课程的教学任务的完成需要通过教师与学生面对

面地进行思想交流、观点交锋、情感沟通、语言交际才能实现。而面对面教学正是传统课堂的优势，翻转课堂教学模式更重视学生的自我学习、自我体验，教师的责任是协助指导，在师生间思想交流和观点交锋上，翻转课堂教学模式会弱于传统教学，因此，偏重技能型课程的翻转难度较偏重知识型课程要更大一些。因此，技能型课程的翻转建议要控制使用。偏重知识型和综合型课程导入翻转课堂，课堂教学前学生已经完成了一次新知识的内化，课堂教学上的二次内化有助于学生正确概念的形成和知识的熟练，是提高学生自主学习能力、兴趣、质量的有效教学模式。在课型选择上，无论是偏重知识型课程，还是综合型课程，课堂教学有多种多样的课型，如新授课、巩固课、复习课、练习课、试卷讲评课等。每种课型的重点、难点千差万别。由于巩固课、复习课、练习课、试卷讲评课都是属于知识第 N 次内化过程，只有新授课属于知识第一次、第二次内化，根据翻转课堂重视知识内化过程的优势特点，新授课更适合翻转。笔者认为不能为了翻转而翻转，而是需要结合教学内容实际、教学目标实际，有效控制翻转的频率、选择最适合的课程科目、灵活运用多样的教学策略，才能收获良好的教学效果。

3. 以教材为中心的翻转原则

在实施翻转课堂教学模式时，要综合考虑每节课、每个知识点中的哪些内容可以翻转和怎样翻转的问题。选择要翻转的内容，可以以教材为依据，以教材中的难点和重点为核心选择翻转的知识点。因为教材的编写遵循一定的学科知识体系、教学法原则，针对特定的教学对象，由浅入深，由易到难，兼顾科学性、思想性、艺术性、系统性、可操作性、稳定性、连贯性的，且不考虑教材中课文题材、体裁问题，仅从语言知识的内在联系角度，教材已经为知识构建了合理的框架，教师只要进行合理分析，就能够选出适合翻转的知识点。对于能够翻转的教学内容，采用翻转课堂教学会促进学生的学习；对于不适合翻转的内容，需要及时调整教学策略，不能硬性翻转。教师在分析、选择翻转的知识点时还要考虑教学目标、学生已有基础、知识点的学科属性、知识点之间的联系、教师和学生的状态等因素。学情分析可以帮助教师了解学生掌握的和没有掌握的知识，在课堂互动中有针对性地指导学生解决问题。关于"怎样翻转"的问题，日语基础阶段以句型为主的教学有类似特点，翻转起来操作性比较强，但是高级阶段日语知识的体系结构、知识点板块性不强，较为松散宽泛，这对于翻转课堂教学实施来说难度会大很多。此外，文科类课程导入主题往往需要一定的铺垫，因此制作网络课程微视频时要坚持"抓住重点，精选主题，理清思维，锤炼语言，讲深讲透"这一原则。总而言之，翻转时要注意课前学习的内容可以突出难点、重点，课堂教学内容侧重知识体系结构的构建和实践能力的培养。

4. 合理设计制作网络资源包的翻转原则

翻转课堂的网络资源包是学生学习新知识时的第一次知识内化依据，资源包内可以结合教学内容，选择放置教学知识点微视频、PPT、学习指南、导读、网络连接、机械性练习、学习测验等模块。翻转课堂教学的一个重要因素就是微视频。微视频内容要集中指向教学重点、难点，而不是像一般的教学资源那样面面俱到。因此，录制微视频需要考虑教学目标、过程、知识点的性质、学生的特点、练习作业等。基于这种考虑，笔者认为，体现教学理念和教学特色的示范性微视频可以由教师个人来设计，但是成系列、适合一门课程或一个学期的微视频可以采用学校集体购置或区域性共享的方式实现。网络资源包中的微视频内容要注意区分知识类型，尤其是对于一些非良构、学生不能自发建立概念的知识，需要灵活把握。在学生适应翻转课堂教学模式的初期，可以降低知识的难度，选取良构知识作为学生适应的过渡，等学生适应之后，再选取非良构知识即可。教师还要注意的是，过于简单的知识使用微视频的意义不大；过于困难的知识微视频也不能充分发挥作用。分析知识的难度等级对于合理使用微视频进行翻转课堂教学的作用不容忽视。有了微视频并不意味着其他的课堂教学活动就可以省略或少用。恰恰相反，在微视频学习以后，课堂中的互动讨论学习才更能达成深度，形成有效的认知，包括教师讲解在内的其他教学活动既要和微视频相互补充，又要比微视频有更集中的认知聚焦。另外，不是每个资源包内都要放置所有的模块，如果适合用微视频的内容就不用PPT，如果用PPT加音频就可以解决的，就不用花大成本录微视频；学习指南、导读、网络连接的部分可以通过教师布置作业实现，是为方便学生学习而放置到网络资源包的；机械性练习和学习测验对网络服务器的开发提出了更高的技术要求。

5. 结合教学目标采取灵活多样课堂教学策略的翻转原则

第二次知识内化是翻转课堂的一个重要环节，也就是课堂教学。翻转课堂教学以学习互动为主要模式，这个互动可以是生生之间，也可以是师生之间。课堂教学的互动模式有很多，需要教师结合教学内容、教学对象、教育环境、教育条件，灵活调整教学策略。无论是加涅（Gagne）的九种基本教学策略、格罗珀（Gropper）的四种基本教学策略，还是盖奇（Gage）的七种教学基本策略、库宁（Kunin）的教学管理策略，都不能对日语教学，特别是日语翻转课堂教学模式提出具体指引，不能回答像"如何刺激回忆前提性知识，使学习者把它们同新知识结合起来？""如何练习完整规范的语言行为？""如何关注学生的课堂表现？""如何把教学活动引向适当的目标？""课堂讨论的节奏如何把控？"这样的问题。教师必须具有高水平的专业知识、高超的教学技能、高度的责任心，才能有效地整合各种教学策略，完成教学任务。

6. 高校要提供必要的支持体系的原则

高校提供必要的支持是翻转课堂教学模式顺利实施的保证，主要包括教师培训和信息化课堂教学环境两个部分。

（1）教师培训

由于知识背景和学科差异的原因，不同学科的教师对翻转课堂的理解是不一样的。各个学科中的知识点能不能有效地使用翻转课堂来呈现，对教师的教学经验、教师对教材的领悟程度有很高的要求。翻转课堂的教师培训和一般教师培训不同的是，翻转课堂的教师培训更加倾向于培训教师对教学模式选择的一种敏感度。这种敏感度最直接的体现就是面对不同的学生、不同的知识点，翻转课堂、一般信息技术环境下的课堂教学和传统课堂教学哪一种教学效果是最佳的，需要教师有精准预设。

（2）高校支撑环境

翻转课堂的实施需要高校信息化支撑环境的支持。这里的高校信息化支撑环境不仅包括软件系统，也包括硬件系统。软件系统包括视频发布系统、交互系统、学生学习的智能诊断系统、远程支持与服务系统、统计系统、管理系统六个方面。硬件系统包括师生必须有可以上网的 PC 或终端、网络带宽能够保证微视频的稳定运行、服务器必须具有足够容量和并发能力这三个方面。

（三）特点

传统的教学过程一般是教师在讲台上讲，学生在下面听，也就是知识输出和知识输入的过程。学生课上通过教师的讲授学习知识，课下通过教师布置的作业巩固复习吸收知识。而翻转课堂正好是颠倒了这个过程。

1. 教学流程的改变

翻转课堂不同于传统课堂，彻底颠覆了课程流程的顺序。传统课堂是课上教师讲解知识，学生学习吸收知识，课下学生通过教师布置的作业任务巩固复习知识。而翻转课堂则是课下学生提前通过教师发布的学案、教学视频自主学习，先自行进行吸收知识的过程，如果遇到不懂的问题可以暂停观看做下记录，还可以和小组成员进行交流讨论，学生在课上进行知识的吸收消化，生生讨论、师生讨论，互相交流以及疑难解惑等。[①]

2. 师生角色的改变

在传统课堂中，教师的角色是在讲台上单方面讲授，是课堂的绝对主导者和知识的绝对传播者。学生的角色则是坐在下面听讲，被动地接受知识，是课堂纪律的

---

① 钟晓流，宋述强，焦丽珍．信息化环境中基于翻转课堂理念的教学设计研究 [J]．开放教育研究，2013．（01）：58-64．

遵从者、课堂中的服从者。而翻转课堂中，教师由原来高高在上的灌输者、主导者转变成了教学活动中的指导者、参与者，加入学生当中与学生一起进行讨论，学生也由原来台下被动的接受者转变为讨论交流的主动参与者，积极性大为提高。

3. 课堂时间的改变

在传统教学模式中，课堂上的时间基本是教师在支配，以教师讲、学生听为主。而在翻转课堂教学中，课堂上的大部分时间都由学生来支配，教师只占了一小部分作用，教师在课堂中起到的作用只是帮助学生、引导学生，在课堂上讲授知识的时间大幅缩短，这是翻转课堂的一个重要特征。翻转课堂模式下的学习时间大多转为课下提前学习的时间，学生在课下通过线上资源吸收内化知识。极大地延长了课堂上师生之间教与学互动的时间。但是翻转课堂的关键之处在于教师如何组织课堂学习活动来实现课堂时间的最大化，得到最高效化的利用。

4. 学习资源的改变

在传统的教学模式中，教师在讲台上讲课，讲过的知识点一次性过，学生很有可能漏听、误听。而在翻转课堂教学模式中，课堂由传统的课本、板书或者幻灯片转变为教学视频。学生可以在课下反复观看视频，遇到不懂的问题还可以随时暂停或者倒回去重新看，相当于反复地听教师讲解，不会再有担心因为犯困走神等原因而导致漏听、误听这样的问题。学生可以按照自己的学习节奏随时暂停、多次重复播放，并且可以随时做笔记、做记录。教学视频成功地突破了传统课堂中学生被动的学习，打破了以往按部就班的学习，学生掌握了学习的主动权，实现了自定节奏的学习。

(四) 优点

1. 有助于学生自己掌控学习进度

在翻转课堂教学模式下，学生可以根据自身情况、学习时间来设定安排和控制学习节奏，而不必去追赶理解能力和学习节奏快的学生，也不必等待理解能力和掌握速度慢的学生，完全可以在课下、在家里观看教师发布的教学视频，能够真正实现分层次学习。学生在观看视频时看得懂的地方可以选择快进跳过，遇到不懂的地方产生疑惑时，可以暂停或重看，反复观看，也可以做笔记、做记录，甚至可以通过在线聊天工具及时地与同伴进行交流和讨论，也可以利用在线测试等平台及时地把问题反馈给教师，以得到有针对性的指导。

2. 有助于学生整体素质的提高

目前，我国推行的素质教育要求以全面提高全体学生的基本素质为根本目的，尊重学生的个性，注重创造能力、自学能力的培养。翻转课堂的教育旨在培养学生整体的学习能力，培养全方位发展的人才，翻转课堂要求学生能够在没有教师讲解

的情况下自己理解知识，锻炼学生的理解能力。翻转课堂还要求学生在遇到问题时找到同伴共同合作解决问题，培养学生的合作能力。翻转课堂还要求学生发现问题、提出问题，培养学生的求知欲望、探究能力。翻转课堂丰富了教学内容，扩大了知识量，拓宽了学生的视野，对学生综合素质的培养具有显著作用。①

3. 有助于"教"与"学"的相辅相成

翻转课堂的核心就是学生能够从被动学习转为主动学习。学生并非只是单纯地观看视频、提前预习那么简单。翻转课堂是对传统教学方式的一个彻底翻转，真正做到从"教"到"学"的一个转变。"教"指的是传统的教学方式，由教师主动传授知识，学生被动接受知识，学生在"教"的过程中一直处于较为被动的地位。而转变后的"学"，则是学生由被动地位转变为主动地位，一切以学生为中心。在"学"的模式下，学生课前观看视频需要思考，与同伴交流讨论需要思考。翻转课堂还体现在重课前，学生可以有大量的自由时间思考并探究问题。翻转课堂还表现在多种行为的融合，"学"可以将学生的记忆、理解、思考、应用等多种行为很好地融合在一起，训练学生全方位发展。②

4. 有助于信息化社会的发展

《新媒体联盟地平线报告（2014基础教育版）》中指出了六项新技术对基础教育有着重大影响。其中，将电脑、智能手机、平板电脑、电子读书器等设备带到学习活动环境中被更多的教育机构所采用，让学生亲自体验掌控自己的学习过程。在这个时代背景下产生的翻转课堂教学模式颠覆了"教"与"学"的过程。在这种环境下促使学生改变了学习方式，培养了学生整体素质的发展，使学生成为创新性技术人才。这种信息技术远远超出了辅助工具的概念，成为教育发展中不可或缺的工具和要素。

第二节　翻转课堂的实践教学

一、教师活动

（一）课前准备

1. 教师要分析并确定这一单元的教学目标和学习目标

目标是教师对学生应该学什么、学完之后能够做什么、能够达到什么标准而制

---

① 黄发国，张福涛.翻转课堂100问[M].济南：山东友谊出版社，2016：28-29.
② 黄发国，张福涛.翻转课堂100问[M].济南：山东友谊出版社，2016：10-13.

订的计划。在课程结束时，教师对学生的评估必须让每个学生都清楚自己对目标的掌握程度。[①] 首先，教师要有针对性地设计教学。有些简单易懂的内容可以让学生利用教科书和课件自主学习，有些内容就需要教师引导教学。明确教学目标，避免教学中的盲目性和无目的性。

2. 教师制作教学视频

经过教师团队的讨论和研究，制订教学目标和学习目标，然后由教师代表制作教学视频。在制作视频过程中应考虑学生的具体情况，有的学生自主学习能力强，有的学生理解能力强。教师应该根据学生的情况制作适合他们观看的视频。在制作内容方面也要多花心思，尽量使视频丰富有趣，吸引学生的注意力，提高他们的观看兴趣。

首先，教师团队在一起协商教学目标、学习目标，共同制作学案，然后由教师代表制作教学视频。笔者利用 liveview 录屏软件和视频编辑软件将授课内容、教学目标、学习目标等录制成 10~15 分钟的视频，除了明确本单元的教学目标和学习目标以外，还要把本单元的重点语法讲出来，但总数应控制在 3 个语法点内，时间控制在 15 分钟以内。其次，通过微信群、QQ 等即时通信软件把单词、课文发音的音频以及教学视频全部发给学生。最后，教师向学生指明需要学习完成的任务、指明要达到怎样的目的，让学生提前通过观看视频，学习吸收知识。教师把学生分成若干个小组，让小组内的成员进行交流讨论，提出每个人在自主学习时遇到的问题。先进行小组互相学习、互相解决问题，最终无法确定的问题以组为单位在课堂上提出。课上，先由小组之间互相解决问题，最后无法解决的问题向教师提出，请求教师解答。

(二) 课中教学活动设计

学生在观看视频的过程中，由于自身学习能力、理解能力、看问题的角度不同等原因，对事物的理解必定会有偏差，在学生之间必然会产生一定程度的不平衡。教师在上课后需要针对学生所观看视频的情况对学生提出的问题进行解疑。上课后，首先进行单元小测验，比如单词及个别语法造句的应用，用于检测学生自主学习的效果。然后以小组为单位交流自己对知识的理解。这时，教师并不是站在讲台上看学生互相讨论，而是要走下讲台、走进学生的探讨中，与他们一起探讨。当学生遇到问题时，教师可以及时给予帮助。最后，小组确定问题，提出问题，向教师和同学共同探讨解答问题。

---

① [美] 罗伯特·斯莱文. 姚梅林译. 教育心理学 [M]. 北京：人民邮电出版社, 2004: 162–166.

（三）课后反思、评价

评价的一个重要原则是评价必须与目标紧密联系。学生学到了教师教授的部分内容，教授内容和测验内容之间的重叠越大，学生在测验中的分数就越高，教师越能够确定是否需要进行额外的教学。[①] 课后根据课堂提出的问题，学生之间探讨的结果，教师制作单元测试内容，要求学生在课下完成本单元内容的测试卷，及时了解他们对知识的掌握程度，帮助教师和学生了解整体自学效果。

二、学生活动

（一）课前准备

首先，学生需要下载教师发布的教学视频和课件文档，观看教学视频，提前学习。学生学习时可根据自身的情况有节奏地学习。理解力强的学生可以看一遍视频，理解能力弱的学生可以随时暂停教学视频或者反复观看。在观看过程中学生如果遇到不懂的地方可以随时暂停做笔记，把不懂的问题及时记下来。然后与小组成员讨论，互相解决自己在观看过程中遇到的问题，最后以小组为单位确定问题。

（二）课中学习

爱德加·戴尔（Edgar Dale）的实验证明，与个人学习相比，团队学习、合作学习能够将效率提高一半。学生在课前独立探索学习阶段已建立了自己的知识体系，并与小组成员经过合作交流互相说出自己对知识的理解，以组为单位向教师提出问题，组与组之间相互讨论、相互学习，及时向走在学生中间的教师提问，得到解答，再与小组成员一起确定问题、提出问题，与别组成员和教师进行探讨。

（三）课后反思、评价

对学生进行评价，其重要的功能之一就是给教师提供教学有效性的反馈。课堂中的提问、对学生的学习进行观察，这些都能给教师提供学生学习情况的信息。在许多科目中，为了获得学生的进步情况，可以进行简短的、经常性的小测验和写作活动，搜集学生有关活动结果的证据，这些都是非常必要的。评价也可以用于指导整体的教学改革。课后完成教师发放的本单元内容测试卷，检测学习效果，及时发现自己对知识的掌握程度，发现疑问并及时反馈给教师，帮助教师发现问题。

---

① [美] 罗伯特·斯莱文. 姚梅林译. 教育心理学 [M]. 北京：人民邮电出版社，2004：162-166.

第三节　翻转课堂的效果和优化路径

一、教学效果

在翻转课堂应用一学期之后，笔者对学生进行了访谈。主要围绕学生对翻转课堂教学模式的认可程度、使用时遇到的问题和对基础口语课程教学的作用。提纲如下：

（1）你认为翻转课堂教学模式和传统教学模式的区别是什么？

（2）在教学视频和文字材料两种方式中，你觉得哪种方式更符合你的学习方式？为什么？

（3）你觉得这学期翻转课堂教学模式有什么不足？在具体应用中有哪些地方需要注意和改进的？

（4）如果今后也继续使用翻转课堂教学模式，你会愿意参加吗？为什么？

笔者根据学生的回答做以下总结。知识掌握方面：①大部分学生认为采用"翻转课堂"这种教学模式很新颖、很有趣。可以随时随地观看视频对自己的学习很有帮助，很喜欢这种学习方式，觉得对学习效果很有帮助，收获较大；②也有一些学生不喜欢这种教学模式。他们认为自己课后有更多的事情要做，没有时间。除了上课就不再想学习，并且认为自己自学能力比较弱、自控能力也不好，总想偷懒，看视频的过程容易犯困，同时认为还是传统教学有教师在教室里更能督促自己，更加适合自己；③还有一部分学生认为，网络有时不稳定，很难把一个10分钟的视频下载下来，即使可以下载下来也非常花时间。建议可以直接在课前拷给他们，不需要在线下载学习，这样可以更省时省事，也可以很方便地进行学习。笔者认为，学生在自主学习能力、学习规划能力、自我约束能力方面可以总结为以下几点：①不论是学习兴趣高还是学习兴趣低的学生，对于他们的学习兴趣都能够得到一定程度的激发，特别是对于之前容易被动学习、不主动学习的学生来说，课堂中的参与度明显有所提高；②对于部分自控能力弱的学生情况也有所改善。因为课后教师很难检测到学生是否有提前学习且无法督促。而翻转课堂模式下要求以小组为单位进行学习，组长会代替教师督促自控能力较弱的学生一起学习；③关于课后的总结与分析也要求以小组为单位，以组长检查的形式进行学习，因此能够促进自我约束能力较弱的学生做到课后总结复习，并进行反思。

二、优化路径

(一) 明确目标

1. 明确教学目标

有观点认为，翻转课堂更适合理科学习的方式。[1] 在语言学习当中，学习单词和语法是必不可少的一步，这一步可以像理科学习那样把教学内容录制成视频，然后通过网络技术把视频传给学生，让学生自己学习这一部分知识，这一步还是相对比较好把握和掌控的。但是与理科学生的学习模式差异较大的是实操部分。学习日语，需要张口说。需要学生在课堂上对课前自学的内容进行大量的操练，也就是让学生张口说话，训练学生听、说、读、写、译的技能，以促进学生对所学内容的理解、应用和吸收。经过此次翻转课堂教学模式的教学实验后，笔者发现，单词和语法的学习适合作为翻转的内容。因此，在教学设计过程中需要从教学理念、教学目标、学习目标、教学设计、教学步骤、教学活动等方面出发，形成具体的、系统的教材内容与之匹配，才可以大量地、全方位地进行翻转。教师必须明确教学目标。教学目标有时也被称为行为目标，要求学生在规定的时间段内，经过教学过程之后，学生必须熟练掌握并能灵活应用的技能或者是对某种专业知识概念的陈述。对教学目标进行陈述时，通常要明确说明目标是如何考核的。教学目标必须是在教学内容的基础上，符合教学内容而制订的，教学目标应该非常详细，尽量具体，使教学目标更能发挥作用。[2] 例如，给出本单元的语法重点，要求学生对应考级找出对应的语法解释，会用此语法造句，并扩展为短文。

2. 明确学习目标

为学生制订学习目标，明确学习目标。学习目标指的是学生在规定的时间内，经过自主学习，必须掌握明确的学习要求。学习目标不仅包括对知识点的归纳，学习视频后的总结，和同学交流讨论后的整理，还包括对作业习题的熟练程度以及对整个学习过程的总结和反思。

3. 明确学习方案

翻转课堂教学模式要求学生课前自主学习，教师并不在课前亲自指导学生应该做哪些事情，没有教师的明确指导，学生容易对学习过程不知所措。因此，明确学习方案就显得至关重要。教师应该先让学生知道在这一单元里到底要掌握的是什么，

---

[1] 田爱丽，吴志宏. 翻转课堂的特征及其有效实施——以理科教学为例[J]. 中国教育学刊，2014(08): 29-33.
[2] [美] 罗伯特·斯莱文. 姚梅林译. 教育心理学[M]. 北京：人民邮电出版社，2004: 297-308.

然后根据学案提示观看视频、回答问题、完成作业。学生要在不偏离学习目标的情况下反复学习、解答，讨论这个自主学习的过程。

(二) 教学视频突出重难点

翻转课堂主要是学生在课下提前通过网络获取教学视频然而进行自主学习，教学视频中能够直接有效地体现教学的重点难点是使学生达到理想效果的核心点。教学视频的时长应控制在 10~15 分钟内，如果多于 15 分钟，很难保证学生的注意力集中。而教学视频在制作的时候，为了调动学生的观看兴趣，就要保证有一定的趣味性和吸引力。

(三) 组织好课堂活动

在翻转课堂教学模式中，学生不再处于被动接受知识的状态，不再是课堂的被动者，而是学习的主体，主观能动性大大提高。学生也不需要按全体学生一个节奏来接受、吸收、消化知识。例如，学生可以根据自己的接受能力反复观看互联网上的视频资料直到真正理解为止。掌握能力强、理解能力快的学生不仅可以很快地学完教师要求的学习目标，还可以利用互联网平台实现跨班级、跨学校、跨专业、跨区域的学习交流。尽管利用互联网平台有很多的好处，但是我们也不能否定传统教学中教师和学生面对面的交流优点。因为学生个体有很大的差异，观看视频尽管可以解决理解能力慢的学生的学习需求，可是不能保证每个学生都能够完全理解教学视频中所讲的知识要点。另外，学生在课前通过观看视频、完成学习方案要求之后，除了对学习目标知识的理解、存疑，还会有其他的问题。例如，在师生互动、生生交流讨论过程中产生的新情境、新问题、新方法、新思路，等等。这就要求教师能够有丰富的课堂组织经验，以保证学生在课堂上的投入程度。在课堂教学中，教师要关注以下几点。

1. 做好组织分配工作

翻转课堂的主导中心是学生，是以学生为中心的课堂，学生能够做到自主学习、自主交流，但是这并不代表翻转课堂就完全不需要教师的安排。在翻转课堂中，教师的角色只是从课堂的主导者转变为课堂的组织者和协调者，是学生自主学习的引导者。教师仍然需要调控翻转课堂的节奏。教师要根据学生的水平能力对他们进行分组，做到各小组之间可以互相学习。选出组长，让组长充分发挥其职责，代替教师起到一定的监督作用。因为日语学习不同于英语学习，学生的日语基本都是零基础，外语学习中的听、说、读、背缺一不可，但如果教师监督检查每一个学生则时间不够分配。因此，需要组长代替教师检查组员的背诵情况，督促组员按照教师学

案的要求提前学习，并指导小组成员进行分工。当小组成员讨论激烈难以继续时，教师要及时介入，要对学生多进行鼓励式教育，激发他们的学习热情。

2. 走到学生中去

在翻转课堂中，学生在相互解答疑问、自主交流的时候，教师不能一直站在讲台上，而要走下讲台，走到学生中去，认真听、仔细观察、回答疑问，关注学生的课堂讨论情况。这样做不仅可以避免有些学生闲聊，还可以监督学生玩手机或看其他书籍等与课堂无关的不良行为。另外，教师走到学生中去，通过倾听、观察可以及时地了解学生遇到的问题和有争议的地方。

3. 调控以学生为中心的课堂

以学生为中心的课堂管理与传统的课堂管理并非截然不同。规则仍然是需要的，必须不断地向学生说明规则，并一以贯之地执行。假如在以学生为中心的课堂中，学生被课堂活动的多样性、参与性、社会性等深深地吸引，并激发了他们的学习兴趣，那么再强调纪律就没有必要了。然而，有些事件也是不可避免的，当某些学生的不良行为干扰其他学生的学习时，教师必须采取措施来让其遵守规则，因规则是全班学生共同协商所确定的。

4. 培养学生学习目的，帮助他们树立目标

耶鲁大学曾在学生中做过一项调查，发现进入社会后无论是事业还是生活方面都远远高于其他人的那些人在学生时期就目标明确。明确的目标与学生的自觉性和主动性有很大的关系。呈现课程的第一步就是设计课程，清楚地阐明讲授和学习该课程的理由。[1] 在教学之前，教师要充分考虑教学目标和学习结果，将教学计划告诉学生。教师首先要向学生阐明目标应该是广泛的，广泛的目标能够提供更大的灵活性。其次在内容上应该是详细明确的，使学生清楚地知道学习结果将是什么。用口头的或是书面的方式向学生传达。在课程实施中教师还要不定时地提醒学生学习的目标。最后教师可以运用提问的方法引导学生自己阐述自己的目标或结果。

(四) 指导学生正确的学习方法

在学习不等于会学习，有的学生事半功倍，而有的学生则事倍功半，这就是会学习与不会学习的差别。学会学习是新课程改革的一项重要任务。很多学生每天花费很多时间在预习复习上，可总是不见效果，这可能就是没有掌握有效的学习方法。

1. 学会提问

学生从小接受的教育就是要遵守纪律，课堂上要认真听讲，禁止讲话，教师更

---

[1] [美] 罗伯特·斯莱文. 姚梅林译. 教育心理学 [M]. 北京：人民邮电出版社，2004：167—171.

多注重学生的接受能力和掌握能力，这无形中抑制了学生提问的积极性及主动发现问题、探究知识的能力。在学习的过程中，如果学生能够学会自己主动地去发现问题、积极地提出问题，那么就能够激励他们学习的主动性，对学生的学习会有积极的促进作用，并能够使学生主动热情地投入到学习中去。

2. 学会倾听

首先，翻转课堂最重要的就是课前的教学视频，这就要求学生认真倾听视频内容，同时进行深度思考和及时记录。遇到听不懂的地方可以暂停，重复听，甚至在短暂的休息之后接着听。其次，由于学生在翻转课堂中占据了主体地位，因此除了要像以前那样认真倾听教师的课堂讲解以外，还要善于倾听同学的提问和解答，倾听并参与同学之间的交流。学生能否做到认真倾听是影响整个教学效果的重要因素。

3. 学会协作学习

建构主义教学通常采用大量的协作学习，其理论构想是：如果学生互相讨论问题，那么他们更容易发现和理解复杂的概念。① 很多学生发现，和同学一起讨论课堂中的问题是很有帮助的，学生两两组合或者三四人一组，轮流概括所学知识。当一人概括时，其他人可订正出现的错误或者遗漏，然后再互换角色。

4. 学会反思

在教学过程中，要引导学生对一些问题进行反思。例如，在自学和课堂上听过的语法当时理解、懂意思、会造句，但是实际应用的时候就忘了用。教师可以引导学生反思这是为什么，是当时没有真正理解，还是因为没有语言环境造成的。教师还可以引导学生在一些日本电影、电视剧里找到类似的表达方法，考虑当时为什么没有想到这种用法。通过这些引导，加深学生对问题本质的认识，有利于培养他们的观察能力和分析能力。

（五）多元化的教学评价

对学生进行评价，其重要的功能之一就是给教师提供教学有效性的反馈。如果教师不知道学生是否掌握了教学的重点，那么教师便无法做出有效的评价。课堂中的提问、对学生的学习进行观察，这些都能给教师提供学生的学习情况。教师必须用某种方式定期地对学生的学习情况进行测查来确定自己的教学是否有效，哪些学生需要额外的教学辅导。学生则可以根据测验结果来检验自己的学习策略是否有效。②

---

① [美]罗伯特·斯莱文. 姚梅林译. 教育心理学 [M]. 北京：人民邮电出版社，2004：197—201.
② [美]罗伯特·斯莱文. 姚梅林译. 教育心理学 [M]. 北京：人民邮电出版社，2004：341-343.

1. 形成性评价

形成性评价的有效性取决于所提供信息的可靠性与正在进行的教学课程的联系程度、及时性和经常性等。[①]

（1）在单元课程结束后进行一些经常性的小测验，口头的翻译测验或简短的书面学习测验。

（2）是否能与小组成员达成一致，检测是否真的得到效果，是否有参与到小组成员的学习讨论当中；对于教师提出的问题是否能够解答并表达出自己的观点和想法；能否准确无误地听从教师的命令，并正确地展开活动，能否将所学的知识内化于心，能否做到意识和实践相结合，即做到知行合一。

2. 终结性评价

终结性评价是在教学单元结束后对学生的知识掌握情况进行的测验。终结性评价应该与形成性评价和课程目标紧密地联系起来。例如，在学期末，教师对学生进行统一测验，以此来检验他们对知识的掌握程度。但是学生的终结性评价并不是一次形成的，而是由多个形成性评价组成的。

---

① [美] 罗伯特·斯莱文. 姚梅林译. 教育心理学[M]. 北京：人民邮电出版社，2004：341-343.

第九章 多元化的日语教学评价体系

第一节 形成性评价

一、日语教学评价现状分析

目前，大学日语专业的教学评价主要依赖传统的终结性评价，也就是以考试成绩来评定学生的学习能力和教学质量。终结性评价虽然有很多优点，但是我们不可否认它的缺点。

（一）评价方式单一

有的教师对于教学评价的理解比较狭隘，他们认为考试就是教学评价。日语课程一般在学期末进行一次总评，采用的计算公式为：平时成绩＋期中考试成绩＋期末考试成绩＝总评成绩。从上面的公式我们可以看出，考试是主要的评价方式。这种评价方式只注重对学生学习结果的评价，而忽视了对学生学习过程的评价，不利于培养学生的学习兴趣和学习动力。

（二）评价主体单一

通常情况下，任课教师是教学评价的主体。学生总评成绩中的"平时成绩""期中考试成绩""期末考试成绩"都是由任课教师根据他们平时的出勤情况和考试的得分计算给出来的。学生并没有参与到评价的过程中来，从而忽视了学生的主体地位、主观能动性和创造力，不利于培养学生的自主学习意识和提高他们的综合应用能力。

（三）评价功能单一

尽管教师知道评价是教学一个重要的组成部分，但是有的教师却把评价看作检验学生学习结果和教学水平的手段。这说明，一些教师只看重评价的检验功能，通过分数给学生排队，得出学习好与坏的判断，通过分数给教师排队，得出水平高与低的判断。这种认识忽视了要发挥教育评价的改进作用和激励功能，不利于形成完整的教与学的圆环和促进教师与学生的双向相长。

二、什么是形成性评价

美国芝加哥大学的斯克里文（Scriven）教授在1967年提出了形成性评价这一概念。1976年，美国著名的心理学家布卢姆（Bloom）将形成性评价运用到教学活动中。国外很多的专家学者从20世纪90年代开始重视形成性评价在教学中的作用。与终结性评价相比，形成性评价注重对学生日常学习过程中的表现、所取得的成绩以及所反映出的情感、态度、策略等方面的发展做出评价，是基于对学生学习全过程的持续观察、记录、反思而做出的发展性评价[①]。我国的研究者从20世纪80年代便对形成性评价展开了研究。万勇在1983年将形成性评价这一理念引入教育领域。1995年，徐组清将形成性评价运用到英语教学实践中。此后，国内掀起了研究形成性评价的热潮。目前，研究形成性评价的路径有三种：第一种，从理论上对形成性评价的内涵、特点、运用于教学的必要性、指导原则、实施方法、作用等进行探讨；第二种，从不同课程的角度，研究形成性评价在教学中的应用策略。刘雨对英语专业综合英语课程形成性评价模式进行研究，李静提出独立学院综合英语课程形成性评价模式，郝永华对大学英语口语教学中实施形成性评价进行了研究；第三种，利用形成性评价促进教、学的策略研究。孙南南论证了形成性评价有利于学生语言能力的提高和自主学习能力的培养。从自主学习与形成性评价的关系入手，黄影妮探讨了如何利用形成性评价对学生自主学习能力培养的反拨效应。通过对江苏大学非英语专业本科生英语成绩评估体系的构建及实施效果的剖析，吴转利论证了形成性评价在大学英语教学中对学生自主学习能力培养的重要性。从目前的研究现状来看，国内的研究大多局限在定性分析和描述的层面，对理论和具体操作步骤的介绍较多，而实证类研究较少。另外，目前的研究主要集中在英语教学领域，有关形成性评价在日语教学领域的应用研究为数不多。尽管英语和日语在教学上有一定的共同点，但是两种语言属于不同的语系，有着各自的特点，教学内容的侧重点和学习方法有着明显的差异，因此我们有必要探索符合日语教学特点的形成性评价体系下的课堂教学模式。

三、研究形成性评价的意义

近几年，人才竞争越来越激烈，就业形势也越来越严峻，经济社会的发展需要高校在人才培养模式上进行创新，具有跨文化能力的应用型创新型人才受到用人单位的追捧。而教育质量的高低对人才培养目标的顺利实现有着直接的影响。因此，

---

① 林静. 形成性评价在高校课程评价中的应用[J]. 现代教育管理，2011(09)：66-68.

通过分析课程需求，合理安排教学内容，实施有效的教学评价，从而正确地进行教学，是外语教育改革和发展的必然选择。外语教育要加大力度研究国际前沿的教学方式，提升课堂教学模式的知识性、互动性、多样性、灵活性、拓展性，启发学生的学习兴趣，提高课堂教学效率。[①] 就传统高校教育而言，课程、教学、评价这三者之间形成了线性关系，即由课程计划开始，经过教学，最后以测验结束。在这种评价体系下，考试结果成为衡量学生学习好坏的唯一标准，而忽视了学习过程的重要性。无形之中，评价成为甄别学生的过程。在学生眼中，只看到分数的高低，却看不到自己在哪方面欠缺，更谈不上如何改进。这种评价体系无法真实地反映学生的语言技能、实际交际能力、学习过程中所表现出来的情感、态度、价值观、发展潜能等综合素质。要想让课程、教学、评价三者形成健康的、良性的互动，评价，尤其是日常教学中的发展性评价，应该和教学融为一体。作为教师，应该将课程和教学评价整合起来，体现在日常课堂教学中。这种"嵌入课程"的评价方式，正是将形成性评价运用到课堂教学中，从而全面客观地评价学生的外语综合素质。它既对学生的学习过程进行评价，又对教学过程的改进进行评价，体现了教与学的双向评价。形成性评价是为了能够让学生在现有的基础上不断进步和发展的一种评价方式。它有利于学生养成良好的学习习惯，培养他们的自主学习能力、语言表达能力、协调能力等。对教师来说，借助反馈回来的评价信息，能够及时反思教学中的不足，从而改进教学方法、提高教学质量。

四、形成性评价的案例应用

为了改变现有的评价方式，笔者与所在地区几所高校的日语专业的十余名教师展开了一次联合教学实验——在综合日语课程开展形成性评价实验。我们对传统的评价做出了调整，即形成性评价占60%，终结性评价占40%。评价过程中采取学生自评、学生互评、教师评价等手段来体现学习成果。

（一）确立形成性评价的内容和形式，使学生了解评价的内涵、功能、评价标准，从而积极参与到评价中来

除了对学习内容进行评价，教师还要对学生的日常学习表现，比如课外作业、日文发表的评价、小组学习情况等做出评价。与旧的评价模式不同，这种新的评价模式实现了评价主体的多元化。教师评价依旧发挥着重要的作用，但是不再是唯一的评价。从评价客体转变为评价主体，学生通过自评和互评能够及时地发现学习中

[①] 束定芳，王惠东. 外语课堂教学功能的重新思考与定位 [J]. 外语与外语教学，2004(08)：19-21.

存在的问题并做出改进。

（二）以培养学生听、说、读、写、译等能力的全面发展为基准，将评价的过程与"教"和"学"融为一体，突出以学生为主体的教学模式

日语教学过程中，积累词汇和语法至关重要。为了检测学生在某一阶段对日语基础知识的掌握情况，教师需要经常通过平时测试进行考查。在测试结束后，教师公布答案，让学生相互批改试卷。除了批改试卷，学生还要对试卷的作答情况做出总结。学生互评的过程可以帮助他们开展学习反思，不断提升学习效果。当学生互评以后，教师收回试卷，针对学生的语言知识掌握情况进行教学反思，对教学方法和教学策略做出及时的调整。与此同时，教师要对学生的学习情况做出客观公正的评价。在评价的时候，教师要坚持激励为主的原则，给予学生信心和动力。除了平时测试以外，我们还采取课前发表的形式检测学生对所学知识的运用和表达能力。为了完成好课前发表，学生课下利用互联网资源查阅资料，准备的过程就是学生自主学习能力提升的过程。发表结果主要采用教师点评的方式，指出学生发表内容的优缺点，并提出改正方法，真正体现一切评价要为了学生的发展、进步、提高。另外，在课堂教学中，我们引入了小组合作学习，将任务型学习和形成性评价有机地结合起来。教师将班级分成若干个学习小组，并将教学内容分解成若干个学习任务，分配给各小组来完成，在接受其他小组评价的同时进行自我评价。教学活动中，教师有目的、有计划地观察学生的学习行为，认真做好观察、评价记录，以不同形式及时向学生做出反馈，并收集、分析、研究、总结评价记录、评价结果，并观察、分析每个学生、学习小组的学习质量、学习态度、学习方法。

五、形成性评价的效果

传统的教学评价基于考试成绩，在这种重结果、轻过程的学习过程中，并不是所有的学生都能够获得鼓励、体验成功的快乐。有的学生失去了学习日语的信心和积极性，学习效率不高。在实施形成性评价的过程中，以学生为教学的主体，实行多元化的评价方法，而不是以分数论英雄，教师以评语、报告的形式呈现形成性评价的结果。这种评价方式维护了学生的自尊心，调动了他们参与教学活动的积极性和主动性。学生不仅成为课堂活动的主体，也是评价活动的主体。特别是那些日语基础比较弱、性格内向的学生，在这种新的评价模式下，他们能够发挥自己的优势，参与到教学活动中来，对自己和同伴进行评价。在整个教学过程中，多元的评价内容能够引导学生把握住学习的重点，掌握正确的学习方式，激发他们的学习动机，从而提高学习力和学习效果。通过多元化的评价方式，比如课前发表、会话表演、

小组发表等，学生不仅重视日语基础知识的掌握，还注重培养自己的语言运用能力。经过一个学期，学生们普遍反映他们基本上克服了听说方面的心理障碍，不仅敢用日语表达了，听说能力也提高了。

除了关注学生的课内学习过程，形成性评价还关注学生的课外学习过程、合作学习能力、综合学习能力。学生的综合素质和综合能力在开展形成性教学评价以后有了明显的提高。在小组合作学习的过程中，学生的团队协作能力、解决问题的能力、创新能力都得到了锻炼并有所提升。同时，教师的教学观念得到了更新，课堂教学紧紧围绕学生开展，教师由传统课堂的主宰者转变为学生学习的引导者、参与者、合作者。教学评价也不再是教师的"一言堂"，而是教师、家长、学生共同参与其中。教师的评价要和日常的教学活动结合起来，根据形成性评价中学生学习效果的反馈，对教学策略、教学方法做出及时的调整。师生之间进行对话的机会越来越多，教师及时掌握了学生的学习情况，了解到他们的学习需求，学生则理解了教师的良苦用心。教师和学生之间建立起了信赖，能够有效地促进教与学。

总而言之，新的教学模式下，师生在教和学方面都得到了改进，真正实现了"双赢"。然而，在开展形成性评价的过程中，还有一些问题有待解决。第一，在多元化的评价体系下，学生虽然作为评价主体参与评价，但是，有一些学生还不能很好地把握评价标准，做到准确、合理的评价。第二，教师能否摆脱传统的主宰者的角色，在形成性评价过程中拿捏好自己的评价范围，既不能当"甩手掌柜"，也不能过分参与评价。第三，评价目标的合理设定。评价目标具有提供评价依据与记录载体的重要功能，但同时又有其不足之处。若评价目标设定过多，就会增加评价负担，使评价目标难以把握；若评价目标太少，又会影响评价的公正性与全面性。

第二节　表现性教学评价

一、学习目标与表现性评价

传统的日语学习目标重视语言知识的传授，以终结性评价来检测学生的学习结果，无法对学生的综合能力做出全面的评价。为了改变这种现状，日语专业教育必须从转变教学理念、更新学习目标做起。为了顺应新时代社会对高校人才培养的新需求，我国制定了《普通高等学校本科专业类教学质量国家标准》。按照这个标准，学习目标要求具备三个要素：可观察行为、表现条件、达成标准。可观察行为指的是通过教学后学生能做什么（能说什么）；表现条件指的是完成行为所需要的条件，

由辅助手段、信息提供、时间限定、情境等组成；达成标准指的是行为的准确性或者结果满意度[1]。我们从新的学习目标能够看出来，它是"做"什么，而不是"知道"什么。传统的终结性评价无法全面地评估学生实践、解决问题、交流合作等能力，因此需要将表现性评价加入评价体系中，从而对学生的学习过程进行考查。以学习目标为依据，表现性评价由两部分组成，即任务和评价，用来检验学习目标的达成度。日语教学中的表现性任务指的是教师根据学习目标和教材内容，设计真实或者模拟的交际场景以及需要完成的具体行为，让学生运用既有的语言能力，完成实际或者接近于实际交际的各种语言活动、解决生活中的实际问题等。表现性任务包含学习目标的三要素，教师在设计教学任务的时候，需要根据学习目标制订相应的评价标准。围绕着学习目标，表现性评价要求学生重新组合已经掌握的语言知识，在具体情境下通过知识的迁移完成表现性任务。表现性评价不仅重视结果，也重视过程，它对操作行为做出评价。因此，教师在制订评价标准的时候一定要体现出学生完成行为的过程。

二、表现性任务和表现性评价标准

（一）表现性任务的设计

与自然习得环境相比，教室二语习得环境的日语学习进行信息输出和相互交流的机会比较少，教师需要设计与实际交际活动接近的表现性任务，比如演讲、发表、角色扮演会话、完成课题、短剧表演、辩论等，为学生创造开展语言活动的机会。表现性任务需要以明确的语言对行为做出描述，并且对行为过程和行为结果进行测量和评价。我们可以以日本国际交流基金《JF 日语教育标准 2010》（以下简称 JF 标准）作为参照的标准。JF 标准中的 JFCan—do 设定了日常生活中可能涉及的 15 个话题，将语言活动分为 4 大类，即接受理解、信息输出、交流互动、中介语言活动。JFCan—do 对语言活动的描述包括行为、条件、话题、场景和对象等要素，并对行为需要达到的标准进行了明确的陈述。表现性任务所需要的要素在 JFCan—do 的描述中都得到了体现，因此 JFCan—do "信息输出"和"交流互动"的各项语言活动可以作为我们设计表现性任务的参考依据。

（二）表现性评价标准的制订

表现性评价不仅重视过程，也重视结果，教学和评价是整合在一个整体里的。

---

[1] 李锋. 基于标准的教学设计理论、实践与案例[M]. 上海：华东师范大学出版社，2013：23–25.

美国评价专家斯蒂金斯（Stiggins）认为，任何课堂教学质量最终取决于课堂教学所运用的评价的质量，如果评价能够在课堂层面得到良好的运用，那么学习将会得到极大改善[①]。因此，在设计表现性任务的时候，教师必须制订能够描述学生行为完成的准确性或结果满意度的评价标准。当学生接到任务时，他们能够了解学习目标的具体要求，并围绕学习目标进行各项准备工作、展开学习。我们可以参考JF标准来制订评价标准。参照《欧洲语言共同参考框架学习、教学、评估》JF标准设定六个水平等级（A1、A2、B1、B2、C1、C2），对各等级能够完成的行为进行了具体描述。如果行为的等级相同，则会从内容·活动、话题展开、流畅性、词汇·语法、发音五个加以细化，并在每一项的下面设置四个明确的档次，即尚需努力、接近目标、达成目标、超越目标，对日语学习者的语言能力、语言活动能力做出全面的评价。教师可以参考JFCan—do来制订评价标准。在这里我们需要指出的是，对于各个水平等级的界定，JFCan—do的评价标准是非常严格的。教师在对学生进行评价的时候，并不需要将学生的语言能力和JF标准中的等级去对标，而是要立足教学实际，使同一课程的不同课次具有统一性和连贯性，借鉴JFCan—do制订符合我国国情的日语教学的学习目标和学生能力的评价标准。

三、教学案例及实施标准

笔者所在学校从2016年开始进行日语教学改革，将大一、大二的精读课和会话课整合在一起，每节课的教学分为三个阶段。精读课负责第一、第二阶段的内容，会话课负责第三阶段的内容（见表9-1），以便每个学生都能够在课堂上展示自己的学习成果。经过四年多的教学实践，学生的语言运用能力和综合素养都有了很大的提高，大部分学生对这项教学改革是持肯定态度的。接下来，笔者将从个人演讲、角色扮演会话、小组完成课题三个方面来介绍表现性评价在日语教学中的应用。

表9-1 基础日语课堂教学活动三阶段

精读课	第一阶段： 明确目标和任务	教师和学生确认该课学习目标，布置表现性任务，发放评价标准，让学生在开始学习之前就了解目标、过程及对结果的要求
	第二阶段： 知识输入	该课学习目标所需要的词汇句型等语言知识。表现性任务的参考模板（会话、表现理解）
会话课	第三阶段： 知识输出	表现性任务的实际操作，也就是"角色扮演会话""课题"等 填写评价表，检验学习目标达成度。发现问题，及时修正学习策略

[①] 李锋. 基于标准的教学设计理论、实践与案例[M]. 上海：华东师范大学出版社，2013：23-25.

（一）教学案例

1. 个人演讲

我们以用日语讲述城市变化和自己的感受的个人演讲为例（见表9-2）。

表9-2　个人演讲表现性评价教学案例

课程：会话1 对象：大一第一学期的学生			
学习目标：能用简单的日语讲述城市的变化以及自己的感想。			
表现性任务：演讲 在聚集了来自不同国家或地区听众的场合，能够在事先有所准备的情况下，就居住的城市的变化、出现的环境问题等话题，运用简短的表述脱稿进行3分钟左右的演讲，并能理解听众提出的问题，做出简单的回答			
评价方式：自我评价			
评价标准			
尚需努力	接近目标	达成目标	超越目标
能够勉强完成演讲，会出现停顿、看稿等情况。回答问题时，需要得到教师的帮助才能理解提问内容，无法以完整的句子回答问题。语音、语调不太准确。对自己的表现没有自信	能够脱稿完成演讲，偶尔会出现停顿。提问环节基本能听懂问题，但是回答问题时无法完整表达自己想要说的内容，会出现词穷，某些地方发音不够准确。对自己的表现不太有自信	能够脱稿，比较自然、顺畅地完成演讲。能够理解提问内容，并且比较简单地回答。语言语调基本准确，对自己的表现有自信	能够脱稿自然、流畅地完成演讲，一气呵成富有表现力。能够充分理解提问者的意图，且结合个人的感受比较完整地回答提问。语音语调规范准确，对自己的表现很有自信

2. 角色扮演

我们以讲述异国文化体验这个主题来设计角色扮演教学任务。需要两名学生组成搭档进行表演，在完成表演后进行自我评价。按照JFCan—do A2的水平界定，教师注重评价学生的行为过程，同时将语言能力列入评价项目（见表9-3）。

表9-3　角色扮演表现性评价教学案例

课程：会话2 对象：大一第二学期的学生
学习目标：能够使用简短的表述，就异文化体验这一话题列举简单的实例和朋友进行交流，提出并回答相关问题

续 表

表现性任务：角色扮演会话
卡片 A：你刚从海外留学（旅游）归来，在留学生中心举办的交流会上，邂逅久违的朋友 B，请向他（她）比较简单地讲述一下异国文化体验的经历，并回答对方的相关提问
卡片 B：你是大学生，在留学生中心举办的交流会上偶遇朋友 A，在听了他（她）讲述的异国文化体验后，就自己感兴趣的话题进行提问，在得到对方的回答之后，简单表达自己的想法

评价方式：自我评价			
评价标准			
尚需努力	接近目标	达成目标	超越目标
A：能够勉强讲述异国文化体验，但经常出现停顿、重复、词穷等情况，需要对方提醒才能非常简单地表述。 B：基本能够理解对方的讲述，但是无法就异国文化体验提出问题。两个角色对自己的表现都没有信心。在语音语调及语法方面，出现比较多的错误	A：基本能够讲述异国文化体验，偶尔会出现停顿、反复等情况，虽然句子组织不完整，但是能够简单地讲述异国文化体验的经历，勉强能够回答对方的提问。 B：听了对方的讲述后能够提出非常简单的问题，但无法表达自己的感想。对两个角色的完成度都不太自信。在语音、语调、语法运用方面，出现了一些问题	A：能够比较流利地简单讲述异国文化体验的经历，对方的提问也基本能够回答。 B：在听完对方的讲述之后，能够提出简单的问题，并发表自己的想法。能够比较自信地扮演两个角色，语音语调基本准确，很少有语法错误	A：能够自然流畅地简单讲述异国文化体验的经历，对于对方的提问也能够结合自己的体验做出比较完整的回答，并提出自己的观点。 B：在听完对方的讲述之后，能够发表感想，并以对方非常容易理解的方式提出相关问题。能够轻松扮演两个角色，并适时给对方以帮助。语音语调准确，基本没有语法错误

3. 课题

我们以理解日本传统文化为例，从四个方面制订评价标准，即内容、结构、表述、合作，要求学生在集体讨论后填写自评表和他评表。尽管考查的是整个小组，但是个人的表现对整个团队的评价有着直接的影响。这种评价对于培养学生的团队意识是有帮助的（见表9-4）。

表9-4 完成课题表现性评价教学案例

课程：会话2 对象：大一第二学期的学生
学习目标：在阅读了茶道等介绍日本传统文化的文章后，能够理解、整理相关信息并使用比较简单的表述和同伴合作完成该主题的口头发表。

续表

表现性任务：完成课题				
课题：按照下列步骤，调查日本的传统艺能或者传统文化，在班内完成发表 (1) 小组成员商量确定调查主题 (2) 分别从互联网、杂志、报纸等收集相关文章、图片或者影像资料，和小组成员分享 (3) 小组成员讨论发表方案，制作发表用PPT，确定课堂发表时各自承担的工作 (4) 协作完成课堂发表（包括回答问题环节） (5) 按照评价标准，进行小组自评和互评，并听取教师点评				
评价方式：小组自评、小组互评				
评价标准				
尚需努力	接近目标		达成目标	超越目标
能够对日本传统文化进行比较简单的介绍，但是PPT结构不够合理，对所获信息缺乏整理与分析，表述不流畅，不完整，难以传递应有的信息。成员之间缺乏配合，各自承担的工作没有统一性。对其他小组的发表不太感兴趣，参与度不够	能够收集相关资料，比较简单地介绍日本的传统艺能。小组成员分工较明确，PPT内容比较丰富，但是在结构及版面设计方面尚有欠缺。语言表达不够流畅，影响了部分信息传达的准确性。对其他小组的发表能够提出简单的相关问题		能够从历史变迁、表现形态、传统特色等角度，对日本的传统艺能进行归纳、整理与分析，并能阐明观点。PPT结构合理，版面清晰，相关文章或者影像资料运用得当。小组成员配合默契，分工合理。能够比较好地回答相关提问。对于其他小组的发表能够结合个人想法，提出比较具体的问题	能够从历史变迁、表现形态、传统特色等角度，结合我国的传统艺能，对中日两国传统文化的异同进行比较与分析，内容翔实，观点明确。PPT结构合理，版面设计美观而富有创意。小组成员配合默契，分工合理，表述生动、流畅，具有整体感，能够创造性地完成课题。同时，能够很好地举例说明回答相关问题。对于其他小组的发表能够提出比较有深度的问题

演讲和角色扮演是以自评形式对个人能力进行评价，而课题则是以自评和互评形式对小组合作做出评价。通过个人和小组、自评和互评相结合，能够比较全面立体地反映学生的综合能力。教师在设计表现性任务的时候，并不一定要遵循固定的框架，只要紧紧围绕学习目标，组织形式多样的教学任务，使学生在教学活动中能够提高语言运用能力，体会到日语学习的快乐。教师还可以在评价表中加入感受类栏目，以记录学生在学习过程中的心得和感悟。

（二）实施步骤

我们在实施表现性评价的过程中需要注意如下三点：第一，教师在实施评价之前，要充分思考表现性任务是否具有可操作性、评价标准是否合理，以保证表现性评价的顺利实施；第二，教师要对学生任务的完成过程进行"监控"，以观察学生在行为过程中的表现，比如提交录音、报告书、PPT等；第三，教师要对评价结果做出及时而有质量的反馈，以帮助学生解决学习过程中遇到的问题，起到促进学生更好学习的作用。笔者建议将评价表放入学生的学习档案袋，以提高学生对评价的重视程度，也便于他们回顾学习过程、体会进步、发现问题。通过评价表，教师能够全面地了解每个学生的实际情况和他们的综合能力，为他们的成长成才给予个性化的指导和帮助。具体实施步骤见表9-5所示。

表9-5 表现性评价实施步骤

步骤	实施内容
一	教师和学生确认该课学习目标，布置表现性任务，发放评价表，说明达成目标的具体要求
二	学生在该课语言输入活动结束后，以个人、结对或小组的形式实施表现性任务
三	表现性任务完成以后，根据任务要求，个人填写自评表或者小组填写自评和互评表
四	教师在阅读评价表以后，给出书面反馈意见或与学生面谈
五	学生通过评价结果和教师的反馈，反省问题，修正策略，明确方向
六	教师将评价表放入学生个人学习档案。评价结果作为平时成绩的一部分，纳入期末总评

四、学生的反馈

为了调查表现性评价的实施效果，笔者对所在学校大一、大二的学生进行了问卷调查。大一学生的调查问卷主要针对自我评价，大二学生的调查问卷还加入了与任务设计有关的问题。

（一）关于评价标准

对于在课堂教学中引入自我评价，同大一的学生比起来，大二学生的认可度并不高，特别是日语语言能力比较弱的学生，他们不太愿意直面学习中遇到的困难，不愿寻求解决问题的方法。但是从总体上来看，大部分的大一、大二学生认为自我评价是有必要的，它能够帮助自己提高日语的运用能力。超过一般的学生认为评价标准是合理的，有的学生则对设定的水平档次提出了自己的意见，他们认为分成三档是比较好的。有近三分之一的大一学生认为"超越目标"这一档可以去掉，这主要是因为他们很难达到这一水平档次，心理上会产生挫败感。17%的大二学生也赞同这一观点，但是他们中23%的人认为"尚需努力"是不需要的，因为几乎没有学生会选择这一水平档次。可见，部分大二学生对自己的日语表述能力是很有信心的。

(二)关于自我评价的作用

从表9-6我们能够看出,大一、大二学生认为第2项和第5项是自我评价最大的作用,有超过七成的学生选择这两项;有八成的大一学生和超过一半的大二学生选择第3项,可见两个年级的学生都比较重视自我评价,他们通过自评能够对学习进行反思。与大二学生比起来,大一学生确认学习目标的意识要更强一些。第1项和第7项是大一、大二学生分歧最大的两项,大一学生的选择比例分别为0%和5%,而大二学生则分别达到了52%和64%,两个年级的学生形成了鲜明的反差。由此可见,与大一学生比起来,大二学生在课内外的互动交流要多一些,通过自评能够对学习状态做出客观的解读。笔者和一些大一学生进行了面谈,发现他们中的很多人还没有从高考的模式中走出来,还在适应新的学习环境,对于日语专业的学习方法还没有掌握好,有的学生在学业上表现出焦虑的心态,缺乏自信心。从统计数据上看,除了要提高学生的语言表述能力以外,教师还要通过实施表现性任务帮助学生多与同学进行沟通交流,让他们在团队合作中享受互助的乐趣,找到归属感。对于那些不自信的学生,教师要借助自我评价多多鼓励他们,使他们能够体会到自己在学习过程中取得的点滴进步,获得更多的学习动力,更加自信。

表9-6 表现性评价问卷调查统计表(一)

选项	表现性自我评价对你有什么帮助?可多选。	大一(%)	大二(%)
1	有助于促进同学之间的课后互助学习	0	52
2	有利于及时发现学习中存在的问题	90	91
3	帮助我检验是否达成了每节课的学习目标	80	53
4	帮助我明确今后努力的方向	15	11
5	提高了我自主学习的热情	70	76
6	帮助我把学习重点置于交际能力的提高	20	44
7	能够体会到自己的进步,带来更多的动力	5	64

(三)关于任务类型和任务内容

从表9—7可以看出,角色扮演和课题是学生比较喜欢的语言活动,被调查的学生超过六成喜欢参加这两项活动。在问卷调查后的个人采访中,表示喜欢角色扮演者是因为设定的任务和教材会话文内容比较接近,有可供参考的模板,完成起来比较有把握,可以达到或者超越学习目标,而喜欢课题是因为通过小组活动能够获得更多的信息，PPT发表不仅能够提高自己的语言能力，还能锻炼自己的胆量，对于今后就业或者升学都有帮助。由此可见，学生希望表现性任务是易于操作、有益于今后个人发展的活动。在学生自填的意见中，有5条比较集中的反馈（笔者进行了整理）。超过六成的学生对于会话课的任务内容设计表示基本满意，但是第2条和第3条表明有的学生认为任务的设定与现实脱节、缺乏乐趣等，第5条则提醒教师在设计任务的时候，应该多多考虑学生的需求，给予他们一定的选择权和决定权，使他们成为学习的主人。

表9-7 表现性评价问卷调查统计表（二）

第一题	你喜欢哪种语言活动？	演讲：11%；角色扮演会话：35% 小组讨论：17%；完成课题：26% 其他：动漫配音 6% 舞台剧表演 3%
第二题	你认为本学期会话课的任务设计内容如何？（学生自填）	1. 话题丰富，形式多样，有助于语言表述能力的提高。63% 2. 有些活动脱离实际生活，感觉很难和同伴互动。18% 3. 有些话题过于严肃，没有感受到语言交流的乐趣。14% 4. 部分角色扮演会话的设定过于具体，不能自我发挥。9% 5. 希望教师让学生自己决定活动内容。27%

第三节 混合式教学评价

一、教学功能的分类与评价

作为高校教学中重要的一环——教学评价是绝对不能缺少的，因此，建立一套客观、科学、全面的教学评价体系是高校在实现教学目标的过程中要下大力气做好的一件事情。我们从近几年国外大学教学评价体系改革的趋势能够看出，评价功能在本质上发生了变革。评价不再仅仅是甄别和选拔学生，而是促进学生潜能、个性、创造性的发挥，使每一个学生具有自信心和持续发展的能力。[1] 可以说，在培养学生的过程中，教学评价起着很重要的作用。那么教学评价的本质到底是什么呢？有研

---

[1] 刘尧. 大学教学应实施发展性评价 [J]. 中国电子教育, 2006(04): 1-4, 8.

究者认为，教学评价是根据教学目标对教学过程和结果进行的价值判断，并服务教学决策的活动，是研究教师教学和学生学习的价值过程[①]。从功能来开，教学评价主要分为诊断性评价、过程性评价、终结性评价等。通常情况下，诊断性评价指的是教师在讲授具体内容之前，对学生的专业知识、技能水平、概念掌握等综合因素进行预判，为因材施教做充足的准备；过程性评价指的是教师根据学生在教学过程中的反馈和意见，推进教学；终结性评价指的是在教学活动结束以后，教师对教学效果做出评价。它是评估教学质量的一个重要指标。

二、构建混合式教学评价体系

教学评价指的是以教学目标为依据，制订科学的标准，运用一切有效的技术手段，对教学活动及其结果进行测定、衡量，并给以价值判断[②]。笔者经过多年的教学探索，将过程性评价、终结性评价、实践性评价三者结合起来，从课前、课中、课后、考试成绩、比赛考级结果等五个节点构建混合式教学评价体系（见表9-8）。具体讲解如下：

表9-8 混合式教学评价体系

评价功能	评价标准	评价内容和方式	评价主体	权重（%）
过程性评价	参与度	登录教学平台频率	教师	5
		教学时长		5
		经验值		5
	互动性	头脑风暴	教师和学生	5
		课堂作答		5
		小组汇报		5
	目标达成	拓展练习完成情况	教师	5
		拓展练习准确率		5
终结性评价	期中考试	综合测试、知识掌握	教师	15
	期末考试			35
实践性评价	日语能力等级考试	专业综合掌握	社会	10
	技能比赛			

[①] 冯利英，任良玉，刘益东.高校教师课堂教学效果评价存在的问题及对策[J].上海教育评估研究,2014(02):19-23.

[②] 何克抗，林君芬，张文兰.教学系统设计[M].北京：高等教育出版社,2006:25-28.

（一）过程性评价

从课前、课堂、课后三个节点，过程性评价对学生的学习参与度、互动性、目标达成情况做出评价。通过互联网教学平台的资源上传、问卷、头脑风暴、作业、答疑讨论、经验值统计等功能，笔者在教学过程中对学生的学习数据进行收集，据此动态地评价学生线上课前预习阶段、线下课堂讲授阶段、线上课后复习阶段的表现，从而及时掌握学生的学习动态。在线上课前预习阶段，主要评价学生完成笔者事先上传到互联网教学平台的预习任务的完成情况。在这个阶段，笔者统计了学生登录互联网教学平台的次数，观看微视频、微课件的时长，学习平台资源获得的经验值等数据，分析了学生参与学习的主动性和积极性，评价了学生的学习参与度。在课堂讲授阶段，笔者着重评价了学生的课堂表现，为了更好地进行师生、生生互动，笔者通过头脑风暴、课堂作答、小组合作汇报等方式开展教师评价、学生自评、学生互评，对学生的团队合作能力、语言表达能力、自主学习能力进行考察。课后复习阶段是对课堂教学阶段知识的吸收和消化阶段，同时是学生梳理知识点、查漏补缺的阶段[①]。在学生完成并提交互联网平台上发布的课后拓展练习时，笔者根据学生的完成度和准确率评价他们学习目标的达成情况。

（二）终结性评价

终结性评价主要以传统的期中、期末考试的形式来进行测试评价。教师可以将期中考试和期末考试作为每学期授课教学效果的终结性评价，主要评价学生对每学期所学知识的掌握情况和综合运用能力。

（三）实践性评价

实践性评价侧重于对学生参加技能类比赛的实际成果、国际日语能力等级考试的通过率展开评价。日语是一门应用型学科，学生在大学期间要参加国际日语能力等级水平考试，也会参加一些省内外各级别技能类比赛。在参加考试及参与比赛的过程中，学生需要运用自己平时所学的日语知识，不仅测试了他们的日语综合能力，又促使其内化吸收并真正掌握自己所学的知识。教师可以根据这些来评价学生的专业综合素养。

---

① 许蓓蓓. 大数据背景下日语阅读课程混合式教学模式改革探索 [J]. 文教资料, 2018 (30)：238–240.

第四节 "OPI"评价体系

一、"OPI"评价体系研究综述

（一）"OPI"是什么

"OPI"是 Oral Proficiency Interview 的缩写形式，意为"外语面谈口语能力测试"，它来自美国外语教育协会开展的一对一会话能力测试。"OPI"语言能力测试的评价基准是：在掌握"听""说""读""写"四项基本技能的基础上，从综合课题/应变、情景·话题、教科书的类型、语言准确性四方面对个人语言能力进行分析评价。

（二）"OPI"是如何形成的

20世纪80至90年代末，为了测定外语学习者的交流能力水平，英语能力测试"ACTF-OPI"的语言评价观点受到了各国语言教育者的关注。在日语教学领域，人们也发出了这样的声音：研究运用日语能力的必要性并不在于知识积累的多少。日语教学的关注点在于"培养学习者沟通交流能力"，因此以实践为主的日语交流能力的日语教学模式开始受到越来越多的教师的关注。有的日语研究者以"ACTFL-OPI"，也就是 OPI 的理论概念为基准，主张以语言能力学习为中心，在实践中自然地表达日语能力。他们认为，实践是人们提高日语能力不可或缺的条件。因此，基于 OPI 理念，一些日语学者在对学习者进行日语能力测试的时候将侧重点放在了学习者的日语实践能力上，逐渐形成了"OPI"日语教学评价体系。

（三）"OPI"的四要素

从本质上讲，"OPI"只是一种会话测试，而不是一种评价方式。但是它能够对人们的语言能力和语言习得的情况做出评价，并且适用各种语言。也就是说，"OPI"可以作为一种语言学习的基准对学习者进行评价。在日语教学中采用"OPI"这种评价体系，我们需要注意以下四个要素：

1. 综合课题/应变

综合课题/应变是对学生学习应变能力的考查。在学习的不同阶段，综合课题/应变有着不同的评价要求。在初级阶段，学生还没有形成日语语言机能，教师可以通过让学生背诵高频语句、常用表达来评价他们掌握日语的程度。在中级阶段，学生能够在教师给出的情境中流利地进行表达。尽管学生可以完成会话，但是他们没有获得会话的主导权。在高级阶段，学生能够进行详细的说明和叙述，并且能够应对突发状况。在超级阶段，学生的表达能够更加深入，利用假设法应对语句的不连贯。

2. 情景·话题

以情景·话题为评价要素来划分学生的学习水平。在初级阶段，教师宜采用贴近学生生活的寒暄语对他们进行考查。在中级阶段，教师可以采用贴近日常生活的会话。在高级阶段，学生能够使用简略的方式进行会话，并且在正式的场合使用恰当的语言。在超级阶段，无论是在正式的语言环境，还是在非正式的语言环境，学生能够就抽象的、专业的话题展开交流。

3. 教科书的类型

通过日语教科书的类型，对不同阶段的学生进行评价。在初级阶段，应该使用侧重词汇、句子学习的教科书。在中级阶段，使用侧重注重学习文章的教科书。在高级阶段，应该使用培养学生把握文章段落的能力的教科书。在超级阶段，使用培养学生分析复杂文章段落的能力的教科书。

4. 语言准确性

教师可以从"语法""词汇""发音""社会语言学能力""语用能力""流畅性"这六个方面来评价学生语言的准确性。笔者将各阶段评价标准的内容整理如下（见表9-9）。

图9—9　语言准确性的评价基准内容

	语法	词汇	发音
初级	因为只是初步学习一些词、句，所以基本够不上语法学习	使用一些需有意背诵的基础词汇和寒暄用语	由于受母语的强烈影响，学生很不习惯日语发音
中级	能够较好地掌握高频率出现的句子结构	可以使用具体的实用基础词汇	学生逐渐习惯日语发音
高级	可以在会话中使用语法，对段落进行概括和总结	可以运用部分抽象词汇	学生可以听懂并理解日语，但仍会受到一些母语的影响
超级	基础语法的使用基本不会有严重的失误，但对一些不常见的语法的使用会有错误	词汇丰富，可以灵活运用抽象词汇	学生在听、说方面的发音无障碍，受母语影响的痕迹几乎没有了
	社会语言学能力	语用能力	流畅性
初级	仅会使用背诵的语言进行表达	基本没有语用实践能力	语言不流畅
中级	可以运用简体和敬体	不能很顺利地依次转换话题	语言不顺畅的地方很多，很难独立完成流利的会话
高级	有可以进行重要演讲的水平。敬语方面，只能很好地运用部分敬语	可以很顺畅地相继转换话题	虽然有时会有语言表达不顺畅的情况发生，但是可以独立进行流利的会话交流

续 表

	社会语言学能力	语用能力	流畅性
超级	可以以浅显易懂的方式表达语言，可以正确地使用敬语	对话题转换、抓住信息主旨、语言关系状态等可以巧妙地灵活运用	所有会话语言都十分流畅

二、如何看待"OPI"评价体系

"OPI"评价体系作为一种把握目标达到程度的评价标准，适用评价各种语言的学习。它并不注重知识储备的多少，而是关注语言实践运用能力的掌握情况，突出强调语言实际运用能力的必要性。从20世纪80年代开始，日语教学开始引入"OPI"评价体系，引起了越来越多的学者和一线教师的关注。学界对"OPI"评价体系的理论研究也比较多，比如OPI理论的方式技巧、展示OPI理论研究内容的妥当性、OPI评价体系的教学应用等。由此我们可以得出这样一个结论，"OPI"评价体系作为一种日语教学评价体系，其评价方式和评价内容是具有可行性的。"OPI"评价体系适应了时代发展的需要，成为评价社会所需人才的一种基准。另外，有的学者认为，"OPI"理论作为一种评价体系，其体现的教育理论知识应该更具专业化和系统化。我们应该承认，"OPI"评价体系在固定化、限定化、项目化等较难解决的评判上存在界限不清和彼此矛盾的不足，因此我们在日语实践教学中应该不断完善"OPI"教学评价体系。

第五节 "Can-do"评价体系的实践教学

一、什么是"Can-do"评价体系

Can-do是JF标准对语言能力和语言活动进行不同分类后的详细描述。"Can-do"指的是使用日语胜任和完成任务的能力和日语语言使用的熟练程度。"JFCan-do"首先提出了"日语熟练程度"的说法，在设想了日语的使用场景和具体的语言活动的同时，还根据语言的熟练程度进行了等级划分，分别包括A1（入门级）、A2（基础级）、B1（进阶级）、B2（高阶级）、C1（流利运用级）、C2（精通级）。由浅入深、循序渐进地表现了日语学生从简单的短句到兼顾听者感受的口头语言运用能力的发展和进步。随着等级的逐级提高，语境和场景逐渐复杂，话题及任务的难度逐步提升，教师可以通过每个阶段相关标准的具体内容，对现阶段的教学情况做出评估，学生则可以

对自己的语言能力进行准确定位,进而明确今后的学习目标,提高语言的实际运用能力。

二、"Can—do"评价体系在基础日语中的应用

(一)以"My can do list"为依据制订教学计划、方案的理论概述

"My can do list"是在"Can-do"理论的指导下,制订一个适合自身教学条件、教学内容、教学对象的教学计划、教学目标以及评价方法。它主要解决在教学中"能做什么、可以做什么"的问题。通过"Can-do"体系可以制订教学计划、评价教学效果,还可以以"Can-do"为基础实施一些激发学生学习动机的调查活动。在制订教学计划方面按照"Can-do"的几个步骤进行设计。首先确定教学目标,然后选择在这个教学目标下想做的一些教学活动,再选择活动方式、活动步骤,最后实施教学活动。在评价教学效果时,教师可以根据教学需要,以"Can-do"标准为依据,分别制作阅读、写作、听力、口语等方面的具体评价表格。评价表格分为自我评价表、教师评价表、师生共评表等。在激发学生学习动机以及对学生进行的调查方面,主要是通过调查学生目前的学习心理状况、分析他们在目前阶段学习的动力来源,从而研究个体学习动机的差异。通过调查、分析、总结出个体学习动机的共同点,这个共同点就是教师进行课堂设计和教学活动的重要参考。日语教师借助这些分析数据,可以巧妙地制订教学计划、合理地安排教学步骤,以达到最佳的教学效果。

(二)教学对象

笔者以本校2019级大一日语专业A班和B班的学生为教学对象。

(三)教学方法

笔者使用相同的教材,以同样的学时教授两个班级大一第一学期的课程。A班以传统的日语教学方法进行教学,B班采用"Can-do"理论指导的教学方法,具体教学方法如下(见表9-10):

表 9-10　两种教学方案对比表

教学内容	比较项目	A 班	B 班
第1课	教学目标	掌握判断句	能够介绍自己的房间

续　表

教学内容	比较项目	A班	B班
第1课	教学活动	讲解新单词、判断句、基本课文、处理课后练习	1. 教师提示判断句型 2. 学生通过共同商讨学习，小组内相互用简单的语言介绍自己房间的布局 3. 组员代表在班内发表
	教学评价	以学生课堂造句、课后练习准确与否作为教师评价学生以及教学效果的依据	1. 个人自我评价 2. 组内互相评价
第2课	教学目标	掌握描写句	能够写一篇题为"秋天来了"的短文
	教学活动	检查背诵第1课课文。讲解形容词单词、描写句、基本课文、处理课后练习	1. 学生自主单词学习 2. 教师提示形容词的变换活用规律 3. 写一篇80词的关于秋天的短文
	教学评价	以学生课堂造句、课后练习准确与否作为教师评价学生以及教学效果的依据	1. 学生提交短文的同时，提交自己评分表 2. 教师修改批注回复评价
第3课	教学目标	掌握动词句	能够表达我一天的生活
	教学活动	听写第2课单词。讲解新单词、动词连用以及动词句、基本课文、处理课后练习	1. 学生向教师提问预习时不懂的单词 2. 听录音并大声朗读课文 3. 分组讨论自己一天的生活，在课文、课后练习中找到有关联的句子，整理润色之后小组内发表
	教学评价	以听写单词正确率、课后练习准确与否作为教师评价学生以及教学效果的依据	1. 根据学生的提问教师分析对比学生的预习效果 2. 教师以学生能否用简单的语言，错误较少且清楚的表达为据评价学生的发表效果 3. 学生小组内互评，互相交换评价结果
第4课	教学目标	掌握判断句的过去形式	能够向同伴描述去年"我的生日"
	教学活动	检查背诵第3课课文。讲解个别新单词、判断句的过去表达、基本课文、处理课后练习	1. 教师提示判断句过去形式 2. 学生小组内商讨"我的生日"的内容，以及表达方法 3. 小组代表以"我的生日"为题口头发表
	教学评价	以学生背诵课文熟练程度作为教师评价学生以及教学效果的依据	1. 将课文内容摘要制成问题调查表格，按学生回答的情况，评价学生的自我学习的监控能力 2. 小组代表发言时，其他几组填写评价评分表

第九章　多元化的日语教学评价体系

续　表

教学内容	比较项目	A 班	B 班
第5课	教学目标	掌握"花费时间"的说法	能够"去超市购物"
	教学活动	讲解新单词、句型语法、课文、处理课后练习	1. 学生代表课上讲解"花（时间、金钱）的表达方式" 2. 学生尝试表述花钱和花时间 3. 课文对话分角色朗读 4. 将收集到的超市购物指南或促销宣传单等活教材发给学生，学生小组内分角色扮演"去超市购物"
	教学评价	以学生造句、课后练习准确与否作为教师评价学生以及教学效果的依据	1. 利用活教材为学生创造信息差，从而得出各不相同的结论，得出不同的评价。 2. 学生小组内填写自评表 3. 学生上交自评表，教师回复评价，并根据评价分析整理下一步教学
第6课	教学目标	掌握存在句	能够介绍"我的家乡"
	教学活动	背诵第5课课文、讲解新单词、存在句、基本课文、处理课后练习	1. 教师使用判断句、存在句介绍自己的家乡，提示学生提取教师发表的主要信息 2. 小组内讨论并给列表介绍自己的家乡 3. 学生写一篇题为"我的家乡"的作文
	教学评价	以学生背诵课文熟练度、课后练习准确与否作为教师评价学生以及教学效果的依据	修改作文给出教师评价表。学生修改作文后，提交自我评价表
第7课	教学目标	掌握变化的表达方法	能够表述"感冒好了"（健康）
	教学活动	讲解单词、句型语法、课文、处理课后练习	1. 教师为了引起学生注意，在进入教室时戴口罩。在此顺便介绍日本文化——日本人什么时候戴口罩 2. 教师摘下口罩做一段有关感冒好了的陈述 3. 学生自主命题写一篇150词的短文要求涉及表达变化的内容
	教学评价	以学生造句、课后练习准确与否作为教师评价学生以及教学效果的依据	学生对教师的发表进行评价，填写自己作文的自我评价表。教师对学生的作文进行批注评价

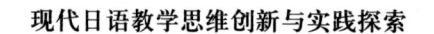

续　表

教学内容	比较项目	A 班	B 班
第8课	教学目标	掌握授受关系表达方法	"5日元"
	教学活动	背诵第7课课文。讲解授受关系动词、基本课文、处理课后练习。	1. 教师向每个学生赠送用赠送袋包装的5日元，制作PPT解释日本人的赠送习惯，以及授受动词。 2. 小组内讨论如何表述今天课堂上发生的事情，小组代表做课堂发表
	教学评价	以学生造句、课后练习准确与否作为教师评价学生以及教学效果的依据	1. 让学生填写授受关系句型练习单，并在表单后填写自我评价单。回答对授受关系的理解 2. 教师回复答案及评价

A班按照传统的教学方法，以语法为重点，采用依次讲解单词、语法、课文、课后练习，课堂效果的评价主要以教师为主导。B班参照"Can-do"，以话题和任务为教学目标，以根据实际教学内容制订的"My cando list"为指导，采用以学生自主学习活动为主要课堂活动的教学方式，最后以师生共同评价结束教学过程。笔者做了一个列表以示两种教学方法的对比（见表9-11）。

表9-11　两种教学方案总体对比表

	A 班	B 班
教学目标	以语法为中心设定教学目标	以话题为中心设定教学目标
教学活动	以教材内容为中心设定、实施教学活动	围绕话题设定、实施教学活动
教学评价	教师评价	师生共同评价

（四）教学效果

按学习阶段学生状态分析：学期开始阶段，由于笔者详细地讲解单词、句型、语法。很明显A班学生感觉到学习轻松，快速入门，而B班学生在学期开始阶段由于直接切入话题教学，课上教师讲解较少，学生感觉没有明确的学习目标，在做课堂活动时感到手足无措，感觉日语学习较为吃力。但是随着时间的推移，A班学生在学期中后期出现了短暂的疲劳期，特别是在语法讲解部分明显兴趣降低，课堂气氛相对前期显得沉闷。B班学生则随着课堂活动的持续进行，慢慢适应了以话题中心、课下自主学习课本知识的模式，学习的积极性主动性有了明显的提高，在进行课堂活动时也都很活跃。与此同时，由于学生自主学习能力得到了培养，在课堂之外，他们搜集了大量和课堂知识有关的材料进行学习，从而提高了课堂教学的效率。

三、基于"Can—do"评价体系的 ARCS 教学模式

教学模式指的是在一定的教育思想、教学理论、学习理论指导下的教学活动进程的稳定结构形式，也就是按照什么样的教育思想、教育理论来组织教学活动进程。教学模式是教育思想、教学理论、学习理论的集中体现。教学模式的改变必然会触动教育思想、教学观念、教与学的理论等根本性的问题，因此教学模式的改革是教学理论中较深层次的改革。传统的教学系统是由教师、学生和教材这三个要素构成的，在现代化教学环境下还要多增加一个要素，即教学媒体。这几个要素不是简单地、孤立地拼凑在一起的，而是彼此相互联系、相互作用而形成的一个有机整体。教学模式正是这四个要素相互联系、相互作用而形成的教学活动进程的稳定结构形式，是四个要素相互联系、相互作用的具体体现。以教师为中心的传统教学模式，其特点就是由教师通过讲授、板书、教学媒体的辅助，将教学内容传递给学生或者灌输给学生。教师是整个教学过程的主宰者，学生则处于被动接受教师灌输知识的地位。在这样一个模式下，教师是主动的施教者，学生是被动的外部刺激接受者，也就是灌输对象，媒体是辅助教师向学生灌输的工具，教材则是灌输的内容。目前，我们正在建构新型教学模式，其核心在于如何充分发挥学生在学习过程中的主动性、积极性、创造性，使他们在学习的过程中成为信息加工的主体和知识的主动建构者，而不是外部刺激的被动接受者和知识灌输的对象。教师则应成为课堂教学的组织者、指导者，学生建构意义的帮助者、促进者，而不是知识的灌输者和课堂的主宰者。

"Can-do"评价体系也有其倡导的教学模式。其中，ARCS 模式是最新，也是最重要的一种模式。ARCS 模式是一种启发和培养学生学习主动性的教学模式。如果缺乏学习的动机和主动性，无论采用什么样的教学方法，其教学效果都会受到限制。当然，好的教学方法对于调动学生的学习主动性和提高他们的学习兴趣是有辅助作用的。但是动机和兴趣是前提性的，因此 ARCS 模式特别重视及解决学习动机问题。ARCS 模式是通过引起学生的注意（Attention）——关联性（Relevance）——自信心（Confidence）——满足感（Satisfaction）四条途径来培养学习动机的。具体来说"注意"使学习者觉得"课程很有意思"。例如，在上课过程中突然有什么发生了改变或者有什么非常有趣的事情发生。"关联性"使学生感觉"有做的意义"。例如，现在所学的知识将来会有什么用，现在所学的知识和自己熟知的事情有关联等；"自信心"使学生感觉到"只要做就能做到"。在这一点上不能一开始就让学生感觉做了也没用，应该让他们感到成功的喜悦，逐渐增强其自信心。"满足感"让学生感觉到"幸亏做了！太好了！"例如，教师如果让学生做了什么作业，那请一定尽最大努力收集并且修改、反馈，给学生以做过作业之后的满足感。笔者曾经以传统的教学模式进行了

多年的基础日语教学，虽然也有一定的成效，但是随着时代的进步，特别是当学生群体发展为一批充满活力的、非常有个性的、有很多现代思想的95后、00后学生时，传统的教学模式已经在教学过程中稍显吃力。

第十章　新时期日语人才的培养

第一节　学生跨文化意识的培养

一、非语言交际

（一）内涵

交际分为言语交际和非言语交际，这两种交际方式都受到了文化的影响。和文化一样，非言语行为不是先天就会的，而是从后天的学习和积累的经验中获得的，是历史发展的产物[①]。根据对人日常交际的研究发现，在人与人当面交际时，35%的信息是靠语言行为来表达的，而剩下65%的信息是靠非言语行为来完成的。因此，如果想了解一个国家的文化，了解他们的非言语行为是必不可少的。西方学者在深入地研究非言语交际后，提出了很多概念。这些概念中有简单的，也有比较具体的。其中简单的概念，如不用语言行为来交际的就是非言语交际。具体的概念，如非言语交际是不通过语言的表达手段进行的沟通交流，它主要体现在人们的行为属性中，这些行为属性是人们有意发出的，或长时间所形成的一种社会约定的无意识发出的，接收者能够对这种行为属性有意识地进行接受与理解并给予适当的反馈，或者非言语交际指的是在具体的语言情境下除语言因素以外的对输出者或接收者有信息价值的其他人为的或是由环境造就的因素。

（二）功能

非言语交际在交流活动中应用得非常广泛，它可以辅助语言行动来完善交际所表达的信息，也可以脱离语言行动单独用于表达信息。

1. 补充或完成信息

通过一些非言语交际来补充和完成信息可以起到加强信息的作用。例如，一位母亲对她的儿女说"我爱你"，并给她一个大大的拥抱。一个女人对她的丈夫说"你

[①] 任海丹.应用型日语人才跨文化交际能力培养的研究[J].成都电子机械高等专科学校学报，2017(04)：56—58+83.

的话真让我伤心",然后开始哭泣。领导问员工:"你的工作做完了吗?"员工回答:"已经完成了。"领导用力地点头,等等。这些非言语交际伴随着语言交际的发生而发生,进一步加强和完善了所要表达的信息。

2. 否定信息

同时,非语言交际可以表示出与语言信息相反的意思。例如,一个学生小声对自己的老师说:"您布置给我的作业我全部都完成了。"但却低下了头不敢看老师的眼睛。很明显,他的非语言行动与他的语言行动所表达的意思是相反的。在这种情况下,通常非语言行动所表达的信息比语言行动所表达信息更加准确。

3. 替代信息

在生活中,一些语言信息可以用非语言行动来代替。例如,为某人鼓掌说明这个人很棒。伸出手臂左右摇摆是表达再见的意思。小孩子在人群里蹦蹦跳跳表明他很高兴。两只手组成心形表示爱意。以上的每个例子都是通过非语言行动来表达信息的。虽然都没有说话,但是意思都表达得很明确。

4. 强调信息

在表达信息的过程中可以通过非语言行动来加强自己的语气和强调自己的观点。例如,在父母教育犯错的孩子时伴随的严厉的表情就是利用非语言行动来强调语言行动的信息。

5. 调节信息

在人际交流中非语言信息能够起到很好的调节作用。我们可以通过表情、手势等来调节语言信息的节奏或者表达我们接下来要做事情的信息。例如,在演讲时讲到激动人心的地方,演讲者通常会振臂高呼,以此来烘托气氛和调节节奏。

(三)非语言交际和语言交际的区别

语言信息的表达在语言交际和非语言交际上存在着很大的不同。根据马兰多(Malandro)和波特(Porter)的分析,主要区别在以下四个方面:首先,语言交际有规律可循,在表达时有严格的结构显示,通常表达的意思单一明确,但是非语言交际中没有固定的规律,模式也多种多样。周围环境的不同或者是文化的不同都能表达出不一样的信息。例如,人们大声地笑,既可以表达高兴,又能表示对别人的嘲讽。一个人严厉地对待另一个人,可以是爱,也可以是恨,这都要根据当时的情况而定。其次,在语言信息的表达过程中,语言交际具有非常明确的含义,每一个汉字和每一组词语都有特定的意思,但是非语言交际却没有详细明确的规定含义,虽然有很多非语言交际的表意已经被人们赋予了特定的含义,但是还有很多非语言交际没有固定的定义。再次,在先天性的方面来说,语言交际一定是在后天的学习中逐渐得到的，然而非语言交际可以是后天学习得来的，也有很多是先天的本能。例如，人的一些面部表情（高兴、生气、伤心等）就是先天的本能，而一些动作、手势（OK，拜拜等）就是后天学习得来的。最后，从生理学的角度看，控制语言交际活动和非语言交际活动所使用的大脑区域不同。根据研究可知，大脑的左半球控制语言交际工作，大脑的右半球控制非语言交际的处理。左半球在接收到语言的刺激后，根据所得到的信息开始进行分析和推理。右半球主要处理如各种动作、空间的画面和完形的信息。非语言交际行为通常不是独立存在的，它常常与语言交际行为相结合。在不同的情境中，它起着不同的作用，如对话语的补充、重复、否定、调整或者替代。例如，在接待远方到来的朋友时，常常会说"欢迎！欢迎！"并伴随着握手的动作。在这里握手的动作就是对所说话语的一种强调。通常情况下，在语言交际与非语言交际产生冲突时常会倾向于后者，因为非语言的行为常常是在无意识的情况下产生的，不具有掩饰性。在无法用语言进行信息交流的情况下，常常用非语言行为代替。例如，交通警察指挥机动车辆使用的就是非语言手势或者指挥棒以替代语言交际。

二、跨文化意识在提升跨文化交际方面的重要性

（一）跨文化意识能帮助学生了解日本

就中国人学习日语而言，如果我们只把相应的中国语言直接译成日语相应的意思，然后再加入适当的语法，那么即使我们把日语掌握得再熟练，也不可能和日本人进行真正的交流。学习日语不是一个孤立的语言学习过程，还必须学习负载在语言上的日本文化。如果不懂得日本文化，而是从汉语文化背景出发来进行哪怕是最简单的交际，那么我们说的日语即使语音语调正确，语法规范，词汇搭配无误，表达也流利，但仍然不能准确、深刻地表达意思，这样就达不到和日本人顺畅交流的目的。

（二）跨文化意识有利于了解我们本民族的文化

当一个学生养成了留心和积累各国的有关文化背景知识、社会风俗习惯、社会关系、价值观等方面的信息，那么就一定会增进其对本国和他国之间不同的文化差异和冲突的理解，不断培养和提高自己的国际性，就会增加他对文化的欣赏、鉴别和包容[1]。在学习过程中，学生会不断地、自觉地把本国文化和他国文化进行对比，从而更加了解本国文化的悠久历史。这样的交际才是真正意义上的跨文化交际。因

---

[1] 刘伟军. 谈多元化视角下的日语教学与研究 [J]. 智库时代，2018(43)：263-264.

此，要顺畅地进行跨文化交际，不但要充分了解日本文化，还要充分了解中国文化。只有这样，在学习日语的过程中，学生才能以平等的眼光去看待不同国度的文化，理解、宽容异国文化并加以借鉴和吸收，传播中国文化，激活学生对中国文化的认识。达到了这一点，日语的交际能力也会自然地表现出来。作为中国人，如果他不了解本国的文化或者是错误地传播中国文化，结果是可想而知的。

三、跨文化日语教学模式的建构

作为语言教师，特别是教日语的教师，不可能脱离日本这个国家和日本民族的文化背景来孤立地传播日语语言知识，而应把与日本相关的文化、日本人的行为习惯、心理特征等融入语言教学的各个阶段。文化知识的传授在语言教学中的作用至关重要，如果能很好地结合语言教学，培养学生的跨文化意识，提高他们的跨文化交际能力，对促进外语教学将起到积极的推动作用。为此，构建跨文化日语教学模式成为关键一环。

（一）教师要转变教学理念，调整教学内容

教师首先要转变教学的基本理念。日语本科阶段的基础教学不能只停留在语音、词汇、语法等层面上，有些学生发音标准，词汇量也很大，语法也几乎没有错误，但是在真正的交际场合却不一定能成功而有效地进行交流。这是因为语言教学不仅仅是教语音、词汇、语法等语言知识，还应对其语言形式、文化背景、语言环境等进行认知和语用分析，充分创造语言环境鼓励学生多用外语交流。

其次，教师要调整教学的内容。随着我国与日本在文化、经济等方面的往来越来越频繁，交流合作进一步深化，具有跨文化交际能力的日语人才越来越受欢迎。因此，高校日语的课程内容应做出适当调整，以适应社会需求。教师不仅要注重学生听、说、读、写、译等语言技能的训练，还要引导他们多读日本文学作品，了解日本的历史和文化，同时还要具备一定的中文基础知识，充分了解中国文化。只有这样，在与日本人进行交流的时候才能够避免文化上的障碍，传播好中国文化。

（二）教师要对课堂教学进行改革，引导学生不断提高跨文化能力

日语教学的目的不仅仅是让学生懂得一门语言，而是要培养他们在实际的语言环境中能准确地理解日语、恰当地使用日语，将自己的思想表达出来，最终达到跨文化交际的目的。传统的日语课堂是以教师讲授为主，主要采用以教授语言为目的的、以语法讲解加翻译练习的"语法翻译法"进行教学。课堂上除了有些教师让学生发言以外，很少或几乎没有使用日语进行实际交流的机会，因此一旦到了要使用

日语的场合，学生就会因为没有实战经验而导致交际不顺利，甚至失败。笔者认为，日语课堂教学模式改革可以从以下两方面入手，即在课堂上实现两个转移。

1. 转移课堂教学的中心

现在都提倡以学生为中心的翻转课堂，"以学生为中心"分别是以学生学习效果为中心和以学生学习需要为中心。在将课堂教学中心转移翻转课堂教学模式，课堂上学生的思维会更加活跃，课堂外学生的学习态度会更加积极。

2. 转移教学的重心

由原来"知识传授"转向"引导交际"。教师可以采取语境教学法、交际语运用教学法等构建真实的日语环境，在以学生为中心、以交际为目的的教学活动中，开展师生双向的教学信息互通，培养学生的自信，激发他们的热情，提升他们创造性地运用语言的技能，从而提高跨文化交际能力。

高校应该将先进的教学设备引进课堂。以前教学手段单一、课堂教学形式固定化，通过互联网教学平台来解决上述问题。教师应该及时更新教学内容，为学生提供更多的语言背景知识。另外，教师还可尝试利用现在流行的微课、慕课等新型教学模式提高教学质量，获得良好的教学效果。

（三）增加多种实践机会，使学生在实践中提高跨文化交际水平

首先，高校可以引进日本原版教材、小说、杂志、漫画、报纸等各类资料。让学生身临其境地体会活的日语，近距离地感受日本人的内心活动，提高学生的文化感受性，以利于跨文化交际的展开。其次，高校要争取多种机会开展国际交流，积极引进高素质的日籍教师和日本留学生。高校一方面要提高日语教师队伍的自身素质，另一方面要大力开展国际交流，如延安大学与日本九州外国语学院合作开展的学生海外实习基地项目就是一个很好的例子。通过到日本企业实习，可以走进日本社会，接触实际的日本语言，更深刻地了解日本文化，大大提高了学生的日语运用能力。最后，高校可以多组织各种日语课外活动，给学生提供良好的实际语言环境，比如组织开展日语配音大赛、日语演讲比赛，高年级学生还可以模拟各种陪同翻译场景、模拟商务谈判、组织日语文化节等活动，使学生尽可能地参与到跨文化交际的实践中，调动学生学习日语的积极性，给他们以成功的交际体验，做到扩充知识与培养跨文化交际能力并举。

（四）基于现代教育技术进行改革行教学模式

基于现代教育技术的跨文化教学模式也日益得到重视和广泛应用。这种教学模式把现代教育技术与日语跨文化教学结合起来，突出了日语教学中学生的中心地位

和文化学习的特点。与传统的教学模式相比，基于现代教育技术的日语跨文化教学模式具有内容丰富、形式多样，集文字、图像、音频、视频等多感官形式的交流信息于一体，同时这种教学模式融合了合作学习和支架式教学的特点，为跨文化学习提供了新的途径。在教学实践中，教师可采取多样化的教学方式。例如，通过建立跨文化教学的多媒体资料库，利用文字、视频、音频、图像等多模态的工具进行教学。或者利用视、听、触觉一体化，具有仿真性、交互性和重复再现性特点的虚拟环境进行实时交流。虚拟现实教学为学生提供真实的文化情景和大量跨文化交际实践机会，有效地将语言、文化与交际教学结合在一起。此外，利用网络资源，通过即时通信软件进行实时讨论等方式进行学习，可以创设真实的语言文化学习环境。

四、跨文化日语教学中的母语文化教育

（一）日语教学融入母语文化意义何在

日语教学融入母语文化是时代潮流的要求。在全球化语境下，文化已成为一种隐形的无处不在的软实力。在今天的世界多元文化格局中，美、日、英等发达国家形成强势文化扩张和文化霸权，广大发展中国家的民族文化认同面临着各种挑战和威胁。在文化全球化的进程中，外来文化的冲击无可阻挡、不可避免，但同时继承和弘扬本民族的优秀文化传统，确立本民族文化的主体性，捍卫民族文化个性，关系到中华民族的生存及命运。日语教学融入母语文化是培养跨文化交际人才的需求。2010年国务院颁布的《国家中长期教育改革和发展规划纲要(2010—2020年)》提出人才强国战略，全面实施素质教育，培养大批具有国际视野、通晓国际规则、能够参与国际事务与国际竞争的国际化人才。这意味着高等教育对中国的外语教育提出了更高的目标。平等对话式的交际才是成功的跨文化交际。中日两国一衣带水，同属东亚文化圈，日本文化师自中国，把握中华文化如何影响日本以及两者的关联与差异，是培养日语专业双向跨文化交际人才的必需。

（二）本科日语专业母语文化教育的现状调查

1. 调查设计

为调研高校日语专业学生的母语文化认知情况及母语文化教学现状，笔者对所在地三所本科高校的日语专业大三、大四年学生进行了"日语学习者中国文化认知及母语文化教学现状"的问卷调查。发放问卷153份，回收有效问卷130份，有效回收率为84.9%。问卷调查后对部分教师和学生进行了访谈以便获得更客观的信息。

2. 调查结果和成因分析

调查数据通过 SPSS 软件进行统计、分析，结合访谈从以下两个方面进行讨论。

(1) 日语专业学生的中国文化认知情况

调查结果发现，58% 的学生有对中国文化的兴趣及传播中国文化的认识；82% 的学生认为在中日跨文化交际过程中了解中国文化有助于更深刻地理解两国文化的差异与关联；81% 的学生认为有必要为日语专业开设中国文化相关课程。即从主观认知上是重视母语文化的。但是针对流行的影视剧，46% 的学生表示观看日本影视剧的频率更多，仅有 32% 的学生表示观看中国影视剧的时间更多；针对文化投入度，71% 的学生认为更多的是接触日本文化的学习，只有 12% 的学生认为在中国文化上投入的精力更多。关于中国文化相关的校园活动，82% 的学生认为很少参加，只有 18% 的学生认为较多。在访谈中发现，大部分学生对日本历史有一定的了解，但是对我国的历史了解得并不好，存在严重的"母语文化失语症"问题。究其原因在于"外语工具论"这一非生产性取向。学生表示日常学习主要将日语词汇、语法放在第一位，重视日语资格证书的取得，很少兼及人文素养的培养。

(2) 日语现行教学中的母语文化教育现状

针对理想的文化教学模式，88% 的学生喜欢文化体验的方式以获得切身的体验与感受。而实际的文化教学模式中，教师往往采用传统的教学模式，依次是：师生讨论 (45%)、多媒体 (33%)、照本宣科 (22%)。此外，68% 的学生认为日语教材中很少涉及中国文化的内容，即使涉及也只是蜻蜓点水式地提及。对于中国文化词汇的汉译日问题，68% 的学生认为很吃力。相较于"红白歌会""杂煮""初次参拜"等日本新年习俗词汇了然于胸，却对贴春联、窗花、倒贴"福"字、除夕守岁等中国文化负载词的翻译一筹莫展。通过访谈，教师表示由于大纲规定泛泛，亦无合适的教材，母语文化教学随意性比较大。与此同时，教师自身中文基础薄弱，科研压力大，对中国文化"充电"心有余而力不足。

(三) 日语教学融入母语文化的路径

中国文化"失语症"阻碍了学生跨文化交际能力的发展，也不利于中国文化的对外输出。因此，构建日语教学中母语文化与目的语文化兼容并举的双向文化教学模式势在必行。

1. 完善教学大纲

教学大纲是教学的指针和导向。由于文化项目纷繁复杂，制订文化大纲时，既要考虑到文化教育的多维性和层次性，也要考虑到文化教育的阶段性和文化项目的实用性。建议相关教育部门在教学大纲中最大限度地明确、细化中国文化教学的细

则，为母语文化教学指明方向。

2. 加强课程、语料库、教材等资源建设

专业课程的设置直接决定人才的知识结构和综合素养。为了提高学生的母语文化水平，可采用多种路径拓宽母语文化课程。鼓励学生到人文学院选修一定学分的课程。与此同时，可适当增加日语专业母语文化类的课程，如中国文化、中日文化比较。此外，可充分利用语料库资源和技术，结合区域需求构建丰富的当地文化日语和双语语料库，特别是平行语料库同时具有双语对照、语言实例数量多、语域广、时效强、语境丰富等特点，可以用于各种课型的外语教学，能够有效推动中国文化教学的改革。教材是文化教学内容最直接、最重要的来源和媒介。当前，日文编写的中国文化教材屈指可数，需要广大教师在教学实践的基础上选用精华部分进行教材编写。

3. 提升教师自身的文化素养

宋伊雯、肖龙福的研究表明，高校外语教师对中国文化知识储备不足，特别是中国文化日语词汇的积累明显不足。语言教学中融入文化因素，需要找到语言与文化的契合点。邵敬敏先生曾指出，文化对语言的影响反映在语汇上最浓烈、明显、突出、集中，而在语音、语法上则比较清淡。因此，教学管理部门应为教师提供在职培训，借以提升教师的双语文化意识，改进教师的知识结构，使教师成为学生汲取中日文化营养的引导者。教师可在词汇、篇章中导入母语文化，引导学生思考中日语言、文化的异同，培养双向文化并举的思辨能力。

4. 开拓学生双向文化传输的第二课堂

教师应精心设计课后作业，引导学生自觉地关注中国文化。积极开展"中国梦"与中国主题相关的日语演讲、日语配音、日语辩论、日汉翻译、日语写作、跨文化能力大赛等实践教学活动，引导学生广泛阅读介绍中国社会、历史、文化传统的日文书籍或报刊，建立起学习中国文化的自主学习长效机制，让文化价值观融入日语语言实际应用中。

外语教学的目标不仅仅是学会一门工具，还是传承中外优秀文化、增加人文科学知识，提高学生综合素养的一个重要途径。两手都要抓，两手都要硬，这句话同样适用于外语教学。为了顺应全球化的时代潮流，更好地弘扬中国的传统文化，不仅需要大量通晓外国语言与文化的人才，更需要熟谙母语与本土文化的人才。日语专业学生肩负着有效输出本土文化、弘扬中国优秀传统文化的艰巨使命。成为中日交流的"双向桥"，日语专业人才培养任重而道远，需要各方面的积极努力。

第二节　学生思辨能力的培养

一、思辨能力研究的现状

有关大学生思辨能力的研究起源于欧美，最著名的是德尔斐报告中提出的思辨能力二维结构模型和思辨能力三元框架。这两种理论框架从不同的角度界定了思辨能力包含的各个要素。美国、英国、澳大利亚、加拿大等国家也将思辨能力培养列为高等教育的重要任务之一，并就高等教育中思辨能力的培养途径展开了研究。1998年，我国学者黄源深提出了"思辨的缺席"这个问题，认为大学生的思辨能力较为薄弱，但这并未引起学术界的关注。随后，文秋芳教授将思辨能力定义为：依据恰当的评价标准，进行有意识的思考，最终做出有理有据的判断的能力，包含思辨技能和思辨倾向。文秋芳教授的团队致力于外语类大学生思辨能力的构建和检验研究[1]。大学生外语思辨能力指的是能够运用外语语言文学知识，进行深刻思考与分析，对个人或他人的观点做出质疑、反思和判断，在解决问题的过程中表现出较高的创新素质[2]。因此，在日语人才思辨能力培养方面，使学生掌握日语语言知识的同时，应着力培养学生的判断力等综合能力，使他们能够在日语学习过程中发现问题、提出问题、解决问题，同时具有一定的论证能力和界定能力，在提出假设的基础上进行验证，并得出合理的结论。

二、日语专业学生思辨能力培养现状

随着2018年《普通高等学校本科专业类教学质量国家标准》的正式公布，全国高校的日语专业纷纷着手制订新的人才培养方案。虽然各高校的培养方案不尽相同，但主要特点基本一致：①调整理论课程和实践类课程的比例，进一步提高实践课程所占的比重；②以新国标为依据，保证开满、开足本专业所要求的核心课程；③力争在培养方案中体现思辨能力、跨文化交际能力、文学鉴赏能力、创新能力的培养。但是关于思辨能力的培养与评价方法目前还缺乏较为统一的标准。日语专业高年级学生在经过大一、大二语言技能的基本训练以后，已经掌握了一定的日语语言功底，但是如果让学生针对某一问题进行分析、阐述观点时，日语语言综合运用能力不强、词不达意、中心不明或逻辑混乱等诸多问题便会暴露出来，也就是说学生的思辨能力亟待提高。

---

[1] 文秋芳, 孙旻, 张伶俐. 外语专业大学生思辨技能发展趋势跟踪研究[J]. 外语界, 2018(06): 12–19.
[2] 徐捷. 大学英语教学中学生思辨能力的培养[J]. 时代文学, 2012(10): 191–194.

三、思辨能力培养过程中存在的主要问题

（一）课程设置的客观制约

近年来，本科教育阶段在人才培养方面呈现出总学时不断减少的发展趋势，怎样协调学时减少与能力培养之间的矛盾，不仅是授课教师，也是教学管理层共同面临的课题。为缓解课时减少带来的压力，各高校纷纷建立或加入网络教学平台，鼓励授课教师转变教学思想，改进教学方式，采用线上与线下相结合的混合式教学模式，借助慕课、微课等多种网络课程弥补课时不足对人才培养带来的影响。但是目前线上教学在实施过程中还存在与思辨能力培养结合不紧密，练习、线上答疑等课程辅助环节建设有待完善，以及相关人才培养方案的学分配比需要进一步调整等问题。目前，日语专业的学生基本都是零起点，进入大学以后才开始学习日语，因此日语专业的课程设置在低年级阶段一般以夯实日语语言能力为根本目的。课程以基础日语、日语视听说、日语会话、日语阅读等为主，主要培养学生的听、说、读、写等语言基本技能。由于低年级阶段学生需要掌握的单词和语法点数量多，且较为分散，因此引入文化比较等思辨能力训练的内容也呈现出分散的特点。如果授课教师对学生的思辨能力培养意识不强，学生日语基础知识较为薄弱，那么低年级阶段学生的思辨能力基本上得不到或很少能够得到培养与锻炼。

（二）学生自身学习能力的影响

有的学生在考入大学以后，往往认为自己完成了一项"艰巨"的任务，终于可以松一口气了。特别是离开了父母的监管，有的学生由于自律性较差，整个大学阶段学习状态较为放松，进而影响了学习效果。目前，部分普通高校的日语专业在一年级阶段实施了"晚自习"，旨在培养学生良好的学习习惯。但是有的学生仅仅利用晚自习时间完成当天作业，且主要以背单词和语法练习为主，晚自习的整体效果并不明显。甚至有的学生进入大学以后仍然停留在高中的被动式学习阶段，希望教师利用晚自习时间组织统一的测试、讲评等。

（三）授课教师教育理念与教学方法有待更新

日语专业的授课教师，特别是担任低年级课程的授课教师的教学任务都比较重。学生没有日语基础，日语语言知识和基本技能的学习都需要在大一、大二阶段完成。学生受到单词、语法的限制很难完成扩展性的练习或开放型的题目。因此，低年级阶段的课程大多采用传统的授课方式，以教师传授、学生接受为主，授课教师在课程的初期以信息输入为主，并不注重输出环节。在教学手段上，虽然近年来各高校纷纷引进了多媒体、数字平台以及其他较为先进的科技手段，但是由于日语学科基础阶段知识点较为细碎、数量繁多，因此翻转课堂、微课、慕课等形式的教学改革效果并不明显，由学生作为课堂主导，展开讨论和思考的课程或课时安排并不多。

四、如何培养学生的思辨能力

（一）完善培养方案，优化课程设置

新国标公布以后，各高校在修订新版的人才培养方案中充分考虑到了对学生思辨能力、跨文化交际能力等的培养，但是课程的具体实施与推进上还需要不断调整。目前，日语专业的人才培养方案中，有关学生听、说、读、写、译语言基本技能培养的科目已经形成较为完整的体系。除此之外，增设了跨文化交际、演讲与辩论等课程，旨在有针对性地培养学生的跨文化交际能力和思辨能力。在课程的设置中，高校还应注重课程之间的衔接，逐步培养和提高学生的思辨能力。同时，高校应不断提高实践类课程所占比例，充分利用校外实习实训基地，通过实践活动启发引导学生发现问题、思考问题。

（二）培养学生的自主学习能力

继续加强对学生的引导，帮助学生养成良好的学习习惯，充分发挥"晚自习"的作用，使学生能够较快适应大学的学习生活。同时，注重培养学生提出问题、分析问题、解决问题的能力。转变学生的观念，督促他们进入大学以后不能有松懈的思想。另外，日语专业还可以通过举办日语角、日本文化体验、配音比赛、日语小剧竞演等各种与日语、日本文化相关的活动，充分调动学生的日语学习积极性。利用语言学习的特点，通过组建会话小组、学习小组等形式，将学生组织起来进行活动。既有利于调动学生的学习积极性，又可以培养他们的团队协作能力。

（三）转变教师教学理念

在课堂中实现"师生角色转变"的提法已经倡导了多年。在思辨能力培养的过程中，培养学生自主思考、主动探索的前提就是要求学生变被动为主动。师生角色的转换，实际上是教师教育理念转换的一个过程。教师教学理念的转变离不开教师培训与交流活动。通过有针对性的主题教学研讨会、交流会等活动，不断更新教师的知识结构，导入新的教育理念，提升教师自身的教育理论修养，完善自我，不断探索新的教育理论与方法。同时，鼓励教师参加有关日语专业人才培养的学术会议、

教学工作坊等培训，在日语教育专家的指导下，通过与同行的交流，不断改进教学方法，提升教学质量。另外，教师在教学环节的设计中，应该时刻关注日语专业人才培养的前沿信息，将思辨能力培养合理、有效地设置到教学中。

（四）探索新的教学方法

在各类教学平台搭建的大背景下，许多高校的外语专业积极探索线上线下相结合的混合式教学模式。学生通过线上课程可以完成系统知识点的学习，在线下教师安排以学生为主导的课堂讨论以达到培养学生思辨能力的目的。这一系列活动较为圆满地解决了学时减少与人才培养之间的矛盾。因此，网络课程的建设与教学平台的开发及利用是今后教学改革的重点之一。除此之外，教师还可以尝试在教学过程中以内容为依托，从文化的视角引导学生思考、利用课余时间调查研究、课堂讨论等形式分析和解决问题，切实培养学生的思辨能力。在日语专业大三的高级日语课程中，通过"布置任务——调查研究——报告发表——师生点评"这一系列教学活动，培养学生的思辨能力。班级内以小组为单位布置课题任务，内容大多涉及语言学、日本文学、日本文化、日本社会等。小组成员共同努力通过调查研究完成课题以后，向全班同学汇报发表。最后进行学生间的互相评价和教师点评。几年来的教学实践表明，不断更新教学方法会带来较为理想的教学效果。

第三节　高校日语专业人才培养模式

培养创新型人才既是新时期对高校提出的新要求，也是建设创新型国家所赋予高校的使命。[1] 创新型国家的建设离不开教育，它能够源源不断地培养创新型国家需要的人才。新时期，我国高等教育的主要任务是培养出基础深厚、视野宽广、素质全面、具有一定国际竞争力的创新型人才。为了实现这一远大目标，高校日语专业需要创新思维，改变旧有的教学理念，不断深化教学改革，建构全新的创新型人才培养模式。那么，在教学过程中，广大的日语教师应该如何去实践呢？在这一节中，笔者将结合美、日等国家的高校是如何培养创新型人才的，来具体谈一下创新人才培养模式这个问题。

---

[1] 乔继红，乔宇静等. 日本创新型人才培养模式对海南高等教育发展的启示 [J]. 热带农业工程，2009(02): 77-81.

一、美、日等国是如何培养"创新型人才"的？

（一）什么是"创新型人才"

麻省理工学院指出，创新型人才培养应给学生打下牢固的科学、技术和人文知识基础，培养学生创造性地发现问题和解决问题的能力。[①]约翰·霍普金斯大学指出，创新型人才是"完善完整的人"，本科教育的价值追求应该"不是为了求职而是为了生活"，重视学生知识体系的全面性和基础性，重视学生能力的培养，尤其是表达、交流、适应能力和创新能力，并注重为学生未来的长期可持续发展打好基础，具有较少的功利性和工具性。[②]20 世纪 70 年代被誉为"美国创造性心理学之父"的吉尔福特（Guilford）在他的著作中对富有创造性人格的特点做出了总结：有高度的自觉性和独立性；有旺盛的求知欲；有强烈的好奇心；知识面广，善于观察；工作讲求理性、准确性与严格性；有丰富的想象力；富有幽默感；意志品质出众。[③]在日本教育界看来，创造性和个性有着密切的联系，那些个性自由、独立发展的人就是创新型人才。要想培养出具有创造性的创新型人才，高校就必须让他们成为一个有作为的人、真正自由的人、具有个体独立性的人，而不是成为作为工具的人、模式化的人、被套以种种条条框框的人。[④]

（二）美、日等国"创新型人才"的培养模式

我们从美、日等国制定的人才战略可以看得出，在科技方面具有创新能力的人才始终被放在第一位。因此，高校除了传播知识、培养创新型人才以外，还要开展各种研究，并将研究成果加以转化、应用。可以说，高校是一个国家重要的知识创新和技术创新基地。把创新教育作为培养创新型人才的核心内容写入培养方案并将其落实到具体的课程体系中，已经成为美、日等国教育部门的共识。

1. 美国的创新型人才培养模式

（1）多元人才培养模式

哈佛大学是多元人才培养模式的代表。除了注重对学生学科才能的培养之外，哈佛大学还非常重视对学生在学科以外的其他潜能的发掘。之所以这样做是因为，

[①] 张婧、孙建三. 麻省理工学院培养创造创新型人才论析 [J]. 黑龙江社会科学，2004（04）：130-132.
[②] 伍红林. 约翰·霍普金斯大学本科教育委员会总结报告介述 [J]. 高教发展与评估，2006（01）：60-63.
[③] 张辉、吴松强. 美、日、欧创新型人才培养研究综述 [J]. 亚太经济，2010（02）：89-92.
[④] 张辉、吴松强. 美、日、欧创新型人才培养研究综述 [J]. 亚太经济，2010（02）：89-92.

良好的素质和创新能力是未来社会对人才的硬性需求。人们不仅要有某一人才的专长，还要具有浓厚的人文底蕴。为了培养学生的专长和浓厚的人文底蕴，一些高校设置的课程具有明显的跨学科性，充分体现了对人的全面发展和创新能力的培养。

(2) 宽口径人才培养模式

哥伦比亚大学是宽口径人才培养模式的代表。从课程设置来看，哥伦比亚大学和哈佛大学有着相同的特点，即跨学科性和必修性，人们将其称为"通识教育基础上的宽口径培养模式"。在这样的人才培养模式下，学生形成了具有创新思维的知识结构，他们不仅具备了所属学科的知识和能力，还具备了相关学科的知识和能力。学生的知识背景更加广博，提升了其思辨能力，使其能够在不断变化的世界中做出适合自己的选择。

(3) "双元制"人才培养模式

麻省理工学院是"双元制"人才培养模式的代表。本科生研究工作机会计划（简称UROP）和独立活动计划（简称IAP）是麻省理工学院两项重要的培养措施。本科生研究工作机会计划指的是管理本科阶段教学的教务部门为本科生提供成为教师初级同事的机会，与教师开展智力协作，一起进行富有挑战性的研究。此外，教务部门还会把学生外派往企业，亲身参与企业的经营活动，同时把企业的研究课题带回高校，借助高校的科研力量对这些课题展开研究，从而促进校企合作。独立活动计划指的是每年学生都会有四个星期的时间来进行自由独立活动，高校为他们提供了600多个可供选择的题目，这些题目既有学术性的，又有非学术性的。学生会根据课题的需要，选择是在校内还是在校外进行实践研究，通过实践来消化自己所学的知识，从而形成具有创造性的灵感。独立活动计划能够培养学生的动手能力，提高学生的科研兴趣和创新能力，是一条培养创新人才的有效路径。

2. 日本特色的创新型人才培养模式

(1) "产学官"模式

所谓的"产学官"模式指的是在全社会的共同努力下，培养新一代的技术人才。在日本，政府很重视产、学、官合作的模式，通过制定法律法规以保证这套制度的顺利实施。第二次世界大战结束以后，日本正是通过"产学官合作"教育的有效实施使其经济得到飞速发展。

(2) 弹性人才培养模式

进入21世纪，日本的高等教育理念发生了很大的变化，灵活性和柔性化是其突出的特点，对人才的个性化需求越来越重视。首先，高校开设了大量的辅修课、第二专业学位和双学位，学生甚至可以选修其他高校的双学位课程；其次，校本课在各个高校开展起来。高校根据自身的教学理念和特点自行编制适合学生的课程和教材,人才培养方式更加灵活、富有弹性。弹性人才培养模式开启了跨学科研究和综合研究。日本超过九成的高校都设有跨学科课程和综合性课程。

(3) 合作人才培养模式

在日本,大学和大学之间经常会展开合作。主要的合作内容包括学生可以选择其他高校的专业,并获得双学位;有的课程是联合授课的,共同开设交叉学科课程、专题讲座等。

(4) 国际化的人才培养模式

为了提高高等教育的国际通用性,日本高校在学分、学历、学位与国外高校是互认的,从而促进了高等教育的国际化。日本高校与世界上其他国家的高校积极开展共同研究,吸收了大量的留学生,外籍教师、研究人员,主动承办各种国际培训班,通过加速高等教育的国际化进程,提高其国际竞争力。根据日本海外留学协会的一份调查报告显示,2018年日本留学生总人数约为8万。赴美留学生最多,达到约1.8万,其次是澳大利亚(约1.7万人)、加拿大(约1.25万人)、菲律宾(约6 700人)、英国(约6 600人)、新西兰(约5 600人)。近一半人留学是为了学习英语,其余的人是去攻读研究生或本科。

总而言之,越来越多的国家将创新能力作为提高国家竞争力的重大战略。人类已经进入21世纪,各主要发达国家先后制定了创新战略。这些创新战略具有层次高、力度大的特点。例如,2007年,日本发布了一份名为《日本创新战略2025》的报告;2009年又出台了《数字日本创新计划纲要》。2007年,美国出台了《美国竞争力法案》。两年后,美国又出台了《美国创新战略:推动可持续发展增长和高质量就业》。这些都充分表明了发达国家力图占领战略制高点的发展思路。

二、国内名校日语专业人才培养模式

我国也十分重视创新教育,并将创新教育作为建设创新型国家的基石。目前,各高校对于培养学生的创新能力都十分重视,但是在创新型人才的理解上有着各自的看法。

(一) 国内学界是对"创新型人才"的理解

曾任中国海洋大学校长的吴德星认为,创新型人才的基础是人的全面发展,创新型人才应该是个充满好奇心,表现出非凡的想象力、洞察力和逻辑推理能力,且自由、独立发展的人。大学是人才孕育的摇篮,在对学生进行教育的过程中要注重科学精神和人文精神的统一,培养他们深厚的人文艺术底蕴。与此同时,高校要为学生营造出敢于求新立异、敢于公开竞争的学术氛围,鼓励创新型人才脱颖而出。

张信刚曾是香港城市大学的校长，他认为创新型人才有如下几个共同的特点：①好奇心强，善于观察，对从事的领域兴趣强烈；②乐观坚毅，个性较突出，不人云亦云，坚持自己的信念；③并非孤芳自赏，善于阐述自己的理念，是善于与他人沟通的"团队合作者"。也有的学者认为，所谓创新型人才，就是那些能够孕育出新观念，并将其付诸实施，取得新成果的人。他们应该具有如下几个特征：①创新精神：主要指的是探究的兴趣、求知的欲望，对新异事物的敏感性等；②创新能力：主要包括感知能力、创新想象能力、创新思维能力和创新实践能力；③创新人格，主要包括独立性、批判性、进取性等。综合以上观点，笔者认为创新型人才应该是具有创造力，勇于开拓，对社会发展做出创造性贡献的人。通常情况下，他们具有开放、灵活、好奇的个性，敢于冒险、精力充沛、持之以恒、专注力过人、想象力丰富。

（二）国内名校日语专业现有的人才培养模式

近几年，我国才开始意识到创新型人才培养的重要性。创新型人才培养，属于"知行合一"能力的实践主导型教育教学模式，它的核心内容是提升学生的创新精神、创新意识、创新能力、社会责任感。因此，传统的知识传授型教育教学模式已无法适应创新型人才培养的需要。知识传授型教育教学模式以"传道、授业、解惑"为主要目标，忽视了对学生创新意识、创新能力的培养，学生习惯被动地接受知识，成为知识的存储器，培养出来的人才具有单一化、趋同化的特点。人才培养不应该是一个静止固化的过程，而是一个动态发展的过程。因此，高校要在认真分析和判断社会对人才需求的现实状况和未来趋势的前提下，结合自身的特点积极探索出一种多元化的人才培养模式。一直以来，日语专业人才培养模式的改革就备受关注，成为一个比较难啃的课题。过去，高校在培养日语人才的时候只注重学生语言技能的培养，学生毕业后大多从事外事工作、笔译、口译、导游等职业。从毕业生的反馈来看，虽然他们中很多人找到了自己心仪的工作，但是工作了一段时间以后就会发现自己的职业发展会停滞不前，有的甚至遇到了发展瓶颈。这可能与高校过于重视培养学生的语言技能有关。为了改变这一状况，高校的日语专业开始构建新的人才培养模式，以适应时代发展的需要。从目前的情况来看，主要有两种人才培养模式：一种是既精通日语，又有广泛知识的复合型人才培养模式，一种是"跨文化交际能力"人才培养模式。

1. 复合型人才培养模式

目前，日语专业复合型人才培养模式主要有以下几种类型：

(1) "日语+专业教育"的交叉融合型

在"日语+专业教育"的交叉融合型人才培养模式下，学生既要学习基本的日语知识，又要学习一门专业知识。例如，大连外国语大学日本语学院分别开设了日语国际贸易专业、科技日语专业、日语旅游管理专业、日语导游专业。上海外国语大学日本文化经济学院开设了国际经济与贸易专业。

(2) 日英等双语型

在日英等双语型人才培养模式下，学生要学习两种外语。例如，在原有的日语语言文学专业和日语经济贸易专业之外，上海外国语大学日本文化经济学院增设了日英双语专业。从2001年开始，南京师范大学开设了日英双语专业，学制为5年。学生在毕业的时候可以获得两本证书，即日语本科证书和英语专科证书。

(3) 英语＋日语＋汉语＋韩语型

有着独特的地理优势，且为了满足跨国公司对外语人才的需要，延边大学提出了以韩语为第一母语，以汉语为第二母语，以日语为专业，以英语为第二外语的四语种培养模式。

(4)2+2、3+1、1+2+1、3.5+0.5等人才培养模式

2+2培养模式指的是在大一、大二期间，学生在国内打好坚实的日语基础，大三、大四期间去日本的大学留学，学习社会需求比较大的专业，比如企业法务、国际关系、日本文化、交际。3+1培养模式指的是在大一、大二、大三期间，学生在国内打好坚实的日语基础，大四期间去日本大学留学，学习相关的专业。1+2+1培养模式指的是在大一期间，学生在国内打好坚实的日语基础，大二、大三期间去日本大学留学，学习相关的专业，大四期间回到中国继续学业，包括实习、写论文、找工作。3.5+0.5培养模式指的是在大学前三年半的时间里学生在国内打好坚实的日语基础，最后半年去日本大学留学，学习相关的专业。上述复合型人才培养模式既促进了学生的就业，又为日语专业的招生带来利好。第一届毕业于延边大学"英语＋日语＋汉语＋韩语型"人才培养模式的学生的就业状况非常好。相比于日语语言文学专业学生的平均录取分，上海外国语大学日语经济贸易专业学生的平均录取分要高出10多分。①

2. 跨文化交际能力培养模式

尽管很多高校在教学实践中大力推行复合型人才培养模式，但是有的学者也提出了他们不同的看法。有的学者认为，"日语＋专业教育"的交叉融合型不仅没有达到掌握专业知识的目的，反而占去了有限的学时，对日语教学产生了一定的影响。特别是目前并不是所有的日语教师都能够用日语流利地讲授"经贸"或"科技"专业知识，而经贸、科技专业的教师在授课的时候又不会使用日语，这种现象影响了日

---

① 张正军.复合型日语人才培养模式研究——兼论宁波大学之做法[J].宁波大学学报·教育科学版，2005(05)：105—108.

语专业人才的培养，对日语专业的学科建设也会产生影响。有的学者认为，"双语型"模式将教学的重点放在如何培养和训练学生的两种语言能力上，而就语言之外知识的获取，特别是获取知识的方法和创新能力的培养略显不足，因此学生往往表现出知识面过窄、缺乏思辨能力等现象。据此，他们提出，使学生具有扎实的基础知识、较强的实践能力，能够用日语进行跨文化交际是日语专业教育的首要任务。

三、影响人才培养的因素

（一）外部因素——日语专业毕业生就业形势严峻

从外部因素来看，随着中国加入WTO，与国际间的经济贸易交流剧增，在经济高速发展的同时，中国良好的投资环境吸引了越来越多的日企来华投资，日语专业毕业生的就业形势呈现良好的趋势。但是从2008年下半年全球经济危机爆发以来，国内企业用人需求急剧下降。多年来高校盲目扩招导致毕业生人数激增。因此，日语专业毕业生的就业受到了前所未有的冲击，就业难现象也日趋明显。高校应该采取相应措施来提高日语专业毕业生的综合素质，特别是实务工作能力，积极应对后金融危机时代日语专业毕业生的就业困境，是摆在高校人才培养和就业工作面前亟须解决的问题。

1. 高校日语专业本科毕业生就业现状分析

2001年我国加入WTO之后，加快了改革开放的步伐，我国与世界各国的经济贸易交流逐渐加深。在社会主义市场经济环境下，我国庞大市场吸引了许多日本企业来华投资。除了松下、东芝、索尼、NEC、TDK、富士通等知名的企业外，许多中小企业也进入我国。同时，国内许多企业对日贸易也在不断增加。在这种环境下，从2000年开始就业市场对日语专业本科毕业生的需求在逐渐增加。但受2008年金融危机的影响，我国日语专业本科毕业生就业形势陡转直下。今后大学生就业竞争将会更加激烈，就业形势也会更加严峻。剖析日语专业本科毕业生就业形势严峻的原因，主要体现在如下几个方面：(1)多年来，高校盲目扩招导致毕业生人数激增，势必会加速就业压力；(2)在信息化时代对人才需求不断提高的现实情况下，很多高校毕业生实践能力和创新能力比较弱，难以满足用人单位对毕业生越来越高的要求；(3)日语专业本科毕业生的择业预期与用人单位的实际需求存在差异；(4)用人单位的门槛日渐提高，限制了日语专业本科毕业生的就业选择，为日语专业毕业生的就业带来障碍。

2. 日语人才市场需求及就业岗位要求

根据统计，2018年一季度各省人才市场招聘单位需求数量最大的前十个专业依次是：营销、管理、设计、计算机、机械、财经、医药、建筑、外语、电气。求职登记人员需求专业排行前十位的是：计算机、管理、财经、机械、外语、医药、建筑、文教、艺术、法律。从人才供给来看，日语专业人才明显供应不足。需求日语人才的企业从行业分大致分为四类：一是工业系统公司；二是国际贸易公司；三是信息技术公司；四是现代服务型企业。一般日资企业对日语人才的要求，大体为"日语能力考试"二级以上程度，口语流利。日语人才的需求主要集中在"日语+IT技术"的复合型人才上，特别是"对日软件外包项目"需要一定数量的有日语特长的技术人员。因此，掌握日语，熟悉计算机应用、编程、软件研发和测试的人才就成了外包企业的稀缺资源。

（二）内部因素——文化教学、跨文化交际能力培养有待加强

从内部因素来看，随着语言学、外语教学理论研究的发展，人们对外语教学中文化教学及跨文化交际能力培养的重要性认识日渐深刻。为适应跨文化交际的需要，外语学习者既应该掌握语言知识体系和应用规范，能与该语言群体的人们有效交流，也要超越本族语和目的语及其相应的具体文化的束缚，了解对象国如何用语言来反映他们的价值观念、民族心理和性格，即了解他们的社会文化，具有灵活且适合于多种社会文化环境的交际能力[①]。也就是说，跨文化交际能力理应成为日语教学的重要教学内容和目标，语言教学和文化教学在日语人才培养中是不可分割、相辅相成的一体两面。但是，传统的日语人才培养模式不能适应新时期人才培养的需要，其不适应性主要表现在人才培养目标、基本规格要求、课程体系、教学方法、测试评价等方面没有突出应用性、实践性的特点，没有针对日语教学的社会人文目标和实践能力目标进行描述，文化教学、跨文化交际能力和岗位实践能力培养未能得到足够的重视和体现。只是靠教师自身的理解和经验在有限的范围内得以实现，但是对培养学生能力的关键环节——实践教学重视不够。实践教学体系不完备，实践教学时间没有保障，实践环节与社会、企业需求脱节，不能为学生营造有力的语言、文化环境，教师队伍实践经验和文化素质有待进一步提高。

四、高校日语人才培养模式改革路径

目前，很多高校的日语专业在人才培养模式上都进行了程度不同的改革，但是从改革的效果来看，与学生和社会的要求还有一段比较大的距离。因此，笔者认为，我们应该借鉴美、日等国"创新型人才"的培养模式，探索出一种新的"日语+X创

---

① 纪洪波. 改革培养模式 优化教学计划[J]. 中国高教研究,2000(04): 67—68.

新型人才"的培养模式。"日语+X"指的是以日语为接入平台，多方面发展学生的能力；"X"指的是令学生感兴趣的就业方向或某个专业。培养具有思辨能力和沟通能力的人才是"创新型"人才培养模式的目标。通过"创新型"人才培养模式，学生不仅日语语言基础扎实，还懂某一专业的基础知识，还具有思辨能力和跨文化交际能力。那么如何在"日语+X创新型人才"的模式下培养日语人才呢？我们可以从以下几方面入手。

（一）构建与创新型人才培养相适应的课程体系

创新型人才培养的课程体系除了要包括基本的语言知识，应用技能，相关的社会、人文知识以外，还要具有整体性，体现出知识点之间的逻辑关系和内在联系，以培养学生的创造意识和创新能力。创新型人才培养的课程体系首先要突出主修课的基础地位。日语专业的主修课主要由日语基础、日本文化以及相关课程组成；其次，考虑到具体教学中有限的课时数，高校要尽量压缩与培养目标不相符的课程；最后，高校应该借助自身的资源和优势学科为学生开设内容丰富的选修课。通常情况下，选修课可以分为三种，即本专业选修课、全校性选修课、通识课程。由于具有普遍性和实用性，学生可以根据自己的兴趣、爱好、潜在的就业方向和创新意识选择选修课。通过系统学习，学生可以了解和掌握法律、经济、教育、新闻传播、社会学、民族学、计算机等学科的基础知识、发展趋势、在社会经济发展中的作用，使学生在激烈的竞争中脱颖而出。

（二）加强日语创新型人才培养所需的教材建设

美国、日本的教科书密切联系现实生活，并且叙述详尽，十分吸引学生。传统日语专业的教材以语言文学内容为主，难以满足政治、经济、文化、科技、经贸等各行各业对日语创新型人才的要求。因此，日语专业需要有计划、有步骤地开展高水平专业课程教材体系的建设工作。

（三）注重个性化人才培养的需求

日语专业在培养人才时还应体现灵活性和柔性化。除了开设大量的辅修课以外，高校还应该鼓励日语专业的学生辅修第二专业或双学位。条件允许的话，学生还可以到其他高校辅修第二专业或双学位。教师在对这些有个性化需求学生的教学过程中，应将教学重点放在培养学生的独立思考能力、分析能力、批评能力和解决问题的能力上，为学生创造一个宽松自由的学习环境，鼓励学生独立思考，培养学生独立分析问题和解决问题的综合性能力。

（四）多途径全方位地开展联合办学

借鉴国内外，尤其是日本大学之间普遍开展的联合培养人才的模式，省内或区域内高校可以开展广泛的合作，进行校际之间的联合办学，最大程度地发挥优质教育资源的辐射和带动利用，促进高校的协同发展。同时，高校还应该和日本大学建立友好关系，开展国际化的联合培养计划，充实完善2+2、3+1、1+2+1、3.5+0.5等人才培养模式。笔者比较推荐2+1+1的模式。在大学期间的前两年，日语专业的学生需要在国内打下坚实的日语基础，大三的时候去日本留学，学习自己感兴趣的"X"专业，比如国际关系、企业法务、日本文化，大四的时候回到国内，进行实习、写论文，将在日本学到的理论知识运用于实践中去。这一人才培养模式虽然很好，但是需要高校国际合作处、教务处，以及日语教师付出更多的努力，多与日本知名大学展开合作，签署学生互派协议，尽量让每个学生都有去日本留学一年的机会。

第四节　校企合作人才培养模式

一、校企合作的意义

日语专业的校企合作人才培养模式是一种可使企业、学校、学生三方受益的培养模式。

（一）企业方面

1. 员工培训

通过校企合作，企业可以利用学校资源对员工进行继续教育，加快了企业自有人才的学历教育，并以潜移默化的方式使企业成为学习型企业，进一步提高了企业员工的整体素质。同时，借助高校的信息与技术服务进行新项目的开发、新技术的引进等，提高企业的竞争力，使企业能够可持续发展。

2. 储备人才

通过校企合作，企业选拔了优秀的人才，减少了企业员工再培训的费用和投入，解决了企业与市场对岗位适应人才的需求难题。与此同时，可以缩短员工和企业的磨合期，降低企业的培训成本和劳动成本，有力地提升了企业的竞争力。

(二) 学校方面

1. 适应市场需求

学校通过与企业的深入接触，能够把握了解市场的经济命脉，从而进一步明确自己的办学方针和培养目标，使培养的人才更加贴近市场需求。目前，很多大学毕业生走上工作岗位后，很长时间都不能进入角色。原因在于传统的大学日语教学模式只注重知识传授而忽视实践能力培养，导致了毕业生缺乏解决实际问题的创新能力。实行校企合作后，学校根据企业的需求修订教学计划，加强教学的针对性；通过顶岗实习，锻炼了学生的实践能力，弥补了课堂教学的不足，使学生具备适应社会的能力，提高了就业率，也进一步提高了学校的竞争力。

2. 优化师资队伍

学校专业教师可以定期到合作单位锻炼，更新自己的专业知识，提高自己的专业技能。在实际工作中，教师把理论知识与实践相结合，将教学和科研结合起来，这既有利于提高自身业务素质，也有利于提高教学质量，对建立一支过硬的"双师型"教师队伍也有着十分重要的意义。与此同时，高校还可以聘请企业专家来校授课，传授与企业文化相关的内容，将职业人的行为和作风带给学生。通过校企合作办学，调整了学校专兼职教师的合理结构，进一步优化了师资队伍。

(三) 学生方面

1. 提升实践能力

通过到企业顶岗实习，学生可以把在学校学到的理论知识应用到实践当中，并把在实践中的体验进行理论对接，从而加深了对理论知识的理解，增强了应用知识和解决实际问题的能力。这样的实践活动不仅能够提高学生的实践能力，还能够激发学生的创造意识、创造热情和创新精神。

2. 缩短就业适应期

在顶岗实习中，身临其境的企业环境熏陶、必要的实习条件和难得的实践锻炼机会，都能够使学生及时掌握从事相关日语工作的技能的技巧，毕业后可缩短基层工作时间，更快地走向基层管理岗位。有了更加主动的适应市场需求的能力，从而确保了就业渠道的畅通。

二、日语专业校企合作存在的问题

校企合作教育作为培养日语复合型人才的重要途径，受到高校的重视，越来越多的高校为了提高办学活力，纷纷开展了校企合作办学模式。但是，在合作的实践中，由于双方在思想理念、目标利益、权属体制等方面的差异，以及国家政策滞后等因素，导致高校日语专业的校企合作教育开展得并不顺利。

(一) 缺乏法律保障

虽然国家十分重视校企合作，也充分认识到校企合作对人才培养的重要意义。但就目前来讲，政府相关部门并没有建立相关领导机构与完整的校企合作准则及制度。因此，在校企合作过程中缺乏充分的协调机制、相应的鼓励机制及相应的法规、制度保障。

(二) 企业缺乏热情

在校企合作的过程中，经常会出现学校比较主动、企业缺乏热情的局面。其原因是：学校通过与企业合作可以减少部分实验、实训设备的投入，降低办学成本，还能提高学生的就业率。因此，合作的积极性和主动性较高一些。而企业作为一个盈利实体，以追求利润为目标，校企合作不仅不会带来直接的效益，还会增加企业的负担，并要承担相关成本，在人力、财力、物力上都要有所支出。同时，由于学校的课程设置、学生自身等多种原因，实习的学生并不能很快进入岗位角色，而需要一段时期的适应，使企业对实习生失去了信心。此外，政府又没有强制要求，参不参与关系不大。因此，企业明显缺乏参与校企合作的热情。

(三) 传统人才培养模式的束缚

多年来，我国高校日语专业形成了以课堂教学为中心的人才培养模式，注重日语理论知识的系统性和完整性，忽视了相关专业技术能力的培养，导致学生毕业后的实际运用能力比较弱。这种以学科知识体系为主线、以课堂教学为主要形式的人才培养模式直接导致了理论与实践的严重脱节，越来越不能适应现代经济社会对于复合型日语人才的要求。此外，我国高校日语专业教师多是从校门到校门，缺乏实践经验的积累，指导实践课程和实训课程也是从书本到书本，过于简单和形式化，解决实际问题能力比较弱。

(四) 学生自身的不足

目前，大学生普遍对实习的重要性和必要性缺乏充分的认识，在实习过程中缺少压力感和责任感，没有达到实习的真正目的。由于日语专业本身的特点，使学生在学习过程中理论知识掌握得比较扎实，而相关的专业知识掌握得较少，对实践工作缺乏兴趣和激情，无法适应岗位要求。

三、校企合作人才培养模式

（一）学校发挥服务功能，办出专业特色

1. 学校必须发挥服务功能

学校教育如果按照企业运行来划分，学校即生产方，学生既是顾客，又是产品，社会和用人单位即顾客。为了生产出优质产品，达到三方共赢的效果，教育的生产方和顾客方都必须与时俱进、更新观念。作为教育"生产方"的高校应为经济社会发展培养急需的日语人才。因此，高校的教学、教研、教改必须以服务为中心开展工作，为社会提供人才培养、人才服务和咨询服务。为了把服务做到位，专业负责人和专业教师必须以开放的姿态，学习掌握国内外教育趋势，熟悉所在地区的产业发展情况，了解本专业面向的行业类型，熟悉该行业的人才需求特点，以发展的眼光规划"产品"的研发、生产和营销等一系列环节，并且按照标准严格贯彻实施。在人才培养过程中，无论是人才培养方案制订前的市场调查，还是方案的制订、实施和反馈，都必须与企业密切合作，征求企业相关人士的建议。

2. 在"α（技）"上办出专业特色

为了提高学生的就业竞争力和可持续发展能力，专业必须以"α（技）"为突破口做出改革。此"α（技）"的设置必须根据区域的产业结构特点和行业优势，结合高校自身的优势资源，在"人无我有、人有我优、人优我特"的专业建设思路下，瞄准人才市场方向，确定"α（技）"的方向。"技术"是一种活动，离不开经验知识和技能，真正的技术实践能力必须在操作训练过程中才能形成，这是由技术的本质决定的。[①] 为了培养适应岗位需求、符合社会发展需要的日语人才，必须从人才培养模式、课程体系、教学模式、教学内容、教学评价以及实训条件等方面做出重大改革。

（二）企业发挥引领功能，参与教学评价

1. 企业发挥引领功能

人才是企业生存发展的关键，企业只有与学校共同合作，才有可持续发展的更大空间。企业熟悉产业趋势、行业特点、人才需求、岗位特点和工作流程，所以如果企业发挥资源优势，引领学校的人才培养，与校方一起参与"产品"的设计、制作以及售后服务的全过程，培养的"产品"质量才能适应市场的需求，满足企业的

---

① 徐国庆.职业教育原理[M].上海：上海教育出版社，2007：45.

期望。

2. 企业参与教学质量评价

企业是学校的顾客，人才培养质量是否过关需要社会和企业的检验。企业若能协助学校制订《专业人才培养方案》《人才培养质量标准》《顶岗实习考核标准》以及各门技能课程的《课程标准》，并且参与人才培养的质量跟进和督评，就可以通过"S（Standardize）—D（Do）—C（Check）—A（Action）"循环，不断促进人才培养质量的提高。课程实施前，企业方协助学校共同探讨本课程的开设目的、形式、内容以及考核标准，提前制订完善的课程标准；课程实施的过程中，企业方发挥优势资源，为课程的开展提供必要的人力资源和环境资源，协助学校跟进课程标准的执行情况，是否到位；企业（包括日方技术人员）指导并监督学生的顶岗操作，考核学生对技能的掌握程度，并且向学校反馈所发现的问题以便课程组教师反思并改善课程标准。不仅课程教学质量评价，包括日语专业的人才培养方案的评价也需要企业的通力配合，企业参与人才培养质量的跟进、检查和评价，从而达到校企共管的专业人才培养质量的良性循环上升。

（三）校企建立联动合作信息平台

校企双方如何找到相互适合的合作伙伴？尽管学校和企业的经营目的有差异，但是学校和企业的发展都与人才密切联系。校企双方以人才为纽带能够追求各自的利益。由此可见，以合作双赢为原则设计日语人才服务为主的校企合作联动信息平台是市场发展的需要。平台既包括线上平台，又包括线下平台。

1. 以合作双赢原则设计平台

平台首先以网络平台为主。网络平台主要由四大模块组成，分别是企业模块、学校模块和合作政策、机制模块以及咨询模块。企业模块内含日系企业或者与日系企业有贸易往来的企业基本概况、发展动态、人才需求状况、招聘信息等；学校模块内含每个学校的基本概况、学校的社会服务领域、日语专业的人才培养方案、日语专业的人才培养动态、人才培养质量反馈以及日语专业的辐射专业（如机电专业、商务专业、管理专业）、日语人才供应等信息；合作政策及机制模块内含国家颁布的校企合作相关政策文件、省内的相关文件以及校企之间或者校企内部的相关制度；咨询模块就来自企业方、校方以及学生所提的问题进行解答。校企双方必须建立稳定的组织机构，如设立平台负责方、校企合作委员会，制订合作的机制和制度，以此保障和促进校企合作平台的正常运营。校企合作委员会必须定期组织校企合作方召开面对面的工作会议，探讨校企双方人才需求和人才供应的最新动态，就遇到的问题提出解决方案。凡是有需要并且符合要求的企业和学校都可以在平台上注册并

发布合作项目，学生可以通过身份验证登录平台，通过平台关注行业发展趋势，主动掌握市场人才需求信息，提前了解岗位特点，选择适合个人的岗位，提早做出职业规划，有利于实现与社会"零距离"接轨。

2.以项目为载体经营平台

登记注册的校企可以在信息平台上进行交流与互动。例如，汽车行业、电子行业、IT行业的企业在平台上发布招聘信息，学校在平台上对本校日语专业特色进行介绍或者展示技术研究成果，如此方便校企双方互相寻求理想的合作伙伴。在真实项目的合作过程中，若校企双方都有意愿保持深度合作关系，那么对于校方遇到的困难，如实训基地的建设、校内教师的企业实践培训、学生技能培训的场所或者企业遇到的困难，如人才的招聘、岗前培训的成本、技术的传承等均可在校企合作平台上得到解决。

第十一章 日语教学中思维创新的培养策略研究

第一节 基础日语教学的现状研究与分析

一、基础日语课程的特点

基础日语课程是高校日语专业初级阶段开设的专业必修课程，贯穿整个语言学习的初级阶段和关键阶段，其教学效果的好坏不仅影响学生后期日语综合能力的提升，还直接决定学生整个大学期间专业学习的成败。然而，纵观多年来的基础日语教学，由于学生的学习起点普遍较低，课程的学时数整体不足，课堂教学往往陷入两难的境地。一种极端，过度强调语法、语言知识的重要性，使得学生对于语言正确性的追求过高，进而忽视了对语言使用环境和跨文化交际能力的培养；另一种极端，过度强调语言的交际能力，使得学生虽然短时间内便能进行简单的交流沟通，但语言基础知识过于薄弱，缺乏自主学习和独立思考的能力。这两种极端的教学效果在不同程度上暴露出传统的基础日语教学模式中存在的不足。从课程设置方面来看，基础日语课程是一门培养语言综合能力的技能性课程，学时一般为一周8~10学时，在基础阶段专业课程中的地位举足轻重，同时与其他专业课程联系紧密、相辅相成。基础日语课程要求学生通过两年的学习和训练，掌握基础性的语法现象和常用词汇，并能够准确运用这些语言知识，同时培养学生熟练掌握听、说、读、写、译五项基本技能，通过对日本社会文化及日本民族心理的了解，最终培养学生运用语言知识和语言技能进行跨文化交际的能力。从教学对象的特点来看，基础日语课程主要是以日语零起点的大学一、二年级本科生为直接教学对象，特别是对于一年级新生而言，刚刚结束了紧张的高考冲刺，面对大学相对宽松的学习氛围，往往会产生无法适应集体生活、无法平衡学习和课外活动时间，在相对紧张而繁重的课业压力下，无法平复理想与现实的心理落差等诸多问题。但是，这些学生往往具有独立的思考能力和创新意识，其学习能力和理解接受能力相对较强，只要能够培养和激发他们的学习兴趣，顺利完成基础学习阶段的入门和过渡，便可以为下一阶段的学习提供保障。

二、基础日语教学的现状

（一）教学目标方面

在基础日语课程教学中，对于学生日语语言基础提出了较高的要求，即不仅要巩固基础，同样要具备多种日语综合技能[①]。在这种情况下，基础日语课堂教学过程中仍将词汇、句型、语法等作为主要的教学内容，并和基本的技能训练相互结合，以保证学生能够掌握语言知识，从而不断增强自身的语言运用能力。但在实践过程中，由于课时有限，日语教师很难有机地结合所有的教材内容，仍有部分内容无法在课堂教学中讨论或是口头练习。与此同时，课堂活动以教授为主，教学重点始终是词汇、句型、语法的解释，而学生则始终处于被动状态，其自身的交往能力、文化能力及语言交际能力等的培养被严重忽视。

（二）教学模式方面

教学模式始终以教师为中心，且专业教师仅关注知识的传授。学生接受知识更加被动，所采取的学习方法仍是反复地训练和机械地记忆。在这种传统的教学模式背景下，学生很难灵活掌握语言的使用，其自身的自主学习能力及创新能力也难以充分发挥出来[②]。除此之外，在应试教育的影响之下，即便学生接受专业教育，但自身的口语水平有待提高，尤其是在求职面试的过程中，日语口语问题频繁出现，无法符合社会需求，这也正是传统教学模式的不足之处，导致基础日语课程难以有效达到教学目标。

（三）教学方法方面

在基础日语课程教学方法方面，更关注对知识的传授，对实践教学重视度不高，无法激发学生学习日语的积极性。课堂教学内容也仅仅局限在基础教材方面，对于其他教学方法的运用并不多，具体表现在日语口语、课外阅读与写作方面。其中，对于口语与课外阅读课程的教学，始终以教师讲授为主，教学方法单一，导致学生对日语学习的兴趣日渐降低，严重影响课堂教学的质量与效果[③]。

[①] 王佳音.高校基础日语课程教学新模式的探讨与研究[J].黑龙江高教研究，2014（11）：174—176.
[②] 谢亚兰，李谊，肖婧，唐德权."互联网+"时代下协同教学创新方法在基础日语中研究[J].教育教学论坛，2016(43)：151-152.
[③] 谢亚兰，李谊，肖婧，唐德权."互联网+"时代下协同教学创新方法在基础日语中研究[J].教育教学论坛，2016(43)：151-152.

三、如何处理基础日语教学中听、说、读、写的关系

在外语教学中如何处理听、说、读、写的关系，历来是有争论的。翻译法重读写，主张阅读领先；直接法重听说，主张听说领先，两派观点针锋相对。这种争论一直延续到现在。如何处理听、说、读、写的关系不是个小问题，而是涉及培养外语人才质量的大问题，因此很有研究的必要。

（一）听、说、读、写相辅相成，必须全面训练

听、说、读、写既是教学目的，又是教学手段，听、说、读、写作为教学目的的说法在各种语言实践课的教学大纲中已做过论述，笔者将着重从作为教学手段这个角度论述基础日语教学中听、说、读、写之间的关系。

1. 听、说、读写是一个整体

无论是从交际角度，还是从教学角度来看这四个方面都不是孤立的，而是相互联系、相互制约、相互依存、相互促进的。例如，听是说的基础，学生通过听接受教师发出的日语信息，然后进行模仿、记忆、重复，学会说。听为说提供了范例，为说创造条件，不通过听是学不会说的。学生在语音、语调以及口语上的错误往往是由于没听清楚，模仿得不正确造成的。因此，教师必须注意听的训练。要严格要求学生做到：听得准，说得对。说对听也有影响，学生一旦养成错误的发音和口语习惯，即使听得正确，由于先入为主，也很难听得准、模仿得对。由此可见，听和说互有影响、相互促进，要以听保证说，以说提高听，听和说一起训练。

2. 学习口语有助于提高书面表达能力

现代语言心理学证明，一切言语活动都离不开口腔和喉头的活动，朗读和说自不待言，就是默读和写作时，发音器官也有不同程度的潜在活动。由此可见，口语训练能提高和促进读和写的速度和质量，因此即使以培养书面表达能力作为主要的教学目的，也要有一定的口语训练。

(3) 书面表达训练有助于提高口语能力

在缺乏外语语言环境的学校里学习外语，听、说、读、写训练主要是围绕着阅读课文进行的。通过读文章，学生可以记忆大量的词汇、成语、谚语、惯用语和各种句型，可为发展口语提供丰富的语言材料。俗话说："熟读唐诗三百首，不会作诗也会吟。"朗读有助于口语能力的发展是显而易见的。因为朗读既有读的因素，又有说的因素，它是连接读和说的中间环节，也是由读向说的过渡阶段，因而必须加强朗读训练。写有助于提高口语能力。首先写能使口语逻辑性强，语言简练，遣词造句合乎规范，用词准确，近来外语教学非常重视写话训练，其用意就在于此。由于

写时有多种感觉器官参与记忆活动，因而写有助于巩固听过、说过、读过的语言材料。神经语言学研究了大脑的机能和外语学习的关系后指出，语言既由大脑特定区域掌管，又是大脑两半球整体的产物。掌握言语活动的脑的主要部位是布洛卡区、威尼克区、辅助运动区、单词视觉区、词物联系区、丘脑和胼胝体。在进行言语活动时，上述部位既具有各自不同的重要机能，又有着相辅相成的内在联系。这就是说，在进行言语活动时，作为掌管听、说、读、写机能的脑的有关部位是相互协调、相互配合的。根据这种生理机制的特点，听、说、读、写也要全面训练。

综上所述可知，听和读是吸收语言材料，说和写是表达。表达是在吸收基础上进行的。外语教学要在广泛大量听和读的基础上进行说和写的训练。在说和写的活动中巩固听和读获得的语言材料。这样听、说、读、写就能相辅相成、相得益彰。因而，听、说、读、写作为教学手段必须全面进行训练，不能片面强调听说，忽视读写，反之亦然。

（二）听、说、读、写各有特点，必须单独训练

听、说、读、写之所以能相辅相成、相互依存、相互促进是因为听、说、读、写有共性。除此之外，听、说、读、写还各有其特性。共性使它们相联系，特性使它们相区别。听、说、读、写可以相互促进，但不能相互代替，要根据其各自的特点进行专门的训练。

1. 听、说、读、写的训练特点

在交际过程中，听、读处于领会地位，因而一方面要侧重快速识别语言能力的训练，另一方面要求掌握较大的词汇量，较丰富的语法、修辞等语言知识，因为听和读是输入信息，不能控制对方输出信息、表达思想时使用的词汇、语法等语言知识。说和写处于表达地位，因而应侧重快速复现语言材料能力的训练。由于说和写是输出信息，可控制语言材料的使用范围，会的、熟的就用，否则就不用，大有选择的余地。这与听和读相比是容易之处，但也有困难之处，即要求自动化地掌握语言材料，达到不假思索脱口而出的程度。此外，要根据听、说、读、写运用感觉器官的不同进行耳听、口说、眼看、手写的专门训练。例如，为了培养学生朗读能力，要训练他们具有在各种情况下认读的能力，要培养他们看词、读音联义的熟巧。

2. 听、说、读、写训练的关系处理

为了培养听的能力，要让学生多听不同教师的讲课，多听各种各样体裁、题材的范文和国内外日语广播。为了培养写的能力，要进行一系列拼写法和标点法的训练。大脑生理学的实验证明：人的大脑有两个半球，左半球掌管逻辑思维和言语活动。听、说、读、写各有生理机制，分别位于左半球有关部位。事实和实验证明，

第十一章　日语教学中思维创新的培养策略研究

言语中枢某一部分生理机制受到损伤，就能影响听、说、读、写某一部分活动。听、说、读、写的生理机制是不同的，要想培养听、说、读、写的能力，除了从整体上加以协同训练以外，还必须针对它们不同的神经语言传导路径进行专门的训练。有的心理语言学家为了研究听、说、读、写的关系，专门进行了"通过听说训练培养的口语能力能多大程度地向读写的技能转移"的实验。他们想通过实验证明，在重点进行口语训练能否同时在读写方面获得好的成绩。实验的结果是否定的。但却从另一个方面证明：读写能力只有通过读写训练来培养，否则是掌握不了读写能力的。

我们从语言学、心理学、生理学角度对听、说、读、写进行了全面分析，可知听、说、读、写都有着自己的特点，听、说、读、写只有在各自训练的基础上才能相互促进。听、说、读、写虽然是相辅相成的，但不能相互代替，要根据语言学、心理学、生理学特点进行专门的训练。

(三) 听、说、读、写并举，阶段侧重

基础日语教学是一个发展的过程，随着学生日语水平的不断提高，日语教学也在发生变化。这个变化的标志是把日语教学相对地划分成三个阶段：初级阶段、中级阶段、高级阶段。

1. 初级阶段

从全局来看，无论是把听、说、读、写作为教学目的，还是作为教学手段，它们在整个日语教学过程中都应并举，并应贯彻始终。偏离了这个方向就会影响打好口语学习的基础和日语人才的培养。但是听、说、读、写的发展是不平衡的。一般来说，口语比阅读难掌握。在初级阶段，口语训练是主要矛盾，随着基础日语教学进程的不断发展、学生日语水平的提高，听、说、读、写的关系也有所变化，中级阶段在继续发展口语的同时，要加强读写训练，高级阶段阅读训练上升为主要矛盾。初级阶段是学习日语的启蒙阶段，要以口语为主，侧重听说训练。由于培养口语熟巧需要足够的时间进行大量的练习，因此初级阶段要精选语言材料，可结合听说训练进行语音、语调教学。要在口头掌握语言材料的基础上进行朗读和书写教学，以读写练习来巩固听说训练中掌握的语言材料。语言心理学的研究成果表明，口语是一切言语活动的基础，因为一切言语活动都离不开口腔和喉头的运动。当我们阅读文章时，常常是将视觉接受的文字信息通过自身的发音器官运动转化成声音信息，然后送往大脑言语活动中枢，经过处理之后才能理解所读文章的内容。由此可见，任何文字材料脱离声音都是无法理解的。因此，日语教学的初级阶段必须以口语为主，打好口语这个基础，通过口语带动读写教学。这是顺乎自然的，符合日语学习的规律。初级阶段抓口语符合低年级学生的心理特点。低年级学生发音器官灵

活多变，可塑性强，善于模仿，不羞口，常常因为能讲日语而高兴。因此，低年级日语教学侧重口语能充分调动学生学习日语的积极性。此外，先抓口语教学容易使课堂具有口语气氛：师生之间、同学之间可在课堂上用日语对话，初步养成会话习惯。即使在加强读写教学的时候，仍可用口语组织教学，使课堂教学交际化。基于上述原因，笔者认为，低年级日语教学要以口语为主，侧重听说训练，适当进行读写教学。

2. 中级阶段

中级阶段具有承上启下的作用。所谓承上，指的是中级阶段是初级阶段的继续。初级阶段由于侧重口语教学，学生掌握了一定的听说技能，中级阶段要在此基础上继续加强口语训练，不断提高口语能力。所谓启下，指的是通过中级阶段教学为高级阶段侧重阅读教学打好基础。中级阶段要在初级阶段的基础上加强读写教学，使听、说、读、写的技能都得到训练，为高级阶段侧重阅读教学做好必要的准备。

3. 高级阶段

高级阶段应侧重培养阅读能力，这是日语学习发展的必然结果。这一方面是由学习日语的最终目的决定的，另一方面是由日语学习的自然发展过程决定的。培养阅读能力的任务主要应由高级阶段的阅读教学来完成。因为初级和中级阶段学的词汇、语法知识是有限的，不足以使学生掌握真正的阅读能力。到了高级阶段，在中级阶段阅读教学的基础上，通过大量的快速阅读训练才能使学生获得独立的阅读能力。高级阶段虽然侧重阅读教学，但也要进行口语训练。这时的口语教学分两个方面进行，一方面巩固和提高在中级阶段获得的口语技能，另一方面结合阅读教学进一步发展口语能力。学生通过阅读原文能从中汲取生动的口语素材，从而丰富口语的内容。

总而言之，听、说、读、写并举，阶段侧重是符合基础日语教学进程和日语学习规律的，日语教师在教学时既要严格遵守，又要灵活运用。

第二节 日语教学改革与创新思维方法探究

一、日语专业教学改革总体思路

(一) 完善课程结构设计

在专业日语课程设计的过程中，为了强化日语专业教学的专业性，使日语真正成为学生生活的主体内容，必须要转变传统的日语教学课程结构，适当增加日语教学时长，让学生能够感受到日语的魅力。在对日语课程结构进行调整时，可以适当增加一些有助于学生对日语知识了解的内容，包括日本的地理环境、风俗习惯、社会文化生活等，还可以引入学生感兴趣的动漫元素，提高日语课程教学的趣味性。在日语课程教学的过程中，还要去除与日语专业关联度不高的课程，这样才能够帮助学生为日语课程学习预留充足的时间。

（二）提高师资力量

教师作为整个专业课堂教学的主体，可以对日语课堂起到良好的引导作用。因此，为了保证日语课堂教学更加专业充实，必须招聘大量优秀的日语专业人才。高校必须要派遣教师进修，让原有的师资力量更加雄厚。此外，高校要通过高薪引入的方式吸引更多的优秀日语教师，这样才能够保证大学日语课程教学水平的全面增强。

（三）转变教学模式，活跃课堂氛围

在教学过程中，教师教学的方式会直接影响学生的学习兴趣。为此，教师必须积极改变课堂教学策略，为学生营造良好的教学空间，提高他们的学习效果。日语作为一门语言学科，最重要的就是培养学生的语感，让他们能够在合适的语言环境下感受日语的魅力。因此，日语教师要积极为学生营造纯粹的日语教学环境，通过排演日语话剧或者观看日本综艺节目等方法来活跃课堂氛围，让学生对日语产生浓厚的兴趣。日语教师在课堂教学时也要摒弃传统的教学模式，让学生真正地参与到教学活动中来，激发他们学习日语的积极性。课堂教学要以学生为主体，创新教学模式，做到一切从学生的实际出发。教师要根据学生的实际生活创设教学情境，让学生由被动的知识接受者转变为主动的信息加工者。这样的课堂教学模式不仅要求教师树立求新求变的教学理念，还要实现行动上的华丽转身，让自己真正成为学生学习的引领者、辅导者[1]。教师要紧紧围绕自主学习和学习情境的搭建开展教学，活跃学生的思维，为学生营造轻松愉悦的学习环境，在夯实学生语言知识的同时，培养学生的语言综合运用能力。在日常生活中，教师还应该积极地引导学生用日语进行积极的交流，鼓励他们与日本人做朋友，了解日本的文化、风俗习惯、思维方式，为进行跨文化交流做好充足的准备。与此同时，教师要将培养学生独立思考的能力放在教学的首位，鼓励他们去发现问题、思考问题、解决问题，不断创新，从而提

---

[1] 刘宇楠. 学习效能感在日语翻转课堂中的效用 [J]. 哈尔滨学院学报，2019（12）：106-109.

高课堂教学的整体水平。

(四)搭建中日文化交流的窗口

日语课堂教学必须要通过各种各样的渠道为中日之间的文化交流打下良好的基础，因此高校必须创造条件让学生去日本进行交流学习，了解日本的真实情况，亲身感受日本的风俗习惯、社会环境。对于没有机会去日本留学的学生也可以让他们积极地利用互联网对日本社会进行深入了解，与日本人进行友好交流。同时，高校应该和日本企业建立合作关系，组织学生到日本企业进行实践学习，帮助他们感受中日文化之间的差异，以增强学生学习的整体效果，提高他们的综合素质。由于语言的学习和文化密不可分，而语言也是文化的重要组成部分。在日语语言学习时必须要充分了解日本的文化，这样才能够帮助学生将日语教学与日本文化紧密结合起来，教师不仅要让学生充分地掌握教材中的语法句型，还要通过多种途径帮助他们了解日本文化，加深对日语文化的理解，寻找恰当的方式进行表达。在开展语言教学时，一定要尊重日本文化的差异，避免引发矛盾。例如，在英语语言国家，如果拒绝他人的请求会直接说 no，而在日本这样的表达非常不礼貌。为了使双方的关系良好，最主要的就是选择不使用直白的语言，既能够有效地解决提问者的要求，又不会使对方感到不愉快。总而言之，不同的国家有不同的文化，在学习日语之前必须要深入了解日本文化，这样学生才能够建立并维持与日本人良好的人际关系。

(五)营造良好的多媒体技术教学情境

随着现代信息技术的快速发展，各种多媒体技术在课堂教学中的应用也越来越普遍，通过多媒体能够营造良好的语言环境，帮助学生产生索取知识的欲望。教师在课堂教学时，不仅需要具有扎实的日语知识，还要掌握一定的心理学知识。只有对学生的不同心理特点展开分析，才能更好地帮助他们营造良好的课堂情境，将各种资源信息有机地整合起来，构建趣味课堂，增强学生的学习兴趣[1]。

二、日语专业教学创新思维方法

(一)针对教育对象，倡导合作互动，活化教材，有利于拓展学生创新思维空间

目前比较流行的几套日语教材虽然内容新颖，贴近现代生活，为学生学习日语

---

[1] 黄丽. 情境教学法在大学日语教学中的运用 [J]. 智库时代, 2019(52): 297–298.

提供了大量的信息，但是教材中的图文都是静态的，其内涵具有一定的内隐性。如果教师能设法让这些静态的图文动起来，最大限度地开发学生的想象力，再现情景，那么课堂就会增大容量，变得信息丰富，趣味盎然，从而极大地提高教学效率。为了做到这一点，进一步拓展学生的创新思维空间，笔者建议采用合作互动的方法，也就是让学生在教师的指导下，根据课文内容，分组进行情境模拟。在情境模拟演示的过程中，教师要鼓励学生大胆创造，尽力做到"活""广"。在这里，所谓"活"指的是再创造要灵活，既忠实于教材原有设计，又不受其束缚，其内容可以合理取舍，大胆增删，只要能更好地服务于教材与教学就行；所谓"广"指的是学生人人参与、个个展现。总而言之，学生情境模拟演示，既可以使他们熟练地掌握课文中的知识点，又能很好地培养他们自身的思维、开启他们的才智。此外，在课堂上，学生站在讲台上，表演自己亲自编创的情境对话时，同样有益于提高他们的创新精神和实践能力。但是刚实施起来并不容易，学生在私底下表现得很不错，他们却不愿意在课堂上积极表现。针对这种情况，笔者先给学生做示范，同时观察学生，发现课堂表现活跃的学生，让他们开头，并加以鼓励和表扬，从而带动全班学生的积极性。这样，既拓展了学生的思维空间，又提高了他们的实践能力。

（二）立足"学用结合"，精心设置学案，有利于激发学生创新思维潜能

"学用结合"是外语教学中最为推崇、也是最为基本的一种教学思想（也叫教学理念）。在日语教学中，笔者和同仁立足于"学用结合"，力求学生做到学有发展、学以致用，既学得活，又学得透。具体表现为：强调学生在学中用、在用中学，要求充分理解而不是死记硬背，把掌握知识的重点放在思考力的发掘和培养上，根据学生思考问题的方式和特点，通过各种渠道把知识结构铺垫成学生思维的方式，通过提问、探索和点拨，引导学生思维，鼓励他们多角度思考。在学生学习知识的同时，训练其思维方法，用思维方法指导知识学习。学生要掌握好基础知识，是与教师的正确引导分不开的。只有教会了学生科学的学习方法，他们的能力才会提高。针对学生在起始阶段日语基础较弱，为学生精心设置学案，可对每单元的课文阅读采取"自学探究""合作学习""运用创新"相结合的方法。"自学探究"指的是学生针对学案中的目标和要求进行预习，在探究过程中完成猜词义、分析句型、归纳课文重点、难点等任务，发现问题。"合作学习"指的是让学生在充分预习的基础上，在课堂上展开共同的合作学习研究活动，教师在关键处进行点拨，针对学生的疑难进行解答。在课堂上，学生"探究"，教师"点拨"。然后，在"自学"和"合作"的基础上让学生"运用创新"。教师精选文中出现的重要词汇、句型编成练习题，让学生进行必要的巩

固，使他们把学到的知识转化成能力。实践证明，这样做，学生不是学少了，而是学多学活了。在教师引导学生自学时，教师结合目标语言教学，让学生针对目标语言，学用结合，有效地激发了学生积极思考、发现问题、提出问题和解决问题的潜能。

第三节　日语教学创新性培养策略

一、日语教学中学生创新思维的培养目标

（一）强化学生的自我意识

想要培养学生的创新思维，首先就要在教学的过程中强化学生的自我意识。传统教学模式中，教师占有绝对主体地位，学生仅是教学过程中的接受者。在这一过程中，学生逐渐丧失自我意识，表现出不自信、不积极、不主动的学习状态。当学生有了明显的自我意识，才能够更加正确地对待他人对自身所做出的评价，同时可以从他人的评价中展开自我反思，从反思中改善自我、提升自我[1]。因此，在日语教学中，想要有效地培养学生的创新思维，就要重视学生自我意识的强化。高校应当通过教学改革中的一系列活动以及教师日常教学活动中的积极引导，使学生敢于表达自我、乐于展示自我，并逐步实现学生的主体意识与自我意识的强化。

（二）培养学生的求异思维

在培养学生创新思维时，十分重要的一点就是要培养学生的求异思维。在传统的教学模式中，教师提出统一的学习目标，学生按照教师要求完成，并没有充分考虑学生的思维差异。紧张有限的教学时间也限制了学生的思维，不便于学生从不同的角度思考问题，展示个人独到的见解。在日语教学中，培养学生的创新思维的重要组成部分就是求异思维，教师应当充分考虑学生的求异思维。例如，采用问题设置、分组讨论、自由表达等教学方法激发学生的思维，培养学生提出问题、解决问题的能力，促进学生的求异思维不断发展。此外，在教学安排中，教师有必要预留出充分的提问和讨论时间，使学生能够在相对宽松的课堂环境中充分思考、积极表达，逐步建立起求异思维，为学生创新思维的培养奠定良好的基础。

---

[1] 田媛.素质教育背景下高中日语课堂教学策略探析[J].好家长,2018(50)：75-77.

(三)提高学生的创新兴趣

创新兴趣是提升学生认识事物与探索事物的内在动力,当学生对创新具有浓厚的兴趣时,他们会将自身的注意力全部投入到创新活动中,并可以在创新活动的过程中体验到乐趣以及成就感。因此,在日语教学过程中,应当采取有效的手段提高学生的创新兴趣[1]。例如,在教学活动中引导学生重视创新价值,举行创新思维讨论活动,激发创新兴趣。在学生参与活动的过程中,教师应当及时进行信息回馈,对于有创新思维的学生给予鼓励和表扬,促进学生更广泛、更积极地参与教学活动,不断加强创新的兴趣。

二、日语教学中培养学生创新思维的路径

(一)更新教师的教学观念

新时期,社会各个行业发展迅速,生活以工作的节奏在不断地加快,因此教师的教学观念也应当与时俱进,及时更新。教学观念形成于教师的理论学习和教学实践过程中,对教师的教学行为起着指导性作用。日语教师应该以提升学生创新思维为出发点,不断学习,及时更新自身的教学观念。在日常的课堂教学中,教师能够采用更多样、更有效的教学手段完成传授知识和培养能力的教学目标,给学生提供较多的创新机会[2]。具体来讲,日语教师不仅仅要教授学生基本的语言知识,还应当重视对他们的引导,使学生可以顺利地掌握学习规律,甚至是知识创造的规律,这样才能有效地提升学生获取知识的自主学习能力。课堂的氛围应当尽可能放松,给予学生一定的自由度。但是这种自由度并不是课堂纪律方面的,主要指的是学生的思维,特别是发散性思维。换句话说,在日语课堂上,教师应当为学生自由想象和思考提供一定的空间,而不是将有限的课堂时间全部用于基础知识的讲解。教师应当明确,具有创新思维和创新能力的人是社会急需的,而学生的创新思维和创新能力是在日常教学过程中逐渐培养出来的。教师应当允许学生敢于求异、敢于探索、敢于创新,即便是在此过程中出现部分失误,教师也应当理解并给予足够的支持,这样才能培养出具有专业能力、综合素质高、创新能力强的优秀人才。

---

[1] 牛冬娅,王欣荣.高校日语教学中跨文化交际能力培养策略研究[J].北京印刷学院学报,2017(05):47-49.
[2] 郭妍.浅谈高职日语课程教学模式改革与创新[J].广东蚕业,2018(05):94-95.

(二) 改进教学方法，创新教学模式

不同的教学方法所取得的教学效果是不同的。为了将创新教育成功地渗透到日语教学中，教师应当重视教学方法的优化与设计，使学生可以在良好的学习环境下有效地提升自身的创新思维和创新能力。对于教学而言，没有任何一种教学方法是完美的，因此教师采用何种教学方法是由实际情况决定的，并根据学生的具体情况和教学的进度进行不断的调整和改良。

情境教学法可以使学生在比较真实的情境下掌握所学知识。教师可以通过引导，充分发挥学生的想象力，锻炼学生的发散性思维，进而理解并掌握知识。例如，在教学过程中，教师可以根据教材相关部分设置一个机场接机的情境。由学生进行角色扮演，根据不同角色设定对话内容并展开对话。教师要鼓励学生根据自己所扮演的角色自由发挥，尽可能多地展现可能遇到的情境。情境教学法不仅能达到掌握基本教学内容的要求，还能够引导学生注意日本人的语言习惯、肢体动作等跨文化知识。由此可见，情境教学法对于培养学生的创新思维而言有着重要的作用。

任务型教学法也可以取得良好的教学效果，对于培养学生的创新思维也有着重要的意义。任务型教学法有着较强的实践性与目的性，学生完成教师布置的任务的过程，就是充分地自我思考的过程。在此过程中学生可能会遇到各种各样的问题，需要他们积极地探索这些问题，并主动地寻找解决策略，这对于培养学生的创新思维是十分有利的。此外，在教学的过程中教师应该充分借助互联网教学平台，实现信息资源共享，从多方面、多渠道搜集教学资源。同时，教师应结合合作式学习、探究式教学等模式，培养学生的创新思维。95后、00后的学生更容易接受新鲜事物，对新媒体比较感兴趣，教师利用新媒体教学可以引起学生的好奇心，进而提升教学效果，也有利于激发学生的创新意识和创造能力[①]。

(三) 丰富教学评价，鼓励学生创新

日语课的教学评价应当遵循以下原则：

1. 多元化原则

多元化指的是评价主体的多元化、评价目标的多元化以及评价工具的多元化，特别是评价主体的多元化。教学的日常管理者、日语教师以及学生自身都是评价的参与者。

[①] 鲁文静. 新形势下高职院校日语教学存在的问题及对策探讨 [J]. 黑龙江科学, 2017 (22)：172-173.

2. 激励性原则

教学评价并不等同于考试，学生与教师应当明确这一点，这样学生才不会仅仅看重最终的分数。建立科学的评价体系，就要充分地体现出该体系的激励作用。例如，在教学中，学生尝试着翻译古诗，也许在翻译的精确程度上还有待完善，但是教师应当表扬学生的这种敢于尝试、敢于创新的精神。

3. 实际应用的原则

日语的实际应用能力与教学有着紧密的联系。实际应用能力与科学评价体系也有重要的关联。日语本来就是一种语言工具，在教学评价中更加应注意实际的应用能力。而教学评价不仅仅要看学生掌握了多少语言基础知识，还要看学生是否会用日语来表达自己的情感。

第十二章　高校日语教师素养提升研究

第一节　新时期高校日语教师身份认同研究

一、教师身份认同的概念

作为一个心理学概念，身份认同指的是个体对处于群体中的自己关于我是谁、做什么、扮演的社会角色有清晰的认识。那么，什么是日语教师身份认同呢？它指的是教师对自己所扮演的社会角色的肯定，身份认同其实也是教师对自身价值的认可程度。身份认同由两部分组成，即主体和客体[①]。作为主体，是否充分实现了自我价值；作为客体，身为教师是否能够得到学生和家长的肯定。主体和客体彼此影响。教师对个人价值的判断必然会受外界的影响，学生和家长的认可程度也会影响教师对自我价值的判断。身份认同具有两个特性。首先，主体性。主体性会受个体的影响，个体的认识和意识都会影响主体的自我认同。其次，社会情境性。社会情境性会受周围环境的影响，教师的自我认同是自身教学能力专业化发展的重要基础，会影响其教学效果和教育态度。如果教师缺乏自我认同，就很容易产生职业倦怠，甚至会影响自身的心理健康。

二、对日语教师身份认同产生消极影响的原因

（一）专业能力倒退

高校日语教学内容相对来说较为简单。首先，教学内容固定、重复率高，课堂教学和备课仅限于简单、有限的词汇和句型，且日语教师缺乏专业能力锻炼和提升的机会，长期专注于基础教学使教师缺乏新鲜感，容易产生职业倦怠。其次，高校教师与学生的关系相对疏远，仅停留在教师讲、学生听的层面，师生间缺乏有效的互动、交流。因此，有的学生学习热情不高。长此以往，这种消极的学习态度就会传递给教师，极易导致教师产生职业倦怠感。再次，教师在进行理论研究时不注重

[①] 寻阳，郑新民. 十年来中外外语教师身份认同研究述评[J]. 现代外语，2014(01)：118-126.

实践教学，极易忽视理论教学过程中存在的现实问题，不能将理论与实践很好地结合起来，不能用教学所得促进理论发展。最后，教师没有将教学过程中形成的科研成果融入教学，对学生的批判性思维发展没有起到促进作用。

（二）成就感低

成就感是一个人做完一件事情或者在做一件事情的过程中，对自己所做的事情有愉快或成功的感觉，也就是愿望与现实达到平衡的一种心理感受。教师都希望自己的学生能够努力学习，并在学习中能够不断进步和突破，取得优异的成绩。有的学生在进入大学以后缺乏学习兴趣，没有将全部的精力用在学业上，这大大地影响了教师的教学效果，在很大程度上降低了教师教学的积极性，使得高校教师群体缺乏成就感。

（三）师生关系有待改进

在教学过程中，教师的教和学生的学是紧密联系的。教师不能只是被动地传授知识，还需要从学生那里获得教学反馈。如授课速度是否合适，学生能不能跟上教学节奏，教学内容是否合理，学生每次课后能否消化课堂上教师讲授的内容等。教师在与学生互动中能够更好地提升自己的专业能力，但有效互动的前提是良好的师生关系。师生关系表现在双方相处时的态度、行为等方面。想要建立良好的师生关系，教师不仅要具备过硬的专业技能，还要具备较强的组织能力。教师应该建立自由、民主、和谐的课堂氛围，给学生营造一个良好的学习环境。课下，教师要关注学生、关爱学生、尊重学生。同时，学生应该尊重教师。如此，双方才能形成良好的关系。但是有的学生只是静静地听课，对于教师的教学没有任何反馈，也不主动和教师进行互动，使得教师对备课、授课失去了积极性，态度逐渐消极，缺乏一定的耐心和信心。这种情绪也会无意识地传递给学生，影响学生对教师的评价，影响教师对自我身份的认同。

三、如何构建日语教师的身份认同

1. 教师层面

（1）提升专业能力

作为一名教师想要教出优秀的学生，不仅需要具备耐心、爱心等优秀品质，还需要有强大的知识储备作为支撑。很多名师都是在多年的教学生涯中，通过不断累积提升自己的教学能力的，教师的专业能力决定其是否有话语权，同时会影响教师的身份认同。因此，教师群体不仅需要加强学习，在教学生涯中通过专业知识学习

和实践锻炼不断提高自己的业务能力，还需要与时俱进，不断创新教学内容、教学方法，从而完善自身知识体系。日语教师不应仅局限于语言的输出，教学过程中还应该向学生传授日本的人文信息。因此，日语教师必须了解日本社会的发展进程，在教学过程中向学生传授最新的知识。同时，日语教师还应争取更多的机会，多参加一些国内外的交流合作项目，以及高校间的学术交流活动，不断提升自己的专业能力，增加身份认同感。

(2) 改善师生关系

师生关系会对教师的身份认同和教学质量产生很大的影响，为了建立良好的师生关系，高校日语教师需要转变教学理念，在教学过程中多与学生进行沟通交流，更多地了解学生的内在需求和心理感受，为他们营造轻松、活泼的学习环境和氛围。在交流过程中，教师还可以让学生展示个人魅力，这样不仅可以提高学生学习的积极性，同时可以提高自己的职业获得感。因此，要建立良好的师生关系，双方都应积极主动，一方认真讲，另一方认真学。这样，能够大大提升教学效果，促进高校日语教师的身份认同。

(3) 职业目标规划

职业规划会对教师的身份认同产生一定的影响。职业目标分为短期目标和长远目标。短期目标小且容易实现，长期目标是在实现一个个短期目标的基础上逐渐接近并最终实现的。高校日语教师为了实现教学目标就应不断学习新知识，与时俱进，自我提升。在这个过程中，要不断反思、总结，根据实际情况修改短期目标，以期为长远目标的实现奠定基础[①]。目前，高校大多以"基础+专业"为日语教学目标，教师应围绕这个基础，调整自己的短期目标。同时，在教学过程中，教师应对学生的职业规划进行引导，帮助学生明确职业目标。因此，日语教师在教学过程中应通过短期和长期目标相结合的方式完善自身职业生涯规划，立足当下日语教学实际传授基础专业知识，引导学生学以致用，为国家输送更多、更优秀的专业型人才。

2. 学校层面

(1) 改革评价体系

从学校层面来讲，高校应该完善管理和考核体系，为教师营造一个以人为本的工作环境。高校每年对教师的学术成果都有一定的要求，这就使得教师不仅要从事教学活动，还要搞理论研究完成学术论文指标。相较于理工科，语言类专业教师发表文章面临着期刊少、竞争大、发表难等问题，在一定程度上给他们带来了很大的精神压力，导致其不能全身心地进行专业教学研究。除此之外，陕西多数高校都

---

① 刘昕，赵志勇，娄国祎. 高校英语教师身份认同及其影响因素分析[J]. 黑龙江工程学院学报，2014(03)：77-80.

会让学生为教师打分，以此考核与评价教师的教学成果，但仅以评分为依据，并不能保证考核的客观性。在此问题上，高校应该多种方式相结合，保证教学评价的客观性和可信性。例如，抽取一部分学生进行座谈，详细了解教师的授课情况。人性化的考核评价方式能够让教师更认真地对待学校的考核与评价，能够帮助教师更好地认识自己，快速发现自身存在的问题并能积极进行改进，还能够使教师不断自我提升。

(2) 创设培训和学习机会

师资队伍建设是学校工作的重中之重，高校应该为教师提供更多的学术交流机会，使教师在交流学习中能够互相借鉴，取长补短，吸取好的经验，能够提升自身的专业素质。因此，高校应该多举办一些学术交流会，让日语教师能够有机会互相学习、交流经验，同时还应为日语教师提供更多外出学习培训的机会，让他们能够与时俱进，不断提高自身的教学能力和专业素养，紧跟时代步伐，为国家培养更多优秀的日语人才。

第二节 青年教师基于PAC对优秀日语教师专业素质的认知

随着我国开设日语专业高校的不断增加，日语教师的人数也在逐年增加。在他们当中，青年教师占了很大一部分。高校日语专业建设得如何，青年日语教师的专业素质和职业发展状况是一个关键因素。一名优秀的日语教师应该具备哪些专业素质、如何更好地发展自我等问题都亟待我们去解答。与国内高校日语专业迅猛发展形成对比的是，学界对日语教师专业素质的研究似乎少了一些。笔者查阅了大量的文献，并登录了一些期刊网站，发现以日语教师为研究对象的论文不足百篇，很多都是2008年以后发表的，这与我国教育界对英语教师的研究要滞后一些。因此，笔者借助日本心理学家内藤哲雄开发的个人态度构造分析法，即PAC（Personal Attitude Construct）分析法[①]，对日语教师的专业素质进行研究。

---

① [日]内藤哲雄.PAC分析实施入门[M].日本：中西屋出版社，2003：13-19.

一、研究设计

(一) 研究对象

笔者以所在地区三所开设日语专业的高校的教师为研究对象。其中，A 高校是一所理工类高校，B 高校是一所外语类高校，C 高校是一所师范类高校。三所高校的教师存在较大的个体差异性。

(二) 研究方法

笔者采用日本心理学家内藤哲雄研发的个人态度构造分析法，即 PAC 分析法。近年来，日本的很多学者在教育领域广泛使用这种分析个体态度构造的质性心理学研究方法，我国的一些研究者也曾用过这种方法研究国内日语教师的科研意识。PAC 分析法使用刺激短文引发受访者联想，用统计方法中的聚类分析法处理联想得出受访者的意识构造，并依据意识构造采访受访者。人们普遍认为，这种方法可以最大限度地避免传统访谈中访谈者设计提纲式的导向性问题。笔者使用的刺激短文是"您认为优秀的日语教师应该具备哪些专业素质？在您看来，什么样的日语教师是优秀的？"按照这个刺激短文，笔者让三所高校的日语教师写出他们联想到的句子。在确认句子的含义之后，笔者将教师们写出来的句子制成表格，让他们评定每两个句子之间的相似度，即判断它们的意思相近与否。笔者将评定级别分成七档：A. 非常相似；B. 比较相似；C. 有点相似；D. 不好说；E. 不太相似；F. 很不相似；G. 非常不相似。笔者根据三所高校教师评定的相似级别，利用 SPSS 软件的集群分析法将结果制成表格，按照表格的内容对教师进行第二次采访，并请他们解释表格内容。

二、研究结果

(一) A 高校教师的认知——强调科研

针对日语教师需要具备的专业素质，A 高校教师列举了 20 项，分成了 3 个集群。

1. 第 1 个集群：能够正确指导学生的价值取向，对学生树立正确的人生观起到积极作用；了解日本的最新动态；熟悉所授课程，能灵活把控课堂；处理事情机智、沉着冷静；关心学生；日语流畅；了解日本文化、日本社会，在日本有良好的人际交往圈。

A 高校的教师认为，这个集群代表了日语教师在对学生的指导能力、教授课程把握课堂的能力、精通日语和了解日本文化社会等方面的总体素养。从中我们能够看出，日语教师应该具备三种专业素养，即学科专业素质、授课能力、关注学生。因此，笔者将这个集群叫作"总体素养：知识素养、授课能力、育人能力、合作能力"。

2. 第2个集群是：能够从理论的高度解释学生在学习上遇到的困惑和问题；在科研方面始终保持学习和思考，不断有新的研究成果；了解学生在学习上的困惑；可以胜任团队工作。

A高校教师认为，这个集群是日语教师在日常具体工作中需要完成的任务，包括了解并解答学生的困惑，不断努力获得新的科研成果，胜任团队工作。笔者将这个集群叫作"具体任务：解惑、科研、团队工作"。在访谈中，A高校的教师经常提起科研这个话题，在谈及他们最近的工作时也会提到打算写论文、做研究。笔者在访谈中还了解到，A高校在评定教师职称的时候要考量教师的各项科研指标。因此，A高校教师很注重理论和科研。

3. 第3个集群是：关心汉语研究动向；热爱工作；身体好，可以胜任各种科研工作；头脑清晰，做事有条理。

A高校教师认为这个集群是日语教师在完成教学任务之外应该具备的个体内在素养。笔者将这个集群叫作"专业外延素养：兴趣、热情、身体、思维"。

在A高校教师看来，这个集群尽管和教学工作内容的关联性不是很大，与专业素质比起来更偏于个人素养，但是并不表示它们的重要度不高。很多教师强调了身体好这一项，从表面上看，它和工作内容无关，但是它是实现一切目标的必要条件。同样，第3个集群仍然凸显了A高校教师对科研的重视。很多A高校教师的科研方向是语言学，与教学内容关联度并不是很大，甚至有的教师认为科研和教学是分离的，他们需要将自己的研究方向和教学实践结合起来。

通过上述分析，笔者将3个集群按照重要度的编号进行平均计算得出：集群1的平均重要度为9.86，集群2的平均重要度为6.5，集群3的平均重要度为10。由此可知，对于A高校的教师而言，日语教师应该将与日常工作关系最紧密的"具体任务"放在第一位，然后是"总体素养"，最后是和日常工作关系不大的"专业外延素养"。

（二）B高校教师的认知——强调个人魅力

1. 第1个集群是：有受欢迎的教学风格或者方法；贴近学生，和学生无距离感；对日本熟悉，能在课堂上将日本历史、文化、文学等融会贯通；喜欢日本，能正确看待中日关系；心里有语法体系，能随时解释清语法现象；能说纯正的日语，让学生从基础上把发音学好。

B高校教师认为，这个集群与日语教师的课堂教学能力相关，是和专业最紧密的教师素养。因此，笔者将这个集群叫作"课堂教学能力：知识素养、授课能力、授课风格、关注学生能力"。在与B高校教师进行交谈时，笔者发现他们中有的教师比较年轻，在教学上刚刚形成自己的授课风格，对日语教师这份工作的理解是如何站稳课堂、讲好课，至少要讲得有用处、有趣味，让学生不觉得乏味。由此可见，课堂教学能力仍然是B高校教师评价一名合格的日语教师的重要依据。

2. 第2个集群是：科研成果显著，得到同行认可；有发现问题、解决问题的能力；思维活跃，接受新鲜事物；学术视野广阔，有前瞻性视野；幽默风趣；兴趣广泛。

B高校教师认为这个集群和教学工作的关联度不是很大，属于教师专业外延的部分。因此，笔者将这个集群叫作"专业外延素养：科研、思维、视野、性格、兴趣"。在这个集群中，B高校的教师也提到了学术和科研，可以看出B高校的教师和A高校教师的认知有相似的地方，他们都认为科研是相对于日语教师专业的外延范畴，体现出了教学和科研可以分离。此外，B高校教师还提出了"幽默风趣""兴趣广泛"这两项，显示出B高校教师对于师生关系是非常重视的，希望为学生营造轻松愉悦的课堂氛围。

3. 第3个集群是：和同事关系融洽；有良好的团队合作能力；有责任感，能担当；人格健全，能成为学生的榜样。

B高校教师认为，这个集群是日语教师在和同事或者学生相处时应该具备的个体内在素质，也就是说日语教师是一个有人格魅力的个体。笔者将这个集群叫作"合作能力和人格魅力"。从这个集群我们能够看出，就一名合格的日语教师来说，B高校教师认为同事和学生占的分量很大。在评判日语教师的时候，B高校教师认为既要将教师个体具备的专业知识水平（研究水平和教学水平）考虑进来，还要从同事和学生的角度加以考虑，将日语教师放在教学工作情境中进行考量。能够和同事、学生融洽交流相处的具有人格魅力的教师才是合格的日语教师。

笔者综合计算了3个集群的平均重要度发现，集群1的平均重要度为6，集群2的平均重要度为11.83，集群3的平均重要度为7.75。由此可以看出，在B高校教师的认知中，课堂教学能力的专业素养是第一位的，"合作能力和人格魅力"位列第二，"专业外延素养"处于第三位。

（二）C高校教师的认知——强调教师权威

1. 第1个集群是：能带动学生积极性；对学生的掌控力；对课堂进展的掌控力；能活跃课堂气氛；语言风趣、不死板；课堂中是否和学生有互动，让学生做活动等

第十二章　高校日语教师素养提升研究

难于掌控的项目。

C 高校教师对这个集群的理解是教师个人的课堂教学能力，和 B 高校教师的第 1 个集群有相似的地方。因此，笔者将这个集群叫作"课堂教学能力：关注学生能力、授课能力、授课风格"。在这个集群中，C 高校的教师经常提到"对学生的掌控""对课堂进展的掌控""对活动项目的掌控"。由此可见，C 高校的教师对于教师权威和熟练控制课堂活动是比较关注的。

2. 第 2 个集群是：在专业知识方面有一定的研究权威性；能与时俱进，学习新知识、新信息；能够将相关专业的最前沿最新的研究成果引入课堂；知识渊博；无论被问到什么样的问题，都能应答自如、侃侃而谈；科研论文的质量高。

C 高校的教师认为这个集群涉及教师个人的专业知识和研究。尽管这个集群和课堂教学关系不大，但是它能够影响课堂教学。因此，笔者将这个集群叫作"教师专业知识和研究"。在这个集群中，C 高校的教师依旧谈到了日语教师专业知识和科研的权威性。它既是教师面对学生时的权威，也是教师自身在学术界被他人所承认的权威性。与集群 1 结合起来，在 C 高校教师的认知中，成为一名合格的日语教师需要获得研究者、同事、学生的认同。能够被认同，则表明自身价值的体现。

3. 第 3 个集群是：头脑清晰，思路清晰；反应快，能够及时应变；衣着打扮符合教师身份；行为举止符合教师身份。

C 高校教师对这个集群的理解是和教学科研关系并不紧密的教师个人素养，也就是日语教师在个人素养方面有思维、反应，甚至是着装上的特色。因此，笔者将这个集群叫作"专业外延素养：思维、着装、行为"。C 高校的教师在谈话中提及教师的仪表问题，从心理学的角度讲是对教师身份的认同。身份认同指的是处在某一群体中的个体，主动建立一个认知和表达体系，在自己是谁、自己是做什么的、扮演什么社会角色、遵循什么规范等问题上形成清晰的主题意识并显出相应的主体行为[1]。因此，可以这样理解，C 高校教师在认知中存在着对教师职业的既定理解，所以会在着装和行为上要求日语教师达到这一职业的社会身份认同。

笔者综合计算了 3 个集群的平均重要度发现，集群 1 的平均重要度为 7，集群 2 的平均重要度为 6.5，集群 3 的平均重要度为 13.75。由此可知，C 高校教师认为"教师专业知识和研究"的重要度是第一位的，"课堂教学能力"紧排其后，"专业外延素养"位列第三。C 高校的高校对专业知识和研究是非常重视的，他们在课堂教学能力上比较强调对课堂和学生的掌控，以及营造轻松愉快的学习气氛。

---

[1] 张军凤. 教师的专业身份认同 [J]. 教育发展研究，2007(07)：：45-47+52.

三、日语教师多层次立体认知的建构

（一）日语教师专业素质认知的多层次立体构造

通过 PAC 分析法，我们对三所高校日语教师关于教师专业素质的意识进行梳理，可以看出其呈现多层次立体构造。吴一安在《中国高校英语教师教育与发展研究》中指出，外语教师专业素质框架是立体的，由课堂行为、外语学科教学能力、外语教学观、职业观和道德观以及教师学习与发展观等多维度构成，维度间相互渗透，动态互动为其特点[1]。笔者的研究结果与前人的研究结构是一致的。对于日语教师的专业素质的认知，A 高校教师意识的第一层面就包含了教学、科研、团队合作三个方面；B 高校教师意识的第一层面集中在课堂教学能力上，团队合作是其意识层面的第二层，科研是其意识层面的第三层；C 高校教师意识的第一层面由两部分组成，即教师专业知识和研究。由此我们能够看出，对于一些教学经验比较少的教师，专业知识是他们关注的重点，是否具有渊博的知识成为衡量一名合格教师的必要条件。随着教学经验的不断丰富，授课能力和授课风格成为教师关注的焦点，并开始关注科研和团队合作。

在意识构造的第二层面，C 高校的教师开始关注课堂教学能力，将自己的课堂行为和学生的反应联系在一起，B 高校的教师则开始关注团队合作和人格魅力，而 A 高校教师则更宽广、更全面，不仅关注课堂教学和团队合作，还提出"育人能力"。可以说，在这个阶段，日语教师除了关注向学生传授知识和技能以外，还关注培养学生正确的价值观和健全的人格。日语教师在职业发展的过程中，逐渐从解惑发展到授业，又从授业发展到传道。

三所高校教师意识构造的第三层面都是专业外延的素养，都很注重学生日语思维的培养。A、B 两所高校的教师都提到了兴趣的重要性，但更多的内涵则呈现出不同教师的个人特色。

（二）多层次立体认知的构建

张莲认为，大学英语教师其建构和发展个人理论的过程也就是教师学习教书、谋求职业成长和发展的过程[2]。笔者从三所高校日语教师在 PAC 分析法后期的访谈里对各自认知体系的解释和阐述也能够看出，日语教师的认知和个人经历、所处环境、发展阶段密切相关，并不是一个静态的结构，他们的认知构建是一个动态的过

---

[1] 吴一安. 中国高校英语教师教育与发展研究 [M]. 北京：外语教学与研究出版社，2007：78-81.
[2] 张莲. 外语教师个人理论研究 [M]. 北京：外语教学与研究出版社，2011：47-52.

程，很多因素都会对其产生影响，比如教师自身所处的环境、专业知识、学生、同事，这些因素彼此联系、相互影响、相互制约。此外，对于处在不同发展阶段的教师，这些影响因素的力度是不同的。对于新教师，专业知识的获取和积累是首要任务，其次是学生的反馈，同事的影响还没有凸显出来。当教师发展到一定阶段以后，知识和学生便开始同时产生影响，同事的影响要弱一些。当教师的经验越来越丰富时，知识、学生、同事三者便开始一起产生影响。

综上所述，教师的认知构建是在大环境的制约下进行的动态过程，日语教师专业素质的认知形成于各因素的相互关联之中，正是由于影响因素的作用力度以及作用时期的不同，教师认知体系才会呈现多层次立体构造，进而凸显出层次化、多样化、个体化的特点。

第三节 基于建构主义的高校日语教师素质研究

一、建构主义视野下日语教师应确立的观念

（一）形成建构主义学习观、师生观

建构主义指出，学习是学习者主动参与下基于真实情境性的探究性学习以及社会交往、合作等基础上的有意义的学习[①]。因此，在日语教学中，教师应该明确学生不再是被动地受改造和被动的灌输对象，而是在主动的、学与教的、交往中的自我发展者，在课堂上应尽量避免传统的"教师提问，学生回答"的单一课堂交流方式。在建构主义理论下，教师是促进者、协商者、激励者；学生不再是无条件的顺从者、知识被动的接受者，而是学习的主动建构者、探究者、对话者。教师在教学中应该多进行一些富有启发性、能让学生主动参与、对话的教学方式。例如，教师可以让学生使用已掌握的日语知识对大家感兴趣的某个社会现象进行探讨和分析，阐述自己的观点。教师也可以适当组织日语会话表演、即兴演讲等，让学生主动开口用日语进行表达、交流。通过这类主动参与的探究性学习活动，学生既提高了日语的表达能力，又从教师和同学的鼓励赞许中获得了学习日语的愉悦感、成就感，增强了学好日语的信心和决心。

---

① 刘儒德. 论建构主义学习迁移观 [J]. 北京师范大学学报，2001(04)：106–112.

（二）形成重视教育过程的教学观

在传统的教育理念里，过于强调学习目标的实现，不重视教育过程。而作为建构主义教师，不应只关注某些最终可以被观察量化的结果，而应重视教育过程本身[1]。作为日语教师应把课堂中的教学过程作为学生快乐生活和发展的一部分，应鼓励他们自主参与，强调通过发挥学生的自主性，把课堂教学变得如现实生活一样，有发现的快乐、有因理解他人和被他人理解而获得的心灵交融。只有在这样的课堂生活中，学生才能找到日语学习的乐趣，才会自觉投入学习生活中，他们才能真正实现在知识、能力、社会生活素质等方面的全面发展。例如，在日语会话课程的教学中，教师不应拘泥于教学目标中课本内容的教学，一味要求学生死记教材中的单词、会话，而应重视过程，结合实际。教师可尝试在课堂教学中设计各种现实情境让学生参与其中。例如，模拟到日本旅游、日语招聘面试、到机场迎接日本客人、给日本人做导游等现实中的具体场景，通过这些对话交流，学生不仅能提高实际运用日语的能力，也能真实感受到日语学习的快乐和意义。

（三）确立用多元化标准评价学生的观念

在传统的日语教学评价中，教师通常会以考试的形式检测学生是否记住了新单词、掌握了语法点、背得出某些课文。这些都是线性单一的知识构造法，这种考察方法不考虑学生的观点、想法，正确与否才是关键。但知识不是线性的，学习过程也不是线性单一的。建构主义理论认为，对学生进行评价时应该为学生提供多元化的评价内容和标准。笔者认为，在日语教学中除了通过考试成绩对学生进行评价以外，还应该涉及学生发展的各个方面。例如，学生在日语小组活动中能否积极与他人进行合作、相互帮助、共同完成学习任务；在日语学习过程中是否能进行积极的思考，主动提出自己不同的想法并不断探索适合自己的日语学习方法；是否了解并经常反思自己在日语学习中的进步和不足；能否主动参与课内外的日语教学活动，在交际中主动探寻中日习俗和文化的差异。同时，教师还应对学生在课外是否能积极利用图书馆或互联网学习日语知识；在生活中接触日语时，是否乐于探究其含义并尝试模仿，并用所学的日语和同学进行交流并做出评价。对于以上各方面的评价不应只由教师进行，而应由学生自己、家长、同学共同完成。

---

[1] 张桂春. 简论建构主义教师观 [J]. 教育科学, 2006(01)：49-52.

二、建构主义视野下日语教师应具备的知识和能力

(一)精深、整合的日语学科和与之相关的知识

作为日语教师首先应该具有一定量的日语学科专业知识的积累,比如和日语有关的语音、词汇、语法、句型、语用学等方面的知识。但是需要强调的是,这种量的积累应该是动态的,也就是教师和学生一样应该是终身学习者。如今,学生可以通过新的传媒技术和手段较快地了解、学习到各种日语学科知识,教师要能够有效地对他们进行指导、促进他们的日语学习,就必须在知识量上保持应有的高位。相对于量的要求,笔者认为更应强调教师知识的"质",除了掌握必要的学科知识以外,教师还应该有机地整合各学科知识。作为日语教师,不仅要掌握丰富深精的日语知识,还需要了解与之相关的其他知识,比如日本历史、文化、文学、翻译以及中文、英语语言文化等,并了解这些知识和日语学习之间的内在联系。在具体的日语教学过程中,教师可以适当穿插各种相关背景知识,以提高学生的学习趣味性和教学效果。例如,在日语入门教学中,教师可以详细地向学生介绍日语的平假名、片假名以及古代中文汉字与日语的渊源。在讲解单词时,教师可以结合单词背后的文化加以说明。教学中涉及日本文学时,可以向学生介绍《万叶集》《古今和歌集》《源氏物语》《枕草子》等对日本文学有重要影响的作品。通过这些形式,学生在课堂上除了能够学到纯粹的日语知识,也能够了解一些日本文化、历史、文学等知识。另外,教师的知识还应与具体的事例或自身经历紧密地联系起来。这种知识的获得要靠教师的主动认知而非机械记忆,它对于教师来说,是具有丰富意义的知识,它可以通过比喻或生活中的鲜活事例等表达出来,而不只体现在知识内在逻辑的抽象意义上。

(二)日语课程设计、教学方法等方面知识

首先日语教师应具有与日语课程有关的时代发展理念和课程理论知识,以优化自身的课程理论素养。更重要的是,日语教师还需要掌握一定的课程设计方面的知识。建构主义认为,课程应该是在学生原有知识和经验的基础上的适当延续、拓展和提升,因此笔者认为,教师在设计日语课程的时候,不能盲目照搬统一的课程计划,忽视特定的教学情境和学生,将学生的经验和已有的知识作为基本依据,并结合本地、本校的实际情况,结合学生的兴趣爱好、个性化,进行富有针对性的设计,加深、拓宽课程的内涵和外延。教师还应该对日语课程的创造性和创新性的实施所需要的有关知识,如教学沟通的有关知识、方法以及教育教学的目的、价值、教学资源等有所了解。建构主义教学观认为,教师应该根据学生的实际和具体的教学情

境与问题,创造性地开展教学。因此,教师需要掌握一些能促进学生自主学习日语的教学方法,比如"支架式""抛锚式""随机进入式""自我反馈式""启发式"等教学方法,避免传统日语教学中一味地将日语语法、知识点灌输给学生的讲解式教学方法。

(三)日语学习环境的设计能力

建构主义学习理论强调发挥学生的主动性、积极性,倡导自主、探索与合作的学习方式。在这种探究式学习为主的教学中,教师的学习环境设计是关键因素。建构主义学习环境设计强调的四大要素是"情境""协作""对话"和"意义建构"[1],因此笔者认为教师在设计日语学习环境时应多利用贴近学生生活或者引起社会关注的新闻事件、网络视频等。教师可以让学生自主收集相关资料,以小组的形式用日语展开具体讨论或者举办与授课内容有关的日语发表会等活动,将"知识"放在具体问题中、放到一定的情境中,让学生在探索、体验、解决问题的过程中培养自主学习意识和自主学习能力。通过这些教学活动,还可以加强师生、生生之间的协作和对话。通过相互间的协作、对话,从收集与分析各种学习资料,提出假设并进行验证到对学习结果做出评价,每个成员的思维结果都为整个学习群体所共享。在这个过程中,学生对当前学习内容所反映的事物性质、规律以及事物之间的内在联系达到较深刻的理解,最终实现自己对知识的意义建构。

(四)利用现代信息技术的能力

现代信息技术是建构主义教学改革理念实现的信息平台和重要技术,也是学习内容呈现的重要手段。建构主义的教学不仅需要投影、CAI课件、多媒体教室等为学生创设包含真实问题的情境,更需要网络化的学习场所,如宽带网相连的教室、图书馆等为学生提供丰富的日语学习资源。因而建构主义理论下,日语教师应该具备灵活运用现代信息技术的能力。通过多媒体、超媒体技术,为促进学生积极的意义建构提供真实情境模仿,让学生获取与日语课程内容相关的逼真体验。例如,通过视频,学生可以体会日语在日本社会中的真实运用情境,领略日本的真实企业文化。同时,教师应将信息技术融入建构主义教学方法中,创设网上合作的情境,鼓励学生利用网上的日语资源,在网上用日语交流、探讨各种问题。另外,日语教师还应该有意识地培养学生的网络学习能力,使网络成为学生进行自主探究和知识建构的重要工具。通过网络,学生可以自主获取各种日语学习资源,除了可以欣赏到最新的日剧、音乐、漫画等,还能与日本人发邮件、聊天交流,通过接触各种日语

---

[1] 邵清艳. 教师反思力修炼 [M]. 长春:东北师范大学出版社,2010:21-25.

学习资源既能了解到日本的文化、社会动态，还能很好地增加日语词汇、掌握听、说、读、写等基本技能，促进日语学习。

（五）高水平的反思能力和批判能力

建构主义视野下，教师和学生是平等的对话关系，教师不再是课程的忠实执行者，而是课程的开发者和创造者。这种关系角色的转变，要求日语教师善于对自己的教学进行总结、反思。反思能力是对承担建构主义教学的教师的一种核心能力要求。作为日语教师，必须拥有对自己日语教学实践的质疑和探讨能力，探究自己的日语教学实践和信念的行动研究能力，具备在实践中对教学实践进行质疑和检验的态度也能力。日语教师应该经常通过对自己的教学方式、手段等的有效性、日语教学中的问题、学生的反馈信息，对课堂随时变化的情境中反映的信息以及教学效果等进行反省、思考，并做出理性的选择、判断、整理，从而促进教学观念的转化、教学质量的提高，不断提升日语教学能力。

教师是教育活动和教育改革的决定力量，建构主义教学改革理论对教师素质提出了很多新的要求。作为新时期的日语教师，我们应该坚持不断提升自己的素质，努力成为一名能胜任现代日语教学的优秀教师。

第四节 "双师型"高校日语教师的培养

一、什么是"双师型"教师

王义澄是国内教育界第一个提出"双师型"概念，这一概念和我国职业教育"双师型"师资队伍建设紧密联系，他提出"双师型"教师要满足四点，即参与学生实习过程、选派教师到工厂实习、参与重大教学科研工作、多承担技术项目。"双师型"教师队伍建设工作，成为20世纪90年代我国教育行政部门指导职业教育重点校建设、师资队伍建设以及职业教育教学改革的主题。进入21世纪以来，"双师型"教师队伍的建设已经成为职业教育人才培养、地方院校教学评价、提高教学质量的中心工作。教师不仅应具备基本的教育素质，还要有深厚的文化修养，不仅具备扎实的专业理论功底，还要有过硬的实践技能指导能力，应集教育教学、科学研究、实践应用于一体。

二、地方高校日语师资现状与"双师型"日语师资研究

目前,地方高校日语师资普遍是教师总人数偏少,师资力量有限,教学任务繁重,新进教师毕业即直接任教,"双师型"教师比例偏低的现状,因而,"双师型"日语师资队伍建设必然存在一系列亟待解决的问题。

(一)"双师型"日语教师比例偏低

目前,在高校日语教师队伍中青年教师占了80%,基本是毕业之后直接进入高校任教。这可以说是把双刃剑,一方面青年教师队伍朝气蓬勃,易接受先进的理念与思想,易与学生沟通;另一方面青年教师必然会存在专业实践经验尚浅,专业实践技能有待提升的问题。另外,仅有20%的教师除了有专业学历证书,在业余时间考取了其他相关职业资格证书,但仍然缺乏在相应的职业岗位上的具体实践,可见,"双师型"日语教师比例偏低。因此,地方高校"双师型"日语师资队伍建设任重而道远。

(二) 教学任务繁重,深入企业实践机会较少

由于青年教师教学课时较多,需花费一定的时间认真备课,教学任务较为繁重,同时由于评职称的需要,还要花费大量时间投入科研,所以他们没有太多精力深入企业的第一线进行实地实践。此外,"产学研"一体化模式在大多数地方高校中,特别是在语言文学专业中还未形成一定的规模。虽然有的专业和企业有一定的联系,但仅仅是以输送学生到企业实习或者就业为目的,而有的企业又不愿意接受教师参加顶岗生产实践,因此日语教师很少有机会到企业参与实际生产实践,这在一定程度上阻碍了"双师型"教师队伍建设的步伐。

(三) 培训经费和时间有限

"双师型"教师培训需要大量财力和时间的支持。教师难以真正达到实践技能提升的目的,一方面培训费用相对较高,另一方面培训时间相对较长。很多地方高校在完善硬件基础设施的同时,虽然对教师培训经费投入有所提高,但仍有限,大部分教师可以参加短期培训,在思想和理论方面有很大提升,但尚未达到培养过硬的实践技能的目的。

(四) 对"双师型"教师资格认定无明确标准

目前,对"双师型"教师要求较高,既要承担繁重的理论与实践教学任务,又要花费大量时间提升实践技能,然而对于"双师型"教师资格的认定却无明确标准,

"双师型"教师队伍建设的机制尚不完善，使得教师对此缺乏较高的积极主动性。此外，受限于现行的职称评定制度，地方高校自行建立的评定"双师型"教师的规章制度难以得到社会广泛的支持和认可。因此，对"双师型"教师资格的认定存在一定的困难。

三、地方高校如何建设"双师型"日语教师队伍

（一）主动转变观念，积极提升认识

解放思想，更新观念是地方高校推进转型发展的先导和前提。地方高校应该动员全体教师积极主动转变观念，使每位教师认识到现在所处的时代是创新驱动发展、大众创新万众创业的大时代，特别是像日语这样和国际接轨的外语专业，不转即被时代和社会所淘汰，现在面临的并不是"转与不转"的问题，而是"如何转"的问题。高等教育大众化及地方经济对应用型人才的需求，必然要求教师队伍建设在"学历＋文凭"基础上进一步提升"素质＋能力"的双师型教师模式。例如，A高校的日语专业由师范专业转为非师范专业，目标就在于培养能够在外事、经贸、旅游等领域从事翻译、商务、管理等相关工作的应用复合型人才，这就要求教师除了提升专业水平以外，还要在这些领域从事相关实践活动，切实提高实践技能，才能更好地为社会培养、输送此类人才。

（二）多元化建设"双师型"日语师资队伍

1. 重视学术、专业素养、实务能力的提升

首先，高校要鼓励年轻教师读博深造，学习更高层次的专业知识，进一步提升专业素养。其次，以全员培训为立足点，促进教师专业技能的快速成长。例如，高校可以定期选派学科带头人或者青年骨干教师参加国家级培训或者出国培训，开阔视野。这些教师将培训成果以报告的形式向全体教师进行汇报，这样就有效地带动了全员培训。今后的培训范围还要全员化，形式内容还要多样化，支持和鼓励更多的日语教师从翻译、商贸、管理等不同岗位需求出发参加培训，以集中培训、分散培训、网络培训等多种方式，进一步提升专业素养和实务能力。

2. 加强校企合作，提高行业技能

"双师型"教师队伍建设的最佳突破口是促进校企合作办学，走产学研结合之路。首先，日语专业可以和翻译、商务、管理、旅游等相关企业对接，定期将专业教师派到这些企业，深入到一线，或者有针对性地开展专家讲座、员工交流、参观学习、成果展示等活动；其次，教师还可以参与校企合作项目的研究，组建以日语职业技能培

养为主线的教学团队，通过校企共建和传帮带教的形式，切实提高教师的专业职业技能和职业岗位能力。另外，要加强定期培训和学习，"双师型"教师在取得"双证书"之后，并不意味着可以长期享有"双师型"教师待遇，还必须参加"双师型"教师的定期培训和学习，重视职后培训，不断提高自身行业技能和实践教学能力。

3. 拓宽专业教师来源渠道，扩大兼职教师比例

目前，日语专业教师基本是专业一毕业还没参加社会实践便上岗任教。虽然教师的理论知识讲得不错，但是他们在实践方面却略显不足。如何解决这个问题呢？首先，高校要引进相关行业实践经验丰富的专才，将他们充实到教学一线，作为专业建设带头人，可以有效改变师资队伍结构，提高"双师型"日语教师队伍素质；其次，诚聘企业优秀的专业技术人才担任兼职教师，既可以弥补专业教师不足、编制受限的问题，又可以减轻现有专职教师的任课负担，使更多专职教师有时间和精力投入实践技能的提升，尽快向"双师型"教师转变。

4. 制订"双师型"教师认定标准，建立"双师型"教师激励机制

目前，高校可以通过考核的方式对"双师型"教师进行认定，考核评定的结果归入"双师型"教师业务档案，作为以后"职称评定""年终考核"的重要标准之一。要让专业教师，特别是青年教师充满危机意识，要把成为"双师型"教师当作自己最终的职业规划。此外，应制订"双师型"教师的奖励政策，使"双师型"教师在评选先进、晋升职称、课时酬金、学习进修等方面享有倾斜待遇，以保证"双师型"师资队伍的稳步发展。大力鼓励专业教师参加社会职业技能培训，考取相关的资格证书，如翻译资格证书、商务企业讲师认证等。同时，鼓励中青年教师积极参与企业的横向课题研究，对在此类学术上有一定贡献的教师加大奖励力度，激励他们积极完成"双师型"教师的转化。

综上所述，转型背景下地方高校"双师型"师资建设是培养应用型本科人才的需要，是培养学生实践能力和创新能力的需要，符合经济发展的规律。目前，"双师型"日语师资队伍的建设任务艰巨而紧迫，既需要教师自身解放思想、更新观念，又需要校方加强校企合作、扩充教师来源渠道、建立完善的"双师型"教师激励机制。建设一支素质高、能力强的"双师型"教师队伍，将更好地保障转型工作的顺利推进，推动地方高校内涵式可持续发展。

第五节　高校日语教师继续教育的重要性和实施路径

一、高校日语教师继续教育的必要性

（一）学习型社会要求日语教师特别是高校日语教师不断充电，进行继续教育

在学习型社会中，继续教育约占人生受教育时间的三分之二以上。一个人的大部分知识是在职后通过继续教育的方式来充实和更新的。因此，要想在某个领域立于不败之地就要不断学习、不断充实，做到终身学习。高校日语教师作为知识分子，作为传道、授业、解惑之人，更要不断学习，坚持继续教育，做到"知识保鲜"。

（二）语言教学的特点要求日语教师必须进行继续教育

语言是不断发展变化的，日语教师作为语言知识的传播者，本身就应该身先士卒，不断学习，及时了解语言文化知识的更新、变化，关注语言教学方面的最新研究成果，掌握新的教育理念和教学方法，不断创新，为学生服务、为社会服务。

（三）高校日语教师的师资现状要求日语教师必须接受继续教育

20世纪80年代，随着中日两国在经济、文化、科学技术、贸易等领域的交流日益频繁，日语人才需求不断增加，日语学习的热潮此起彼伏。越来越多的高校开设了日语专业，庞大的师资队伍支撑着不断扩张的日语教育。虽然我国日语专业教育得到了蓬勃发展，但是也存在一些不足：

1. 日语教师严重不足，年龄结构不合理，普遍偏年轻化

伴随着日语教育的这股热潮，各高校在师资力量严重短缺的情况下匆匆开设日语专业，以至于学生进入高年级时，有些课程因为没有适合的教师而无法开课。此外，日语教师的年龄结构不合理，这也是新兴专业面临的一个重要问题。从年龄结构上来看，不足35岁的青年教师占到了60%以上，这些青年教师基本上都是本科或者研究生刚毕业，缺少实践经验。个别青年教师虽然学历比较高，专业知识水平已经建立，但是无论是教育理论、教学技巧，还是综合知识都相对薄弱，需要通过继续教育来提升。

2. 日语教师学历、职称结构不合理

在学历、职称方面，存在的最大问题是真正高学历、高职称的中坚力量占比有待提高。有的老教师虽然职称比较高，但是他们的最终学历是硕士，和年轻教师比

起来没有优势，并且他们的知识结构应该不断更新。而年轻教师虽然在学历上基本都是硕士，但是他们由于参加工作时间比较短，在评职称时受到各种条件的限制，所以相对于老教师，他们的职称并不高。因此，日语教师的学历、职称结构并不合理。

3. 日语教师专业素质有待提高

日语教师的专业素质涵盖日语语言的交际能力、教学能力、自我提高的能力。日语专业教师大多常年专注于日语专业基础知识的教学，与外界的交流相对较少，因此无论是知识更新能力，还是创新思维能力都有待提高。

4. 日语教师教学任务繁重，科研能力较弱

科学研究是自我完善、不断提高的最重要手段。一位高素质的教师应该是一位科研型或者"学者型"的教师。而日语专业作为零起点语言学习专业，学习课时较多，每位教师有大量的工作要做，根本没有时间和精力去搞科研，因此与其他专业的教师比起来，日语专业教师的科研能力有待提高。

二、高校日语教师继续教育的不足

（一）日语教师缺乏竞争压力，没有树立终身教育的理念

随着大学扩招、教学任务的增多，教师工作量大、教学任务重已成为普遍存在的现象，而日语教师更是如此，以笔者所在的高校为例，每位日语教师每学期平均四门课程，周课时量达到20节以上。繁重的教学任务使得教师们没有精力进一步提升自己，而日语教师的紧缺使得一些教师缺乏危机感，也没有通过继续教育提升自己的紧迫感。

（二）继续教育途径较少，机会较少

相对于英语教育，日语教育起步较晚，所以各项配套设施和制度还不够完善。就继续教育而言，虽然有学历教育、在职学习、学术交流、出国留学等途径，但从比例上来说，明显少了许多。在学历教育方面，目前我国具有硕士点的高校有60家左右，而具有博士点的高校只有15家，远远不能满足广大日语教师进一步深造的需求。以在职学习为例，目前能够提供高校日语教师进修的机构只有日研中心的"大平班"和对外经济贸易大学、上海外国语大学几所高校，根本无法保证广大日语教师继续教育的基本需求。要想继续深造，有的教师选择了出国留学，但对于大部分教师而言，出国留学费用太高，不太实际。就连日语专业学术交流的机会也很少，有的教师写了与日语相关的研究论文，却鲜有日语专业的杂志或期刊。总之，日语

继续教育的途径和机会相对较少，严重阻碍了高校日语教师继续教育的热情。

(三) 继续教育形式单一，内容多为理论学习，缺乏实践性

高校日语教师继续教育的途径比较少，阻碍了继续教育形式的多样化。目前已有的继续教育机构和大学基本上采取的都是教师讲授、学生倾听这种传统形式，讲授内容多以理论为主，缺乏实践性，难以学以致用。长此以往，违背了复合型人才的培养目标，降低了学生的社会竞争力。

三、高校日语教师继续教育实施路径

(一) 认清形势，重视继续教育，树立终身学习的观念

科学技术的发展极大地推动了继续教育的发展，对一个国家来说，继续教育是提高国民素质、提高综合国力、保持国家科技队伍先进水平、促进经济发展和社会进步的战略措施；对一个企业来说，继续教育是提高企业竞争力，不断进行技术更新、增加赢利的重要手段；对个人来说，继续教育在于不断提升个人的综合素质，教育对象只有不断获得新知识才能适应不断变革的世界。同样，在高校日语教师不足的时期，日语教师对社会竞争的残酷性不能感同身受，所以没有及时更新知识的紧迫感，亦无接受继续教育的长期规划。但当这种供求关系出现变化，日语教师一旦饱和，学生就业困难等问题出现时，高校对日语教师的要求也会提升到一个新的高度，到时再进行学习就有点晚了。因此，高校日语教师要认清形势，重视继续教育，未雨绸缪，树立终身学习的观念。

(二) 开辟多种教育途径、增加继续教育机会

高校日语教师继续教育还可以开辟其他的形式多样的继续教育途径：

1. 校内培养

高校邀请校外专家或者外教来校进行观摩授课或者做讲座，以扩充知识，拓宽视野，更新观念；亦可采用导师制的方式，"以老带新"发挥老教师经验丰富、学识渊博、科研能力强，青年教师富于朝气、勇于创新的优势；还可以利用远程网络等高科技手段，及时了解国内外关于日语方面的学术信息，听取各种讲座课程以提高自己的业务水平；还可以采用教研活动等方式，教师之间相互听课，共同探讨以提高教学水平。高校也可举办各种形式的岗位培训，比如计算机培训、教育心理学等相关培训，以提高教师的职业素养。

2. 校际进修、交流

除了校内培养，日语教师还可以走出学校，以短期学习、参观访问的方式进行学术交流；还可以通过校际学术交流的方式，发现问题、解决问题，相互学习，共同提高。

3. 自学

语言是不断变化发展的，这就需要日语教师时刻关注报纸、杂志、电视、互联网等媒体，接触最新的资讯。因此，日语教师要有明确的目标、高度的自觉性、持之以恒的精神，做好自学，以提升自己的专业素质。

（三）改变单一的继续教育形式，加强实践能力

要想提高学生的实践能力，除了采用以学生为主，教师为辅的教学模式，还可以把继续教育的课堂延伸到公司等实战单位，通过学校与公司的合作，增加学生的实践机会，提高学生的实践能力，为高校教师的知识更新提供平台。

结束语

本书对现代日语教学思维创新与实践探索的研究结论主要有以下几个方面：

(一) 优化课程结构，创建以就业为导向的课程体系

日语作为语言学的一个分支，已经超越了纯粹的语言学的范畴，它涉及经济、管理、商务、旅游等多个方面，语言与其他学科的融合也在不断地加强。特别在经济全球化背景下，以及随着中日两国之间在贸易等领域的交流不断加强，单纯的日语语言文学毕业生的就业范围变得相当狭窄。目前，就业市场需要的是以日语为基础平台，与其他学科相交叉，拥有"语言+专业"能力的复合型日语人才。高校要注重复合型日语人才的培养，面向就业市场的需求，对原有的课程体系做出及时的调整，形成以就业为导向的应用型日语人才培养的课程体系。

(二) 增加实训机会，优化以就业为导向的实践环节

日语人才培养的最终目的就是让学生依凭日语就业，尽可能地扩大学生的就业机会和增强学生的就业能力。对学生的日语教育不仅只是依赖学校的日语课堂教学，还必须要面向社会、市场、企业需求，最好的办法就是增加校内的日语实训环节和校外的实习基地的实践环节，两者结合起来，使学生在不断的实践中增强日语的实际应用能力。在校内日语实训环节，要将实训课程贯穿于四年的日语教学全过程。校外实习见习环节要在学生升入高年级之后展开，也就是在大三第一学期，带领学生走进日企，进行专业见习。学生到日企参观学习，感受日企的工作氛围和企业文化。只有这样，才会激发他们更为强烈的学习欲望。另外，日语专业要建立更多的实习基地，使更多的学生到日企实习。

(三) 加强教学资源的投放，打造一支强大的师资队伍

在当前的高校日语教学之中，只有加强对日语教学资源人才的投入，才能够取得较完善的日语教学发展的效果。高校在这种情况之下应该想方设法地留住一些归国赴日留学的人才，并将他们任命为教学的骨干，以期对改变日语教师师资力量产生良好的推动作用，为下一步日语教学的良好开展做出贡献。

(四)增添对课外知识的学习,完善教学方法

除了对于日语教材的讲授,教师在实际的教学活动开展过程中还要十分重视课外知识的引入,只有充分结合课外知识,加强对学生日语教学的拓展与引导,才能够促进日语教学取得重大进步。

(五)开展研究性教学,合理安排课时

在高校日语教学之中,学生的兴趣作为高校教师开展教学活动的重要因素,在实际的教学活动开展过程中发挥着重要作用。因此,为了激发学生对于日语的学习兴趣,教师应当采用创新型教学方法。

以上就是本书对现代日语教学思维创新与实践探索研究得出的一些结论。不可否认的是,受笔者知识的广度和深度、资料来源、研究时间等因素的限制,书中在一些方面仍存在不足之处,希望自己能在今后的研究中加以弥补和修正。

参考文献

[1] 金玉兰.高校日语教育的现状和改革浅析[J].潍坊学院学报,2007(05):159.

[2] 乔继红、乔宇静.日本创新型人才培养模式对海南高等教育发展的启示[J].热带农业工程,2009(02):77-81.

[3] 史耀芳.20世纪国内外学习策略研究概述[J].心理科学,2001(05):586-590.

[4] 伍红林.约翰·霍普金斯大学本科教育委员会总结报告介述[J].高教发展与评估,2006(01):60-63.

[5] 张婧、孙建三.麻省理工学院培养创造创新型人才论析[J].黑龙江社会科学,2004(04):130-132.

[6] 张正军.复合型日语人才培养模式研究——兼论宁波大学之做法[J].宁波大学学报·教育科学版,2015(05):105-108.

[7] 黄丽.情境教学法在大学日语教学中的运用[J].智库时代,2019(52):297-298.

[8] 谷生华,辛涛,李荟.初中生学习归因、学习策略与学习成绩关系的研究[J].心理发展与教育,1998(02):33-37.

[9] 李运杰.论面对高考日语常见问题[J].佳木斯职业学院学报,2019(12):170,172.

[10] 刘宇楠.学习效能感在日语翻转课堂中的效用[J].哈尔滨学院学报,2019(12):106-109.

[11] 韩璐璐.试论当前日语翻译教学的改革[J].国际公关,2019(12):30-32.

[12] 李森,杜尚荣.课堂教学管理策略研究:基于案例的分析[M].福州:福建教育出版社,2013:15.

[13] 辛继湘.课堂教学管理策略[M].北京:北京师范大学出版社,2010:4.

[14] 马广惠.学习动机和努力程度对外语学习成绩的影响[J].解放军外国语学院学报,2005(04):37-41.

[15] 王璐璐,戴炜栋.二语习得研究方法综述[J].外语界,2014(05):29-37.

[16] 刘宏刚, 应斌. 初中生英语学习动机减退影响因素模型的建构研究 [J]. 语言教育, 2013(03): 21-32.

[17] 周慈波, 王文斌. 大学英语学习者负动机影响因子调查研究 [J]. 中国外语, 2012(01): 48-55.

[18] 胡卫星, 蔡金亭. 英语学习动机减退的模型建构 [J]. 外语教学, 2010(03): 41-49.

[19] 高强, 刘振前, 王梅花. 英语专业大学生学习动机消退成因探究 [J]. 外语教学, 2014(02): 50-54.

[20] 翁舒. 学习动机、学习策略与学业成绩的相关性研究 —— 以大学非专业日语学习者为对象 [J]. 福建医科大学学报·社会科学版, 2014(02): 56-59.

[21] 蒋庆荣. 日语学习动机实证研究 [J]. 淮海工学院学报·社会科学版, 2010(01): 84-87.

[22] 秦晓晴. 外语教学研究中的定量数据分析 [M]. 武汉: 华中科技大学出版社, 2004: 45-49.

[23] 侯亚琼. 对二外日语课堂教学改革的探讨 [J]. 教育理论与实践, 2006(03): 43-45.

[24] 王慧艳. 文化背景知识对英语学习动机的激发作用 [J]. 大学英语·学术版, 2010(01): 380-382.

[25] 李昆. 中学生英语学习动机调控策略研究 [J]. 外语教学理论与实践, 2013(01): 85-90.

[26] 刘宏刚. 高中生英语学习动机调控策略实证研究 [J]. 课程·教材·教法, 2014(10): 95-100.

[27] 李忻洳. 大、中学生英语学习动机调控策略实证研究 [J]. 解放军外国语学院学报, 2015(01): 67-74.

[28] 彭晶, 王婉莹. 专业学生与非专业学生日语学习动机及学习效果研究 [J]. 清华大学教育研究, 2003, (S1): 117-121.

[29] 竺小思. 基于建构主义的教学设计模式 [J]. 宁波教育学院学报, 2016(04): 19-22.

[30] 边霞. 境界有感于李吉林老师的情境教育 [J]. 课程·教材·教法, 1999(01): 10-12.

[31] 刘明洋. 情景教学法在日语教学中的应用研究 [J]. 时代教育, 2016(11): 171.

[32] 裴玺. 高校日语教学中情景教学法的应用研究 [J]. 佳木斯教育学院学

报,2017(06): 397.

[33] 许常玲.情境教学法在日语教学中的应用研究[J].中国教育技术装备,2017(01): 91-92.

[34] 王毅敏.从建构主义学习理论看英语情景教学[J].外语教学,2003(02): 85-87.

[35] 杨敏.情景教学——旅游英语教学的有效方法[J].无锡商业职业技术学院学报,2003(03): 53-54.

[36] 杨宇.情景剧表演形式优化口语教学[J].中国西部科技,2016(05): 88-90.

[37] 高海虹.交际策略能力研究报告——观念与应用[J].外语教学与研究,2000(01): 53-58.

[38] 束定芳,庄智象.现代外语教学理论、方法与实践[M].上海:上海外语教育出版社,1996: 33-37.

[39] 王连娣,王洪峰.JF"can-do"评价体系对《基础日语》教学的指导意义研究[J].商情,2016(40): 217-212.

[40] 李青.基于建构主义的情景教学的探讨与认识[J].广东轻工职业技术学院学报,2005(01): 46-49.

[41] 李作方.创设教学活动情境,培养学生创造个性——语文课堂教学培养学生创造力初探[J].中国教育学刊,1999(01): 40-41.

[42] 朱伟娟.克拉申"输入假说"理论在对外汉语教学中的应用[J].湖北社会科学,2012(06): 139-142.

[43] 关长青.从信息输入和输出的角度看博客在英语教学中的作用[J].湖北师范学院学报·哲学社会科学版,2010(06): 154-156.

[44] 张三香,谢薇薇.批判性阅读理论的依据与策略[J].江西社会科学,2012(07): 261-:264.

[45] 姚晓娟.情景教学法在高校日语二外教学中的应用——以仰恩大学英语专业二外习得的现状调查、研究为例[J].学术问题研究,2015(01): 67-71.

[46] 于颖.破译情景教学的密码[J].课程教育研究,2014(12): 247-248.

[47] 郭成.课堂教学设计[M].北京:人民教育出版社,2006: 178.

[48] 王坦.论合作学习的基本理念[J].教育研究,2002(02): 68-72.

[49] 郭晓丽.合作学习策略之我见[J].青少年日记·教育教学研究,2013(11): 51.

[50] 金月,郭立杰.社会文化理论与二语习得[J].黑龙江教育学院学报,2013

（03）：137-141.

[51] 杨华，文秋芳.课堂即时形成性评估研究述评：思考与建议 [J].外语教学理论与实践，2013(03)：33-38.

[52] 杨峻.高校外语教学中合作型翻译活动的实践研究 [J].黑龙江高教研究，2014(04)：156-159.

[53] 王红，赵蔚，孙立会，刘红霞.翻转课堂教学模型的设计 -- 基于国内外典型案例分析 [J].现代教育技术，2013(08)：5-10.

[54] 杨刚，杨文正，陈立.十大"翻转课堂"精彩案例 [J].中小学信息技术教育，2012(03)：11-13.

[55] 张金磊，王颖，张宝辉.翻转课堂教学模式研究 [J].远程教育杂志，2012(04)：46-51.

[56] 钟晓流，宋述强，焦丽珍.信息化环境中基于翻转课堂理念的教学设计研究 [J].开放教育研究，2013(01)：58-64.

[57] 陈怡，赵呈领.基于翻转课堂模式的教学设计及应用研究 [J].现代教育技术，2014(05)：49-54.

[58] 包立群.教学环节在课堂教学中的重要作用 [J].电大理工，2013(02)：77-78.

[59] 龚亚夫，罗少茜.任务型语言教学 [M].北京：人民教育出版社，2003：13-17,25-29.

[60] 魏永红.外语任务型教学研究 [D].华东师范大学，2003.

[61] 徐国庆.职业教育原理 [M].上海：上海教育出版社，2007：45.

[62] 朱本，汪幼芳.大学生的学习观和学习法 [J].齐鲁学刊，1985(06)：106-112.

[63] 刘道玉.面向21世纪大学生的学习观 [J].高等教育研究，1994(04)：6-13.

[64] 李壮.关于大学生学习观的思考 [J].琼州大学学报，2002(05)：40-41.

[65] 毛晋平.学习与建构：论大学生的学会学习 [M].长沙：湖南教育出版社，2002：47.

[66] 刘儒德.大学生的学习观 [J].高等教育研究，2002(07)：74-78.

[67] [美] 罗伯特·斯莱文.姚梅林译.教育心理学 [M].北京：人民邮电出版社，2004：297-308.

[68] 何克抗，李文光.教育技术学 [M].北京：北京师范大学出版社，2002：23-25.

[69] 张金磊，张宝辉..游戏化学习理念在翻转课堂教学中的应用研究 [J].远程

教育杂志, 2013(01): 73-78.

[70] 田爱丽, 吴志宏. 翻转课堂的特征及其有效实施 —— 以理科教学为例 [J]. 中国教育学刊, 2014(08): 29-33.

[71] 洪优. 我国高等院校学生日语学习动机历时研究 [J]. 日语学习与研究, 2017(02): 85-93.

[72] 钟建玲. 多元智能理论与英语影视教学整合初探 [J]. 牡丹江师范学院学报·哲学社会科学版, 2007(01): 86-88.

[73] 张艳. 英语歌曲辅助教学与英语学习兴趣的激发 —— 以无锡汽车工程学校英语校本教材开发为例 [D]. 上海师范大学, 2012.

[74] 周光义, 李建华编译. 如何习得第二语言能力 ——StephenD.Krashen《第二语言习得的原则与实践》简介 [J]. 国外外语教学, 1986(03): 1-11.

[75] 雷春仪. 以网络输出为导向的任务型教学在大学英语听说课程的实施与反思 [J]. 中国民航飞行学院学报, 2013(04): 68-71.

[76] 杨志亮. 英文电影配音与高职英语教学 [J]. 现代交际, 2011(07): 162.

[77] 林静. 形成性评价在高校课程评价中的应用 [J]. 现代教育管理, 2011(09): 66-68.

[78] 束定芳, 王惠东. 外语课堂教学功能的重新思考与定位 [J]. 外语与外语教学, 2004(08): 19-21.

[79] 李锋. 基于标准的教学设计: 理论、实践与案例 [M]. 上海: 华东师范大学出版社, 2013: 23-25.

[80] 刘尧. 大学教学应实施发展性评价 [J]. 中国电子教育, 2006(04): 1-4, 8.

[81] 冯利英, 任良玉, 刘益东. 高校教师课堂教学效果评价存在的问题及对策 [J]. 上海教育评估研究, 2014(02): 19-23.

[82] 何克抗, 林君芬, 张文兰. 教学系统设计 [M]. 北京: 高等教育出版社, 2006: 25-28.

[83] 许蓓蓓. 大数据背景下日语阅读课程混合式教学模式改革探索 [J]. 文教资料, 2018(30): 238-240.

[84] 吴进业, 王超明. 跨文化交际与外语教学 [M]. 郑州: 河南大学出版社, 2005: 14.

[85] 胡文仲, 高一虹. 外语教学与文化 [M]. 长沙: 湖南教育出版社, 1997: 16.

[86] 束定芳, 庄智象. 现代外语教学 —— 理论、实践与方法 [M]. 上海: 上海外语教育出版社, 1996: 143.

[87] 杨茜. 桂西南地区高校二外日语教学现状与改革措施研究 —— 以广西民族

师范学院为例 [J]. 西部素质教育, 2019(07)：183-184.

[88] 沈海丽. 日语专业学生跨文化交际能力的培育 [J]. 产业与科技论坛, 2018(06)：194-195.

[89] 沈鞠明, 高永晨. 基于知行合一模式的中国大学生跨文化交际能力测评量表构建研究 [J]. 中国外语, 2015(03)：14-21.

[90] [日] 内藤哲雄.PAC 分析实施入门 [M]. 日本：中西屋出版社, 2003：13-19.

[91] 张军凤. 教师的专业身份认同 [J]. 教育发展研究, 2007(04A)：39-46.

[92] 吴一安. 中国高校英语教师教育与发展研究 [M]. 北京：外语教学与研究出版社, 2007：78-81.

[93] 张莲. 外语教师个人理论研究 [M]. 北京：外语教学与研究出版社, 2011：47-52.

[94] 修刚, 李运博. 中国日语教育概览 1[M]. 北京：外语教学与研究出版社, 2011：78-82.

[95] 张桂春. 简论建构主义教师观 [J]. 教育科学 ,2006(01)：49-52.

[96] 邵清艳. 教师反思力修炼 [M]. 长春：东北师范大学出版社, 2010：21-25.

[97] 陈要勤, 陈华胜. 珠三角日语人才市场需求调研与专业人才培养策略 [J]. 广东外语外贸大学学报, 2011(05)：104-107.

[98] 刘双喜, 陈君, 刘舒. 河北省高校日语专业毕业生就业现状调查及专业人才培养对策研究 [J]. 教学研究, 2013(02)：29-31, 35.

[99] 文秋芳, 孙旻, 张伶俐. 外语专业大学生思辨技能发展趋势跟踪研究 [J]. 外语界, 2018(06)：12-19.

[100] 徐捷. 大学英语教学中学生思辨能力的培养 [J]. 时代文学, 2012 (10)：191-194.

[101] 纪洪波. 改革培养模式优化教学计划 [J]. 中国高教研究 ,2000(04)：67-68.